CANTATE DE CRISTAL

DU MÊME AUTEUR

Mots d'aimer (chez l'auteur), Prix d'honneur des poètes lorrains
Les Etoiles de Plaimont, coll. « Une page à l'autre », Editions du Pays toulois, Ludres, prix Emile Moselly 1983
Pierrot la Hure (chez l'auteur), préface d'Henri Vincenot, 1983
Le Moulin du Roué (chez l'auteur), prix Erckmann-Chatrian 1984
La Mémoire aux alouettes, Ed. Gérard Louis, Remiremont 1987
Les Dernières Violettes de La Mothe, Ed. ESKA, Paris, prix de l'Académie de Stanislas 1997 et prix Plume de Vair 1997
Le Verre de moisson, Ed. ESKA, Paris 1998
Frédéric, le roman de Chopin, Ed. ESKA, Paris 2000
Au plaisir d'ENA, Ed. DGP, Québec 2001
Les Anneaux de la fiancée, EAU, Ed. ESKA, Paris 2005
Les Anneaux de la fiancée, AIR, Ed. ESKA, Paris 2006
Les Anneaux de la fiancée, TERRE, Ed. ESKA, Paris 2006, prix de la Ville de Lunéville 2009
Lumière d'Aurore, Aurore Mongel championne d'exception, Ed. ESKA, Paris 2006
Une promenade à Sion (collectif sous la direction du professeur Philippe Martin), Conseil général de Meurthe-et-Moselle, Université de Nancy-II, 2007
Julie-Victoire, première bachelière de France, Ed. ESKA, Paris 2007, prix Maurice Barrès 2008
Jeanne d'Arc, les métamorphoses d'une héroïne (collectif sous la direction du professeur Philippe Martin), Ed. Place Stanislas, 2009
Le Loup de Métendal, coll. « Terres de France », Presses de la Cité, Paris 2010, Grand Livre du Mois, Feryane, prix des Conseils généraux de Lorraine 2010
La Fontaine de Gérémoy, coll. « Terres de France », Presses de la Cité, Paris 2011, Grand Livre du Mois, Feryane, France Loisirs, prix de la Société des Ecrivains d'Alsace-Lorraine 2011
Pierre Didier, le Réel transfiguré, Editions Rhinocéros, Strasbourg 2011

DOCUMENTAIRES, PORTRAITS ET DRAMATIQUES TV (notamment) :

Les Verres du tsar, réalisation Henri Calef, avec Axelle Abadie, FR3, 1982
Les Chardons de la colline, réalisation Edouard Logereau, avec Claude Brosset et Louis Arbessier, FR3, 1983

Gilles Laporte

CANTATE DE CRISTAL

Roman

Terres de France

PRESSES DE LA CITÉ

Production Jeannine Balland

ISBN 978-2-258-09035-4

A Louise, ma mère…
A Paul, mon père…

A tous les ouvriers
de tous les temps et de tous les pays,
de l'eau, de l'air, de la terre, et du feu.

C'est surtout dans la nuit qu'on voit les soleils ; c'est surtout dans l'exil qu'on voit la patrie ; c'est surtout dans la tombe qu'on voit Dieu.

Lettre de Victor Hugo à Jules Janin
(2 septembre 1855), *in* Jean-Marc Hovasse,
Victor Hugo, Fayard, 2008

Il n'y a pas d'œuvre d'art sans collaboration du démon.

André Gide, « Conférence sur Dostoïevski »,
théâtre du Vieux-Colombier, Paris, 1921

La femme est le rayon de la lumière divine.

Djalâl al-Dîn Rûmî, *Mathnawî*

1

Octobre 1843

Florent n'oublierait jamais la première fois, dans les écuries du château. Matin laiteux d'octobre. On s'acheminait à petits pas vers le jour des Morts. Au bout de l'esplanade, la cristallerie semblait sommeiller sous son chapeau gris argenté de fumées et de cendres. Un héron avait traversé le ciel, de la Meurthe vers la forêt proche à toucher du doigt la rouille de ses houppiers. Il avait gelé fort, une gelée qui avait cuit d'un coup les massifs de dahlias et saupoudré les buissons d'un sucre étincelant.

Florent s'en souviendrait toujours comme d'hier. Il le savait.

Il avait quitté la cité tôt, ce matin-là, juste après le départ de son père pour l'atelier de taille. A peine débarbouillé des miasmes de la nuit, il était sorti sur ses talons, avait vu filer les ouvriers à travers les lames tranchantes de bise au son de la cloche branlée sur le pignon des ateliers où les attendait le verre à son point de fusion idéal pour être travaillé. La veille, le « Déqueugnard », palefrenier du château, l'avait fait prévenir qu'il aurait des attelages à préparer, et que son aide ne serait pas de refus.

Alors, une fois de plus, le gamin avait bondi de joie. L'école de la Compagnie des Verreries et Cristalleries de Baccarat lui plaisait, certes, mais elle n'avait pas pour lui le charme des écuries, dans le parfum du crottin et la chaleur musquée des chevaux. Aux tables de multiplication suivies du réseau hydrographique de la France, il préférait de très loin fourrer sa tête dans la profonde crinière noire des chevaux frisons, respirer leur parfum de prairie et de foin, caresser le canon d'une bête jusqu'au boulet pour lui faire lever le pied dont il nettoyait la fourchette à petits gestes précis, puis appuyer un long baiser sur la lèvre velue, douce comme une pêche de vigne. Il parlait à l'un, chantonnait à l'oreille de l'autre, ajustait un filet, étrillait, brossait un dos, passait la main dans le pli du grasset velouté et chaud, provoquait des vagues de plaisir qu'il voyait courir de l'épaule à la croupe, qu'il aimait sentir sous sa paume tandis que le cheval soufflait plus fort. Malgré ses dix ans à peine sonnés, la pose ajustée d'un harnais demi-fin, reculement à la fermière, n'avait plus aucun secret pour lui, pas plus que celle d'un harnais de carriole pour le trait des ateliers.

Il faisait si froid ce matin-là qu'une fois le travail terminé il était resté avec son palefrenier, dans la tiédeur de l'écurie, sous le vol crépitant de quelques moineaux réfugiés dans la charpente.

— Dis, pourquoi qu'on t'appelle Déqueugnard ? C'est ton vrai nom ? Et pourquoi qu'on te voit jamais dans la cour ?

Le palefrenier avait éclaté de rire en retroussant ses manches.

— Parce que je ne suis pas un homme de cour, moi, mon gars ! Sais-tu ce qu'écrivait le journal *Le Globe* quand t'étais pas encore né ?

Florent haussa les épaules.

— Qu'en France il y a « la cour d'un côté, de l'autre la Nation » ! Je suis du côté de la Nation, moi ! Pas avec les emplumés des Tuileries qui voudraient nous faire croire qu'il n'y a pas eu de Révolution, encore moins d'Empire !

Le ton était donné. Florent avait l'habitude. Il aimait les bousculades de celui que des femmes, en ravalant leur souffle, avaient baptisé « le gaillard des écuries ». Il les avait entendues, parfois, au lavoir des bords de Meurthe, parler de lui en pinchant la voix.

La journée s'annonçait bien.

— Mais t'es bien curieux, mon gars, aujourd'hui ! C'est le coup de bise qui t'a fouetté les sangs ? Pourquoi que tu veux savoir tout ça ?

— Comme ça… comme ça !

Le Déqueugnard avait empoigné une pelle, raclé une trace de crottin dans l'allée, fini de nettoyer d'un coup de balai, jeté un coup d'œil à son domaine. Propre et nette, des portillons lustrés par la paume des hommes et la bouche des chevaux jusqu'à la voûte des poutres et solives de châtaignier, éclairée ici et là par des tuiles de verre, l'écurie dressait ses piliers de cathédrale jusqu'au ciel. Un cheval botta contre le bat-flanc. Un autre émit un curieux gloussement de gorge. Les moineaux se chamaillaient pour quelque graine. Une douce lumière à reflets dorés coulait sur les bottes de paille. Par-dessus le toit, le ciel semblait s'être débrumé. Florent s'était assis sur un seau retourné. Il était bien, n'attendait rien ni personne, pas même une réponse. Pourquoi « Déqueugnard » ? Pourquoi ? Après tout… pourquoi pas ?

Les mains dans les poches, la casquette sur l'oreille, un mouchoir à carreaux violets serré autour du cou, l'homme des chevaux vint vers lui. Une moustache de blaireau lui étirait le visage de part et d'autre du nez tranché à l'horizontale par une vilaine cicatrice qui courait sur la joue gauche pour aller mourir sous le lobe de l'oreille. Le bas du visage, de ce côté-là, semblait mort, inerte, comme un vieux marbre, en contraste saisissant avec la vivacité du regard et l'étrange mobilité de la partie droite. Florent en avait d'abord été frappé, presque terrorisé, puis il avait fini par s'habituer. Maintenant, il trouvait presque beau ce grand gaillard taillé à coups de hache qui, quelques mois plus tôt, lui avait tout révélé, ou presque, de sa passion pour les chevaux.

Une mystérieuse complicité était née entre eux, silencieuse et secrète, imperméable au demi-siècle qui les séparait, à moins qu'elle ne fût renforcée chaque jour davantage par cette éternité fichée entre eux comme un coin de bûcheron. Ni l'un ni l'autre n'en parlait. Ils ne se parlaient d'ailleurs de rien, hormis des chevaux et des manières de les atteler en fonction de la machine à tirer ou du type de course à effectuer. Le silence entre eux était plus riche que tous les discours du monde. Plus vrai aussi, rythmé par la lente respiration des animaux.

L'homme s'était planté devant lui, le regardait fixement. Il semblait en verve, ce matin.

— Alors tu voudrais savoir pourquoi ils m'appellent tous comme ça !

Florent avait répondu d'un hochement de tête.

— Pour sûr, que je voudrais ! Mais si tu veux pas…

— Tatata ! Pourquoi que je voudrais pas ? Hein, dis-moi ?

— Je sais pas, moi. Peut-être que…

Le Déqueugnard avait tiré un seau, l'avait retourné en face de Florent. Le bruit de ferraille sur la pierre avait déclenché un nouveau coup de pied contre le bat-flanc.

— Sibelle ! Tu vas te calmer ! Sibelle !

Il avait hurlé. Mais les stalles, les montagnes de paille et les angles dorés de la charpente avaient aussitôt avalé sa réprimande. Il s'était assis.

— Ça me vient de l'armée, mon gars… oui, de l'armée ! C'est que j'en ai fait, des campagnes ! Tu vois ça…

Il désignait sa cicatrice, formait ses lèvres en cul de poule pour la mettre encore plus en évidence. Son doigt courait sur le bourrelet de peau.

— C'était à Eylau, un coup de sabre, pendant la contre-attaque du cimetière. J'étais chasseur, mon gars, dans le corps du général Dahlmann. Un bon général, tu peux me croire ! Je l'ai vu coupé en deux par une mitraille de biscaïens pendant la charge des quatre-vingts escadrons. Alors, on a marché avec les dragons de Milhaud droit sur les Russes de Bennigsen. Et c'est là que je me suis fait ouvrir la tête par une de leurs lames. Des furies, ces Russes, des furies ! Mais ils auraient pu en dire autant de nous, pardi ! On était bien aussi enragés qu'eux ! Je venais de la Ligne. J'avais été choisi pour devenir dragon dans le premier régiment de la garde impériale, en avril 1806. Quel honneur, mon gars… quel honneur ! Le 11 septembre 1806, l'Empereur nous a passés en revue, avec l'impératrice Joséphine, notre marraine. On avait beau être des durs à cuire, on pleurait, mon gars, on pleurait ! Si tu m'avais vu, dans mon bel uniforme en drap vert à collet vert, revers blancs et parements écarlates… mon casque à la Minerve sur la tête, avec sa crinière noire et son turban en peau de panthère… Ah, si tu m'avais vu !

Des perles d'émotion roulaient dans sa gorge, faisaient vibrer sa voix. Sous les sourcils en broussaille, ses yeux comme deux lacs de ciel, transparents et lumineux. Il s'était penché, avait posé la main sur celle du garçon, la serrait très fort. Il lui manquait deux doigts. Florent l'avait remarqué depuis longtemps. Impressionné. Le vieux soldat avait, une nouvelle fois, éclaté de son rire énorme de dragon.

— Je les ai laissés aux Cosaques, ceux-là, dans les Vosges, en 1814. C'est tout ce qu'ils ont pu avoir de moi ! Mais moi, tu peux me croire, j'en ai eu plus d'un, de ces bougres d'esclaves de leur tsar ! Et pas rien que des doigts ! Je les ai eus complets, mon gars, complets ! Je t'en ai taillé en pièces plus d'un, tu peux me croire !

Il avait pris un air farouche, chevauchait son seau comme autrefois son cheval, gesticulait, donnait un coup de sabre ici, pointait sa lance là. Florent se sentait emporté par le tourbillon de la bataille.

— Même que j'ai décollé la tête de loup d'un de ces Cosaques d'un seul coup de sabre ! Elle a roulé dans la neige… t'aurais dit une boule de jeu de quilles !

— La tête de loup ?

— Oui, quoi… la tête de loup ! Ça te surprend ? Ils avaient tous des fourrures comme ça sur eux, de loup, d'ours, de renard. Certains montaient même à cru, sur une peau de tigre blanc jetée sur la croupe du cheval. Et ils gueulaient en chargeant, comme des gorets qu'on châtre, pour nous faire peur. Nous, peur ? Jamais ! On se battait pour l'Empereur et pour la liberté des peuples, mon gars, la liberté des peuples… tu m'entends ? La liberté des peuples !

Le Déqueugnard hurlait. La Sibelle en avait profité pour botter un coup plus violent encore contre son bat-flanc. Il ne l'avait même pas entendue.

— Ça… tu veux que je te dise…

Il avait exhibé sa main mutilée, s'était remis à rire à la dragonne.

— Voilà : j'avais la main prise dans les débris d'un affût de canon fracassé par un boulet russe, mon gars, les doigts en charpie dans le bois et la ferraille qui ne voulaient plus les lâcher. Le caisson de poudre avait explosé. Les servants morts à côté, ou éventrés par des éclats. Et les enragés qui nous tournaient autour avec leurs cris de sauvages ! C'était pas loin d'ici, sur le bord de la Moselle… Igney, qu'il s'appelait, ce village. Je m'en rappelle bien parce que c'était le premier combat dans notre pays, après la Russie. Je m'étais retrouvé dans la colonne du général Duvigneau. Ne me demande pas comment, je ne pourrais pas te le dire ! C'était un tel merdier, après la Russie, un tel merdier ! En face de nous, le plus terrible des généraux russes, l'hetman Platov. S'ils m'avaient pris, ils n'auraient pas fait de quartier ! Alors, mes doigts coincés dans l'affût fracassé, je les ai tranchés d'un coup de sabre, net, sans bavure ! Je suis remonté à cheval… Brienne… Montmirail… Montereau…

L'enthousiasme était subitement tombé. Voix éteinte, il avait bredouillé un chapelet de noms de villes, de batailles peut-être, que Florent entendait pour la première fois.

— Paris…

Le Déqueugnard regardait l'enfant droit dans les yeux. Il avait soufflé…

— J'aurais mieux aimé ne jamais remettre les pieds à Paris, tu vois, jamais ! Pas comme ça, avec les autres sauvages aux basques… jamais !

— Tu l'as vu ?

— Qui ça ?

— Napoléon !

Florent avait murmuré le nom interdit en jetant des coups d'œil inquiets de part et d'autre de l'allée. Il savait que, depuis le retour du roi, prononcer les quatre syllabes maudites valait crime de lèse-majesté. Surtout que, dans la vallée de la Meurthe, on se souvenait encore de la visite de Charles X, quelques années plus tôt, aux ateliers de la Compagnie des Cristalleries de Baccarat. Son père la lui avait souvent racontée, le soir au coin du feu, tandis que sa mère assemblait des gants payés trois sous pour le marchand du coin.

— Napoléon ! Nom de Dieu ! Tu peux le dire tout haut ! Pas de simagrées, mon gars... Napoléon !

Le Déqueugnard s'était remis à gueuler aussi fort que, tout à l'heure, pour rabrouer la Sibelle et défier les Cosaques du Don. La passion – ou la colère – lui gonflait les veines du cou, boursouflait plus encore la terrible cicatrice de sa joue.

— Le premier qui m'empêche de dire son nom, je le perce à coups de fourche ! NA-PO-LÉ-ON ! C'est pas la poire blette de l'avorton Charles plus habile à trousser les grenouilles de cour qu'à gouverner le pays qui me l'aurait interdit, nom de Dieu... ni maintenant l'autre Orléans ! Personne n'en voulait, de ces pantins-là ! On les avait fichus à la porte, ils sont rentrés par la fenêtre dans les malles des Wurtembergeois et des Russes ! Pour sûr qu'il est venu, l'autre Charles, voilà bien quinze ans déjà – t'étais pas encore né, mon gars ! –, nous dire à coups de menton, en pinçant les lèvres : « J'espère que mon passage vous portera bonheur ! »

Il s'était raidi, jouait le coq perché sur le seau, accompagnait le discours de gestes saccadés, forçait le ton... en représentation. Florent avait courbé l'échine sous les assauts du vieux dragon.

— Pour sûr qu'il nous a commandé un beau service avec des feuilles de laurier gravées, et qu'il a offert au château une pendule en marbre blanc ! Une pendule ! Je te demande un peu ! C'était pour mieux nous mettre à son heure, l'heure des riches qui massacrent les pauvres bougres qu'on est, avec son Polignac qui a eu le feu au cul quand l'Empereur a débarqué de l'île d'Elbe ! Ils ont passé leur vie chez les étrangers, tous ces gaillards-là, à faire du mal à la France, et maintenant ils voudraient nous gouverner ! Tous des péteux enrubannés, que je te dis ! J'espère qu'ils auront pas le bonheur de boire longtemps dans les verres qu'on leur a livrés aux Tuileries, ces gens-là !

La véhémence du dragon avait tourné au blasphème ! Florent regrettait presque d'avoir posé sa question. Qu'aurait dit son père ?

Le Déqueugnard avait laissé tomber le ton et les épaules.

— Ils peuvent compter sur nous pour leur couper la soif, tu peux être sûr, mon gars ! Ça, tu peux en être sûr ! Et, à mon avis, ça ne va pas traîner ! On t'a dit que le neveu de l'Empereur a déjà essayé par deux fois de revenir, à Strasbourg, et à Boulogne, qu'ils l'ont jeté en prison dans un fort… On te l'a dit, j'espère ?

Florent ne bougea pas un cil. Il n'avait jamais entendu son père parler de ça. La tension était trop vive pour en rajouter. Même les chevaux s'étaient calmés.

— On te l'a dit… nom de Dieu ? Alors on a dû te dire qu'il s'évaderait bientôt, et qu'il viendrait remettre de l'ordre, et qu'il s'occuperait du peuple, lui, au lieu de le saigner à blanc !

Il tira sa pipe d'une poche, se mit à la bourrer, sortit son briquet à amadou.

— J'ai pas le droit de fumer ici, à cause de la paille. Mais… je m'en fous ! Tu pourras le dire à qui tu veux, tu sais, que le Déqueugnard fume dans les écuries ! Je m'en fous !

— Mais... je le dirai à personne, moi... à personne !

Vexé que son ami pût douter de lui, Florent avait répondu sur un ton cassant, le regard plombé par la déception.

— Tout beau, mon gars, tout beau ! Je sais bien que tu ne diras rien ! C'était juste pour te chambrer un peu... entre soldats... pas vrai ?

Il posa la main sur une cuisse du garçon, le regarda sous le nez un long moment, reprit, d'une voix apaisée mais déchirée par la fumée de pipe et la vieille colère :

— Bien sûr, que je l'ai vu. Il m'a même pincé l'oreille à Austerlitz, en plein milieu de la nuit, mon gars, juste avant le lever du soleil...

Son haleine sentait la mirabelle et le tabac, ses vêtements la paille, le cheval et le bon foin des prairies d'Embréchy. Il avait levé sa main mutilée.

— Pas le soleil du Bourbon qui s'empiffrait à Versailles pendant que son peuple crevait de faim, le nôtre, le Soleil d'Austerlitz, celui de la Liberté qu'on proposait de partager avec tous les pauvres gens de la terre ! Ça, vois-tu, c'est resté là... là !

Il s'était donné de grands coups de poing sur la poitrine. S'était mis à répéter :

— Là, mon gars... là, mon gars... là !

Ça sonnait comme sur un tonneau vide.

Florent n'avait jamais vu ce geste qu'à la chapelle de la manufacture, pendant la messe, quand les grands bredouillaient des mots qu'il connaissait par cœur sans y rien comprendre : « *Mea culpa, mea culpa, mea maxima culpa...* » Elle lui revenait parfois, cette phrase étrange, elle lui plaisait. Il la disait en s'occupant des chevaux, pour le seul plaisir de la musique des mots, la chantonnait sur tous les tons et tous les rythmes, la fredonnait, tentait d'y ajouter la suite, qui lui venait par bribes : « ... *beatam Mariam... Petrum et Paulum...* »

Mais, ce matin-là, en face du dragon, il n'avait pas eu envie. La bourrasque déclenchée par le palefrenier l'avait pris et jeté dans des pays interdits, peuplés de pestiférés en dentelles tout juste bons à pourrir la société, dont il entendait parler parfois, à voix basse, à la taverne du village, le vin et la bière aidant, quand il y accompagnait son père, ou à la pêche sur le bord de la Meurthe.

— Alors, tu veux savoir ?

Le Déqueugnard l'avait empoigné par l'épaule, secoué, tiré de la nuit d'Austerlitz, et des berges de la rivière où lui parvenaient parfois des bribes d'une histoire qui lui paraissait très ancienne, mais pourtant si proche. La preuve !

— Bien sûr !

— Mais qu'est-ce qu'on t'apprend donc, à l'école ?

— Ben... la lecture, l'écriture et le calcul... mais pas ça !

— Alors voilà ! C'est tout simple, soupira le vieux soldat. Pas de secret ! C'est à l'armée qu'on m'a donné ce nom-là. Dans mon régiment, il y avait beaucoup de Lorrains, des Vosgiens surtout, des sacrés gaillards toujours volontaires pour les pires missions, tout le temps prêts à suivre l'Empereur jusqu'au bout du monde. Ils l'ont fait, d'ailleurs, comme nous tous, mais, eux, avec un courage et une fidélité que, je peux bien te l'avouer, on leur enviait parfois. J'étais bien avec eux ; je me sentais à l'aise, comme en famille. On partageait tout : la gamelle, la souffrance, l'enthousiasme, et... la mort des copains. Sauf la langue. Moi, je venais d'Auvergne, je parlais mon patois, eux le leur. Et comme je trouvais toujours les solutions à tous les problèmes, ils me trouvaient drôlement démerdard. Un cheval malade, une roue fracassée, une gamelle percée, une dragonne à rafistoler, une baïonnette perdue à retrouver… j'y arrivais toujours. Alors, ils m'avaient appelé « Déqueugnard », « démerdard » dans leur patois. Tu comprends, mon gars ?

S'il comprenait, Florent ? Il aurait tout compris, avec ce bougre de dragon, même les tables de multiplication les plus compliquées qui le rebutaient à l'école de la compagnie, même la marche des planètes dans le ciel qu'il aimait regarder depuis le jardin, derrière la maison, les soirs d'été.

— Voilà ! Ça te va ?

Le palefrenier s'était levé. Il était allé jeter un coup d'œil du côté de la Sibelle, qui s'était remise à botter sec contre le bat-flanc.

— Qu'est-ce que t'as donc, la Sibelle ? Je vais te sortir pour te détendre un peu. Ça te fera du bien. A moi aussi !

Il était revenu vers Florent, immobile sur son seau retourné.

— Puis, après, on attellera ! D'accord ?

Il s'était penché vers le gamin, lui avait soufflé à l'oreille :

— C'est parce que je les aimais bien, les Lorrains, à l'armée, que je suis venu m'installer ici. J'aurais pu rentrer chez moi, du côté de Saint-Flour, mais j'ai mieux aimé venir ici pour continuer à travailler avec les chevaux, et… pour te connaître, mon gars ! Voilà ! Pour te connaître !

Il s'était redressé d'un air gêné. Il n'était pas un familier des confidences.

Le pas de la jument avait sonné sourd sur la piste de la carrière, derrière les écuries. Florent avait remis son seau à l'endroit, l'autre aussi, s'était dirigé vers la sellerie en chantonnant. Au passage, il avait flatté l'encolure de son préféré, Iris des Ténèbres, le beau frison noir aux yeux bleus de monsieur de Fontenay. Le cheval avait répondu d'un frémissement de tout le corps. Alors Florent lui avait donné un baiser sur la bouche, dans le velours de la lèvre.

Une flaque de soleil coulait dans l'allée centrale, que la Sibelle, en sortant, avait décorée d'une pyramide de crottin fumant. Par la porte ouverte s'engouffraient des goulées âcres de charbon et des senteurs d'humus. Entre forêt, jardins et rivière, la cristallerie mettait la terre en fusion.

Florent avait empoigné pelle et balai. Ramasser le crottin. L'aller jeter sur le tas, derrière, vers la prairie, où il mûrirait lentement pour les potagers du château…

Alors, fil de cristal tendu sous le piétinement mat et les soupirs des chevaux, dans l'entrelacs des cris de moineaux freluquets en bagarre pour quelques graines, une voix d'ange s'était glissée dans l'écurie.

Une vague inconnue avait aussitôt submergé le garçon.

Larmes aux yeux… chair de poule… jamais il n'avait été bouleversé à ce point !

La voix d'ange semblait venir de la chapelle.

Une voix d'ange…

2

Mars 1844

Il pleuvait à torrents depuis une semaine. Sept jours et sept nuits de déluge en continu ! A croire que les dieux du ciel avaient décidé de punir les hommes de la terre pour des fautes qu'ils ne pouvaient même pas connaître. Après un hiver de neige et de glace, on espérait douceur et lumière, mais on ne recevait que des trombes glacées.

Dans les rues du village, les caniveaux régurgitaient une eau boueuse qui puait les fosses d'aisances et chassait des égouts des colonies de rats. Rendues hargneuses par la faim, les bestioles s'évadaient des caves inondées, longeaient les murs à la recherche de quelque relief perdu, se chamaillaient pour un croûton ou une couenne de lard. Certaines avaient même agressé des enfants qu'elles auraient mordus si un passant ne les avait pas repoussées à coups de bâton.

Sous Deneuvre, on entendait des cataractes furieuses dévaler la colline, buter contre la tour des Voués, se précipiter dans le canal du Moulin qui grondait entre ses remparts de pierre, emportant les planches des laveuses, s'épanchant dans la Grande-Rue avant d'aller se jeter dans la Meurthe. Des vols sombres d'étourneaux planaient tout le jour sur les toits du village et, la nuit, on entendait les hurlements des loups descendus en meute du bois de la Rappe jusque dans les ruelles désertes du hameau de Saint-Christophe.

A la compagnie, on devait brûler deux fois plus de billes de sapin et de hêtre bien sec pour monter le four à pots à la bonne température. Suant et crachant, les ouvriers chauffeurs n'en finissaient pas d'alimenter les foyers qui dévoraient le bois sitôt jeté aux flammes ; plus on leur en donnait, plus ils en voulaient !

Du marché à l'église, du port de flottage à la halle, et de la halle aux ateliers de gravure, on ne rencontrait que des visages fatigués, rongés par des mois de froid, de pluie, de neige, de pluie encore, et de travail. On grelottait, on tapait de la semelle, on se grillait le cuir dans les entrailles de la cristallerie, on jurait contre le vent pourri de cette France qui, depuis des siècles, envoyait toutes ses calamités sur une Lorraine qui n'en demandait pas tant !

Assis en bout de table, Florent s'appliquait à dessiner des arabesques. Il chantonnait. Devant la fenêtre, sur la pierre à eau, sa mère fabriquait un gros pain de savon en prévision de la prochaine lessive. L'air empestait le suif de bœuf mis à ramollir sur la cuisinière, à côté d'une casserole émaillée bleue à cul noir où frissolaient des pommes de terre au lard.

— Dis, maman, elles vont revenir quand, les hirondelles ?

Occupée à touiller les cristaux de soude dans l'eau, Jeanne jeta un coup d'œil par-dessus son épaule. Elle aimait ces moments de complicité avec son fils. Ils étaient, pour elle, le meilleur de la vie. Elle avait eu tellement de mal à avoir cet enfant ! Deux, trois, quatre ans de mariage sans annonce de grossesse, malgré les recettes des marâtres et les prières secrètes ! Pourtant, ils faisaient ce qu'il fallait, elle et son Firmin de mari, qui portait des cartons et poussait des chariots dans l'atelier à froid de la compagnie. Faire davantage aurait été du vice ! Elle commençait à se poser des questions, sur elle, sur lui... sur elle, surtout ! Souvent, son homme parti au travail, elle se palpait le ventre, se le malaxait comme de la bonne pâte à pain en murmurant : « Quand est-ce que tu vas prendre la semence de mon homme pour faire un beau petit, dis... quand ? » A cause du refus de ses entrailles de s'ouvrir à la vie, sa tête semblait se déranger parfois au point d'oublier de préparer le souper, ou de partir marcher le long de la rivière, seule, malgré le risque de mauvaise rencontre. De plus en plus souvent, elle tombait en étrange langueur, en sortait pour des coups de colère qui blessaient un Firmin hébété, puis se sentait très lasse, toujours plus lasse malgré son âge encore jeune.

— Pourquoi, les hirondelles...

Elle lui lança une œillade par-dessus son épaule, continua de touiller sa mixture. Sur la cuisinière, le suif commençait à transpirer ; il serait bientôt bon pour le mélange avec la soude.

— Pourquoi elles s'en vont, l'hiver, dans les pays chauds ?

Florent ne supportait pas le silence. Il lui fallait toujours entendre le chant des oiseaux, le piétinement des chevaux, l'organe vrombissant du Déqueugnard, le bruissement du vent dans les houppiers de peupliers le long de la Meurthe, la voix de sa mère, la respiration de son père.

Parce qu'il avait souffert de la poitrine autrefois, Firmin avait dû se reconvertir. Il l'avait mal vécu. Du banc de verrier, à côté du four dont il ne supportait plus les poussières de plomb, les exhalaisons, la chaleur brutale crachée par l'ouvreau, il avait dû passer à un poste d'homme à tout faire dans l'atelier à froid, au milieu des tailleurs et des graveurs qui, eux, avaient un vrai métier et créaient de belles pièces. Il avait gardé de ce temps-là un méchant sentiment de frustration qui le taraudait, et un souffle rauque reconnaissable à des pas à la ronde.

Tous les jours, il rentrait de l'atelier, les mains gonflées par l'eau quand il fallait changer des meules, le dos cassé par les charges, l'âme en lambeaux d'avoir passé des heures dans un endroit qui lui était toujours étranger, et les poumons sifflants comme un soufflet de forge. Lui aussi avait failli mal tourner à cause de sa maladie qui l'avait amputé de sa passion pour le noble métier de verrier, et (ça, il ne l'avait jamais confié à personne) à cause de la sécheresse du ventre de sa femme. Il s'était mis à rentrer tard, après deux ou trois canons au bistrot du bout du pont, souvent quatre, ne parlait plus à Jeanne que par grognements, oubliait d'entretenir le jardin derrière le cimetière ; les haricots grimpants traînaient par terre faute de rames, les carottes, trop serrées, refusaient de grossir, et les fouillards de pommes de terre se couchaient, faute d'avoir été buttés, avant même d'avoir produit les précieux tubercules. Il avait renoncé à la messe, préférant aller jouer aux quilles avec une escouade de vieux demi-soldes en mal de conquêtes. Le chef d'atelier commençait à le regarder de travers, à lui trouver moins d'ardeur au travail, et un esprit de plus en plus acariâtre qui nuisait à la bonne marche du chantier.

Un dimanche matin de printemps, juste après son bol de pain trempé dans le café au lait, les deux coudes sur la table, il avait observé sa femme par en dessous. Depuis longtemps, il n'avait pas fait à ce point attention à elle. C'est que, ce matin-là, il lui avait trouvé un air curieux. Son œil lui avait semblé plus lumineux, sa démarche plus légère.

Le soleil coulait à flots sur la pierre à eau par la fenêtre ouverte. Des tourterelles roucoulaient dans les tilleuls de la cour. Un bon parfum de café frais et de lilas du château baignait la cuisine. La Jeanne n'avait pas touché à son déjeuner. Elle avait pris la même posture que lui. Par jeu, peut-être. Les deux coudes bien plantés sur la table, le menton dans les mains en coupe, elle s'était contentée de le regarder, lui, son homme qui avalait son pain mou en aspirant, « Schllloup... Schllloup... ». Il avait joué l'indifférence. Mal, il le savait. Elle semblait prête à dire quelque chose d'important. Il avait passé un moment avec sa cuillère à dessiner des figures géométriques dans le marc de café, au fond du bol. « J'ai... il faut que je te parle... je crois bien que... » Elle n'avait pas pu en dire davantage. Les sanglots l'avaient étouffée. Elle avait dissimulé son visage dans les mains. Il avait regardé les larmes tomber une à une dans le café froid. Alors, il s'était levé, avait contourné la table, l'avait prise dans ses bras. Elle avait levé de beaux yeux inondés vers lui. Il avait léché ses larmes. « Je crois que... » Il avait pris sa bouche à pleine bouche... Il avait compris.

L'hiver suivant leur était né un beau garçon de plus de six livres, qu'elle avait appelé Florent. Il n'avait pas choisi, mais le prénom lui avait plu. C'est ainsi que, dans son habit du dimanche, il était allé le déclarer à la mairie, de l'autre côté de la Meurthe en furie sous le grand pont.

Le suif brûlant était prêt à recevoir la soude.

— Parce qu'elles ne peuvent pas rester chez nous, à cause du froid.

— Mais les mésanges, les pinsons, les merles, les rouges-gorges et tous les autres, ils restent bien, eux ! Ils n'ont pas froid, eux ? Pourquoi ?

Jeanne soupira, tira la casserole sur le bord de la cuisinière, fit couler un mince filet d'eau sodée. Une crème onctueuse se forma bientôt, qu'elle remua sans cesse en vidant le reste de liquide. Florent se leva, rejoignit sa mère, se pressa contre elle, la prit par la taille, fourra le nez dans les plis de son caraco, respira comme un animal son parfum de thym et de laurier. Il regardait la lente métamorphose des éléments dans la casserole.

— Dis, maman…

— Quoi ?

Il hésita…

— Rien !

En deux sauts de cabri, il regagna sa place à la table, reprit le crayon, se remit à dessiner des arabesques en tirant la langue.

— Qu'est-ce que tu voulais me dire ?

Jeanne avait fini de vider l'eau sodée dans le suif. Elle touillait toujours la crème pour parfaire le mélange, jeta un nouveau coup d'œil à son fils pardessus l'épaule, inquiète. D'un souffle, elle releva une mèche de cheveux tombée sur son front, prit une grande inspiration. Elle entrouvrit la fenêtre pour faire respirer la maison. Des échos de cavalcade sur les pavés de la rue crépitèrent contre le mur des cités alignées entre chapelle et halle, le long de la cour. Un filet d'air glacé s'infiltra, avec des remugles de chien mouillé. L'hiver était toujours là.

Jeanne posa sa spatule, tira la casserole sur le côté de la cuisinière, releva ses manches, dégrafa le haut de son bustier, souffla une nouvelle fois la mèche rebelle. Une rosée scintillante étincelait à son cou, autour de la petite croix en sautoir qu'elle portait depuis toujours pendue à un cordonnet noir. Elle avait chaud, roula un mouchoir en boule, se tamponna longuement le front, la nuque, la poitrine, se tourna vers son fils. Tout en dessinant, Florent avait suivi un à un ses mouvements.

— Maman…

Il la trouvait belle, sa mère, très belle, plus belle que… aurait voulu lui dire, ne trouvait pas les mots ; comment lui confier ce qui le remuait au plus profond ? Il eut soudain très chaud, se sentit rougir. Le fracas des roues sur les pavés avait cessé. Quelque part, en ville, un chien gueulait, loin, du côté de la passerelle peut-être, vers le port de flottage. Un drôle de silence les écrasa soudain. Il se remit à chantonner.

Jeanne décrocha le moule de l'araignée, le posa sur la pierre à eau, empoigna la casserole, coula la crème en un mince filet. Dans quelques jours, elle poserait son savon à décor de papillon sur la planche, à côté des pots de faïence marqués de grosses lettres bleues, *SEL*, *SAVON*, *SABLE*, *SOUDE*, le laisserait sécher, mûrir, avant de l'utiliser pour la lessive. Puis elle s'approcha, prit la tête de son fils contre son ventre, la serra très fort.

— Qu'est-ce que tu me chantes, mon Florent ?

Surpris par la question de sa mère, le garçon se dégagea, leva la tête, donna un coup de langue bleue sur la mine de son crayon, traça une courbe parfaite sur le papier. De ses arabesques venait de surgir une fleur aux mille pétales dont il avait ombré les contours. Il se tut.

— Ne t'arrête pas ! C'est beau... continue... j'aime...

Il la fixa intensément, incrédule, comme s'il demandait l'autorisation de continuer malgré l'invitation, se remit à chanter, plus fort et clair cette fois.

Bächlein, laß dein Rauschen sein !
Räder, stellt euer Brausen ein !
All ihr muntern Waldvögelein,
Groß und klein,
Endet eure Melodein ![1]

Elle n'avait jamais entendu cette voix, ni cette langue ! Cette voix... cette langue... son fils... Florent ! Elle ferma les yeux, sentit venir un étrange malaise, laissa monter en elle des vagues d'un bonheur inconnu, de son ventre à sa gorge, frissonna. Son fils... cette voix...

Und wenn sie tät die Auglein zu
Und schläft in süßer, süßer Ruh...[2]

Elle tira une chaise, s'assit à la table, les mains à plat sur le bois pour conjurer le tremblement. A côté d'elle,

---

1. « Petit ruisseau, que ton murmure cesse ! / Roues, arrêtez votre fracas ! / Vous tous, joyeux oiseaux des bois, / Grands et petits, / Arrêtez vos chants ! », *Die schöne Müllerin (La Belle Meunière)*, Franz Schubert (1797-1828), poème de Wilhelm Müller (1794-1827), traduction de Guy Lafaille.

2. « Et quand elle fermera ses petits yeux / Et dormira d'un sommeil doux, doux... », *ibid.*

Florent, le crayon bleu en main, une tache bleue au coin des lèvres, pétrifié, terrorisé par la pâleur subite de sa mère...

— Maman... maman !

Jeanne posa les yeux sur lui, le regarda comme si elle le voyait pour la première fois, leva les mains, les porta à son visage pour cacher son trouble, retenir les mots qui allaient lui échapper, balbutia :

— S... Seigneur, Marie, Joseph... mon Dieu !

Puis elle se signa furtivement, baisa la croix au cordonnet noir pendue sur sa poitrine. Elle pleurait.

Partagé entre le remords d'avoir fait verser des larmes à sa mère et la joie qu'elle connût enfin ce qui le faisait vibrer depuis des mois, Florent resta un long moment immobile. Puis il posa son crayon, se leva, vint vers elle qui le prit par la taille, l'attira à lui.

— Dis-moi, mon Florent... il faut que tu me dises. Après, je te dirai. Mais toi, d'abord !

Ce jour-là, il était allé aux écuries. Comme chaque jour, ou presque, il y avait aidé le Déqueugnard aux soins des chevaux et à préparer les harnais. Ils avaient bien travaillé et beaucoup bavardé. Lui surtout, le vieux soldat reconverti dans les soins aux chevaux, qui avait raconté ses batailles dans la Grande Armée de Nap...

— Chut, lui dit sa mère... plus bas ! On pourrait t'entendre !

— ... la Grande Armée de Napoléon ! reprit Florent, sur un ton plus assuré en fronçant les sourcils.

Puis le palefrenier était parti détendre la Sibelle, la jument trop nerveuse. Resté seul dans les écuries, Florent en avait profité pour faire quelques confidences à son ami Iris des Ténèbres, quelques caresses aussi, un ou deux baisers sur le velours de la lèvre, puis il avait tranquillement repris le chemin de la maison. Et, en passant près de la chapelle, il avait entendu un chant, un très beau chant…

— Très, très beau, tu sais, maman ! C'était la première fois que j'entendais quelque chose d'aussi beau ! Tu peux me croire ! martela-t-il d'une tape du plat de la main sur la table.

Elle le croyait, bien sûr, surtout depuis qu'elle-même avait entendu…

Alors, sur la pointe des pieds, il avait poussé la porte de la chapelle, s'était glissé dans l'obscurité de la nef, derrière le dernier banc, sous la tribune, s'était blotti contre la pierre tombale du sieur Renaut. Et de là il avait vu… couverte d'une longue chape blanche, les cheveux pris dans un voile blanc lui aussi, debout dans l'allée centrale, sur la première marche du chœur, une femme, immobile. Elle faisait face au maître-autel. Elle chantait.

— On aurait dit un ange, maman… un ange ! J'ai pas eu peur, tu sais, au contraire ! J'aurais voulu qu'elle ne s'arrête jamais ! C'était si beau !

Dans ses bras, Jeanne sentait vibrer le corps de son fils, son excitation, son envie de lui faire partager l'émoi de ce moment-là revécu pour elle. Elle baissa la tête, désireuse de lui dissimuler le nouvel assaut de larmes impossible à contenir.

Puis le chant avait cessé. De sa cachette, Florent avait entendu le Déqueugnard qui rentrait la Sibelle, lui parlait, lui donnait du « Ma belle ! », du « Ma gaillarde ! ». La jument tapait du pied sur les pavés. Il avait eu envie de courir vers eux, de leur raconter ce qu'il venait de vivre. Mais la femme en blanc descendait déjà l'allée centrale. Alors, il s'était caché dans le coin le plus sombre, entre le mur et le confessionnal. Elle avait glissé sur les pavés, silencieuse, était sortie sans le voir. Il avait tout juste pu apercevoir un éclair de lumière sur son visage quand elle avait poussé la porte, l'avait alors reconnue : la femme de monsieur Galtier, le sous-directeur ! Sorti de sa cachette, il était resté longtemps derrière le dernier banc de la chapelle, contre la pierre tombale du sieur Renaut, incapable de faire le moindre geste.

— Puis j'ai eu envie d'essayer de chanter, moi aussi, maman. Ça me piquait dans le gosier, ça me démangeait, un peu comme si j'allais avoir mal, tu sais, comme quand on a eu froid, l'hiver, et que tu me fais boire de l'eau de guimauve et de la tisane de feuilles de ronce, mais c'était bon, drôlement bon ! Alors j'ai fermé la porte, j'ai mis la barre des invasions pour que personne n'entre dans la chapelle, je suis allé à la même place que la dame, j'ai posé les pieds où elle avait posé les pieds, et j'ai chanté. Tu aurais entendu, maman, là... tu aurais...

Le garçon s'interrompit. Une grosse boule d'étoupe encombrait sa gorge. Il s'était mis à trembler de tous ses membres. Jeanne le serra plus fort encore contre elle.

— Et alors ?

— Alors... j'y suis retourné souvent, en allant aux écuries ou en revenant. Je surveillais qu'il n'y avait personne, j'entrais, je mettais la barre des invasions, et je chantais. J'y vais toujours !

— Mais ce que tu as chanté, là, tout à l'heure ? Où l'as-tu appris ? C'est en quelle langue ?

— C'est de l'allemand... c'est une chanson du pays de la dame...

— La dame…

— Oui… la femme de monsieur Galtier…

— Comment… tu l'as revue ?

Florent savait qu'il lui faudrait en parler un jour. Il était soulagé que ce jour fût arrivé, surtout en l'absence de son père, mais il avait l'impression de devoir trahir une sorte de pacte scellé avec cette femme que les ouvriers de la compagnie et les familles ne voyaient jamais que de loin, ou montée sur son cheval Ouragan qu'elle poussait au triple galop sous les Fleurantes Haies en direction du Grammont. Il crevait d'impatience de partager son enthousiasme avec sa mère, mais aurait aussi voulu garder le trésor pour lui seul, et ne parler d'Elle que pour ce qui pouvait s'en dire. Il répéta :

— C'est une chanson allemande, maman, une chanson du pays de madame Galtier…

— Comment l'as-tu apprise ?

— Un jour que j'étais dans la chapelle, la dame est entrée. Trop pressé de chanter, j'avais oublié de mettre la barre des invasions en travers de la porte… Tu sais pourquoi ça s'appelle la « barre des invasions » ? C'est la barre que les gens d'ici mettaient pour se protéger des Cosaques. C'est le Déqueugnard qui m'a raconté que les Cosaques…

Au signe de tête de sa mère, il vit que les Cosaques l'intéressaient peu, mais qu'il lui fallait parler de cette femme, et de ce qu'il vivait avec elle. Il la sentit un peu agacée, soudain nerveuse.

— J'étais devant le chœur, je chantais des chansons que tu m'as apprises, comme *Cadet Rousselle*. Tu te rappelles ses « trois maisons, qui n'ont ni poutres, ni chevrons, pour loger les hirondelles » ? Je jouais à chanter sur tous les tons, grave, puis haut, le plus haut que je pouvais. Tu ne peux pas savoir, ma petite maman, comme c'était bon de chanter dans la chapelle, d'entendre comme ça résonnait !

Il s'arrêta de parler, regarda autour de lui, les ustensiles de cuisine pendus à l'araignée, les pots de faïence et leurs mots bleus, les premiers qu'il avait appris à lire sous le doigt de son père, *SEL, SAVON, SABLE, SOUDE,* la fenêtre et la pluie en cataractes sur la cour, la casserole bleue à cul noir où frissolaient des patates au lard... respira un grand coup.

— Ça résonnait, maman ! J'avais la chair de poule. J'avais pas envie que ça s'arrête... ça faisait tellement de bien, là, dans la gorge, et là... dit-il en posant la main à plat sur sa poitrine.

Puis il avait senti une pression sur l'épaule. Il avait fait un saut, s'était retourné les poings en avant, prêt à frapper pour se défendre, comme le lui avait appris le Déqueugnard, mais...

— Mais ? le pressa Jeanne.

— C'était la dame en blanc, maman, madame Galtier. Je ne l'avais pas entendue. Elle m'a dit : « Bonjour, Männlein. Tu chantes bien. » J'ai eu du mal à la comprendre, parce qu'elle ne dit pas les mots comme nous !

— M... quoi ?

Il éclata d'un rire amusé.

— Männlein ! Elle m'a expliqué. Ça veut dire « petit homme », en allemand.

« Petit homme » ! Jeanne eut soudain l'impression qu'une poigne de fer tentait de l'étrangler. Une sourde colère lui noua un instant l'estomac. Elle se reprit.

Florent poursuivait. La dame lui avait donné rendez-vous le lendemain, puis le lendemain encore, au même endroit, avait commencé à lui faire entendre sa propre voix, à lui apprendre à respirer. Elle avait chanté pour lui, pour lui tout seul. Plusieurs fois par semaine. Ils étaient bien là, tous les deux, dans la petite chapelle. Elle avait commencé à lui faire répéter des morceaux de chansons de son pays à elle…

— Elle les appelle « Lieder » !

Il avait prononcé le mot en s'appliquant, traînant sur le « ie » comme elle le lui avait appris. Il chantonna, à voix basse, rien que pour elle :

— « *Bächlein, laß dein Rauschen…* »

Jeanne se sentait écartelée. Chaque parole de son fils lui déchirait la poitrine, en même temps qu'elle faisait couler un doux miel dans ses veines. Elle aurait voulu qu'il ne s'arrêtât jamais, en même temps qu'elle souffrait de l'entendre. Surtout, à chaque fois qu'il parlait de « la dame », elle s'était rendu compte qu'elle recevait ses paroles comme autant de coups de poignard dans le cœur. En voulait-elle à cette autre femme de lui avoir volé une partie de l'âme de son fils, de l'emmener dans ces chemins où elle, sa mère, était bien incapable de l'accompagner, de lui donner un plaisir à elle inaccessible ? En voulait-elle à cette femme d'un autre monde, celui des chefs, des directeurs, des patrons, de s'être invitée dans sa famille en séduisant son fils ? Plus simple encore : serait-elle jalouse ? Elle évacua cette pensée d'un coup de spatule dans les patates au lard qui commençaient à sentir le caramel. La casserole avait le cul trop chaud. Elle l'écarta, la couvrit, souffla la mèche rebelle tombée sur son front. Que cette femme d'un autre monde ait pris, à son insu, une telle importance dans la vie de son fils lui faisait mal, mais… c'était son affaire, rien que son affaire à elle ! Elle saurait s'en tirer, comme toujours.

— Tiens, je vais en dessiner, des hirondelles. Ce sera comme si elles étaient déjà revenues. Maman...

Jeanne se tourna vivement. Les hirondelles... Män... « Petit homme... » Une autre question la taraudait, maintenant : que dirait le père ?

— Et alors... que comptes-tu faire ?

— Ben, des hirondelles, je viens de te le dire ! Regarde, j'ai déjà comm...

— Ne fais donc pas l'imbécile ! Ce n'est pas le moment ! Que comptes-tu faire avec... cette dame ?

Le ton de sa mère surprit Florent. Un ton qu'il ne lui connaissait pas, froid et tranchant.

— Continuer à chanter avec elle, maman !

Il avait répondu aussi sec, comme s'il voulait éteindre d'emblée tout feu de résistance chez sa mère. Une hirondelle traversait son ciel d'arabesques sur le papier d'emballage. Il enchaîna aussitôt, raconta encore.

La dame lui avait proposé de leur en parler, à eux, ses parents, de leur demander la permission de le faire venir chez elle, pour le faire travailler davantage et plus sérieusement, de le faire chanter un jour, bientôt, dans la chapelle, pendant les offices du dimanche. Mais il lui avait répondu qu'il aimait mieux continuer comme ça, tous les deux dans la chapelle fermée par la barre des invasions, rien que pour eux. Chanter devant les autres... il aurait peur. « Mais non, tu n'auras pas peur ! lui avait-elle dit. Je serai là, Männlein... je serai là ! »

Surpris par son propre récit, Florent regarda sa mère, se leva, sauta vers elle, la prit par le cou.

— Je me demande ce que va dire papa. Dis, maman, tu m'aideras, dis... dis-moi !

En parler à Firmin ? Lui faire admettre une situation qu'elle avait beaucoup de mal à accepter elle-même ?

Le défi lui parut soudain au-delà de ses forces. Florent ne lui laissa pas le temps de réagir :

— Tu m'as dit que tu me raconterais, après moi. Alors, c'est à toi maintenant !

Il reprit sa place à table, saisit le crayon, le porta à ses lèvres, l'humecta de la pointe de la langue, dessina un soleil dans le coin haut, à droite de ses arabesques, puis une autre hirondelle, puis un arbre aux branches enroulées, puis encore le soleil. Jeanne le regardait tracer ses traits rayonnants autour d'un cercle presque parfait.

— Alors… tu me dis !

Jeanne se leva, empoigna le couvercle de la casserole bleue à cul noir, donna quelques nouveaux coups de spatule aux patates au lard. La cuisine s'emplit de bonnes vapeurs, oignon, thym et laurier. Elle se tourna vers la pierre à eau, remua le moule à savon pour vérifier la bonne homogénéité de la pâte, le reposa, s'appuya des deux mains sur la pierre, penchée en avant, le nez contre la fenêtre. Dehors, des torrents d'eau boueuse ravinaient les lisières de prairies, sautaient sur les pavés, s'engouffraient dans les bouches d'égout. Le nouveau déluge s'abattait sur la compagnie, ruinait les œuvres des hommes. Pour quelle faute ?

— Tu connais, la Vierge, dans la chapelle ?

Surpris par la question de sa mère, Florent leva son crayon. La tache bleue sur ses lèvres s'était agrandie. Elle lui faisait un curieux sourire. Jeanne lui tournait toujours le dos. Elle parlait, face à la fenêtre ruisselante :

— Je suis allée la voir, un jour, voilà bien des années. Je lui ai demandé de m'aider. Depuis notre mariage, ton père et moi, nous t'attendions, mais... tu ne venais pas ! Toutes les autres jeunes femmes mariées en même temps que moi ici avaient déjà un ou deux enfants, mais chez nous... personne ! Tu ne voulais pas venir avec nous !

Elle se retourna, s'appuya des fesses contre la pierre humide, regarda son fils droit dans les yeux. Sa voix frémissait. Il avait peine à la reconnaître.

— J'avais tout essayé, les remèdes, les médecins, les recettes. Un jour, je suis allée voir notre Vierge de la chapelle. Je lui ai dit : « Donnez-moi la vie, Mère du Ciel, et je vous offrirai l'enfant que vous m'aurez donné, et nous vous ferons honneur, ensemble, je vous le promets ! »

Florent vit un filet d'argent aux paupières de sa mère, et ses lèvres trembler. Qu'elle était belle ! Plus belle que toutes les autres femmes de la compagnie, plus belle même que... la dame ! Il eut envie de bondir dans ses bras.

— Je lui ai dit encore : « Si vous me permettez de faire naître cet enfant de mon ventre, alors je voudrais que tous sachent qu'il vient de vous ! Faites qu'il ait un don, un don exceptionnel qui rendra tout le monde heureux ! Faites qu'un jour, grâce à ce don, il puisse... »

Jeanne s'interrompit. Sa gorge s'était nouée. Des larmes coulaient sur ses joues.

— « ... il puisse partout... chanter vos louanges ! »

Le soir, le père traîna à table. Lui si pressé d'aller se coucher d'habitude, il chipotait, arrangeait en chapelet dans son assiette les morceaux de patate et les lardons, buvait un coup, puis un autre, glissait d'un air mystérieux des plaisanteries d'atelier que seule sa femme pouvait comprendre. Jeanne riait pour tout et pour rien, d'un rire ample et sonore si bon à entendre que Florent le reprenait en écho, comme les sonnailles des vaches dans les prairies sous le bois de Chenesé, du côté de Bellemandes. Il s'amusait comme un fou de voir ses parents aussi heureux ; des vagues de bonheur le soulevaient, l'emportaient. Il était bien.

Dans les tilleuls de la cour, sous une déchirure de ciel découpée par la fenêtre ouverte, d'un bleu-gris lavasse enfin lessivé par les trombes d'eau de la journée, deux merles se répondaient. L'un très loin, perché dans les mirabelliers derrière la chapelle, au-delà du cimetière des verriers, dans les jardins, l'autre au bout de la cour, dans les branches bourgeonnantes d'un tilleul proche de la maison que le médecin de la compagnie partageait avec le chimiste.

Le père avait fini de manger. Après le munster, il avait croqué une pomme, l'une des dernières de la saison passée, un peu crâpie mais encore ferme et acidulée, comme il les aimait. Il l'avait épluchée lentement, avait fait de la peau un serpentin que, l'œil allumé, il venait de déposer délicatement sur le bord d'assiette de son fils.

— Tiens, regarde… on dirait une coquille d'escargot !

Il fit un signe de tête à Jeanne, accompagné d'un court mouvement de l'index sur la table. Le garçon avait compris. Il aimait ce moment qui lui procurait à chaque fois du plaisir tout en provoquant en lui une étrange et délicieuse impression de malaise. La mère se leva, ouvrit la bonnetière aux objets précieux de la famille, écarta sur le rayon du dessus le carton contenant le brassard de communion du père, un autre sa robe de mariée, les missels de sa mère et de sa grand-mère, le crucifix de porcelaine au cœur peint sur une vasque vide d'eau bénite, saisit comme un vase sacré un verre qu'elle posa sur la table avec mille précautions. Un parfum de thym et de violette se mêla au fumet des lardons. Florent en prit une pleine goulée. Son regard allait du verre décoré d'un rinceau de feuilles de laurier taillées que sa mère effleurait maintenant d'un coin de son tablier à son père, dont les yeux brillaient comme l'étoile du berger dans le crépuscule d'été.

— Tu le connais, celui-là !

Les deux coudes plantés dans la table, Firmin tenait levé dans ses paumes l'objet de cristal.

— C'est celui que monsieur de Fontenay a offert à chaque ouvrier pour marquer son entrée dans la compagnie, voilà trois ans déjà. Le verre du roi Charles X.

Il parlait lentement, à voix basse, sur le ton du curé saluant le saint sacrement. Jeanne venait d'allumer le heurchot[1] au centre de la table. La cour virait lentement au bleu nuit. Sans doute dérangés par quelque chat, les merles étaient partis chanter ailleurs.

— Regarde comme il est beau !

Florent aimait ce rituel, toujours le même, quand ses parents sortaient ce verre de la bonnetière. Les mêmes mots de son père, sur le même ton, la même lueur dans les yeux de sa mère, la même dévotion des deux que les jeux de lumière dans la coupe semblaient fasciner.

Firmin fit tourner le pied de l'objet dont il effleurait de l'ongle les stries concentriques gravées autrefois dans la matière, à la meule, par un ouvrier de l'atelier à froid. La couronne de feuilles de laurier, sur la paraison, s'alluma d'éclats d'or et de reflets de ciel d'été ; la

1. Lampe à huile utilisée dans les milieux populaires.

courte jambe à bouton se couronna d'anneaux argentés ; le petit pied sembla un soleil rayonnant entre les doigts du père. Florent crut y reconnaître le sien, qu'il venait de dessiner au crayon bleu dans le coin de ses arabesques. Il se pencha, le ventre contre le bois, les deux coudes bien plantés sur la table, le menton dans les mains en coupe.

— Que c'est beau, mon papa !

Firmin posa le verre, de deux doigts sur le pied le fit glisser vers son fils. La flamme du heurchot allumait des étoiles dans les décors du cristal, l'habillait de reflets irisés et changeants. Jeanne fut prise d'une curieuse émotion ; plaisir et douleur à la fois lui comprimaient la poitrine. Son regard allait du père au fils, puis au verre, puis au père, comme si elle pressentait un événement douloureux.

Elle se leva, jeta un morceau de bois dans la cuisinière, ferma la fenêtre, revint s'asseoir face à son mari immobile. L'action l'avait un peu libérée. Elle croisa les bras, posa son regard sur l'image de la Vierge à l'Enfant punaisée au mur entre la bonnetière et l'araignée, retint son souffle.

Deux doigts gauches sur le pied du verre pour le maintenir avec fermeté, Firmin trempa l'index de la main droite dans le gobelet d'eau de Florent, le posa sur la lèvre de la paraison adoucie par le feu, l'effleura d'une caresse lente, d'une infinie délicatesse. Ses doigts gourds de manouvrier semblaient devenus ailes de mésange.

Alors monta le chant.

Florent sentit tous ses poils se dresser, sa poitrine gonfler, sa gorge frémir. Une voix d'ange, un filet de lumière, naissait là, entre la peau rude de l'ouvrier et le buvant du verre, s'élevait dans la cuisine, ondulait entre des graves veloutés et des pointes aiguës si fines qu'elles semblaient se fondre dans le silence épais de la maison au gré des mouvements du père.

— Le chant du cristal, murmura Firmin. Un jour, tu créeras des verres comme celui-là, qui chanteront dans le monde entier, mon gamin ! Ecoute...

« Le chant du cristal » ! Fasciné par les reflets du heurchot, Florent n'entendit pas les autres paroles de son père. En un éclair, ce chant l'avait projeté vers les espaces ouverts par la dame de la chapelle, dans l'ombre de la tribune, près de la pierre tombale du sieur Renaut. Au milieu de cette cuisine parfumée au lard frit, au thym et à la violette, il planait désormais dans des contrées mystérieuses où s'ébattaient les elfes, seul, dans les frondaisons de forêts profondes, sur les rives rondes du Rhin enchantées par la voix d'une Lorelei aux longs cheveux blonds, en robe blanche, au visage de porcelaine : la dame de la chapelle !

Le chant...

Jeanne avait fermé les yeux.

Caressant toujours le verre décoré d'un rinceau de feuilles de laurier, au pied rayonnant, Firmin ne parlait plus que pour lui.

— Tu créeras des verres comme celui-là, mon gamin, comme je l'ai fait autrefois, avant de... tomber malade !

Il serra les dents, répéta :

— Tomber malade... crénom ! Saloperie de plomb rouge !

Il avait replongé le doigt dans l'eau, tournait plus vite maintenant sur le buvant de cristal. Une plainte dorée s'élevait, fine et régulière, envoûtante. Il tourna ainsi une éternité, le regard fixe perdu dans les irisations de la matière. Puis il s'arrêta, donna une pichenette de l'ongle sur le verre, révélant un autre son, qui vibra longtemps avant de s'éteindre.

Florent était revenu avec lui, avec eux. Une envie folle l'avait pris de chanter avec le cristal. Sa gorge s'ouvrit, son souffle pressa dans ses entrailles. Il se mit à frémir de tout son corps. Montaient en lui les mots d'un lied répété encore quelques jours plus tôt, « *Ist das denn meine Straße ? O Bächlein, sprich, wohin ?...*[1] », ceux de cet autre chant que la dame avait commencé à lui apprendre. Les airs se bousculaient dans sa tête, les mots dans sa gorge. Chanter, chanter là, pour eux, ses parents, réunis dans le secret de son désir... chanter comme le cristal du père, à l'unisson du cristal du père... irrésistible envie de chanter !

Il prit une grande inspiration. Les yeux de Jeanne le clouèrent soudain sur place. Ils étaient devenus d'un noir de charbon ; son visage avait pris la teinte de la terre à pipe que fumait son père, le dimanche, avant la partie de quilles. Florent vit ses mains se nouer sur la table. Il fit un effort pour les détendre, puis, d'une voix étouffée par la douleur, souffla :

— Encore !

Alors le père lui fit un sourire qu'il n'oublierait jamais, retrempa le doigt dans l'eau, le posa sur la lèvre de la paraison adoucie par le feu...

Le chant du cristal !

Appliqué à son acte, Firmin ne vit pas la main du fils glisser vers celle de la mère, la prendre à pleine paume.

---

1. « Dis-moi donc, est-ce là ma route ? Où me conduis-tu, ruisselet ? », *Die schöne Müllerin*, *op. cit.*

Il ne vit pas leurs doigts se mêler, s'étreindre ; il ne vit pas leurs regards se fondre en un seul regard, ni les fils d'argent cousus à leurs paupières.

Il faisait des ronds sur le verre tout en murmurant : « Crénom ! Saloperie de plomb rouge ! Crénom de Dieu ! Crénom... »

Derrière les carreaux dansait le plastron clair d'Hector, dit « Totor », le chat noir à chaussettes blanches, aux yeux d'or.

3

Mai 1845

— Vous rendez-vous compte, chère, de ce qui nous pend au nez ?

Regina n'aimait pas ce mot, « chère », prononcé sur ce ton-là. Il était le signe d'une grande colère à peine refoulée chez son mari, d'une prise de distance qui lui faisait très mal et lui donnait l'impression d'être soudain rejetée par l'homme qu'elle aimait au point d'avoir accepté pour lui un douloureux exil.

Pour lui, elle avait quitté sa famille, ses amis, une vie sociale riche et animée qui, de Bad Schandau, sa petite ville natale, la menait souvent jusqu'au cœur de la Florence du Nord[1], et cette terre qu'elle prenait plaisir à parcourir à pied, en toute saison, jusqu'aux endroits les plus escarpés de l'Elbsandsteingebirge, d'où elle contemplait la majestueuse vallée de l'Elbe.

— Vous rendez-vous bien compte ?

Edouard arpentait le salon de long en large, se lissait la moustache, poussait les mains dans ses poches, les ressortait pour se lisser encore la moustache, se plantait en face de sa femme...

1. Dresde.

— Vous rendez-vous bien compte, enfin ?

Depuis son arrivée en France, Regina avait appris toutes les subtilités d'une langue qu'elle pratiquait déjà dans son lointain pays des confins de Pologne et Bohême, la Suisse saxonne. Elle en percevait toutes les délicatesses, était capable de répartir avec les mêmes nuances d'intention qu'un Français de France, fût-il de Lorraine, jouait des mots avec le même plaisir qu'autrefois, quand son précepteur lui faisait découvrir les contes de Voltaire, les confessions d'un Jean-Jacques Rousseau amoureux de madame de Warens, ou les fables d'un certain Jean de La Fontaine, qu'elle se plaisait à réciter, dont elle avait mis en musique les plus enlevées, qu'elle chantait, dans son boudoir, en s'accompagnant au piano. Seul un accent qu'Edouard avait trouvé « adorable », sans doute pour son côté exotique, signait encore l'origine de cette femme belle et cultivée enlevée à la hussarde.

— Je vous parle, chère ! Je vous parle !

Elle posa sur lui des yeux transparents cernés d'une légère touche de khôl. Son teint de porcelaine rehaussé aux pommettes d'un rouge naturel de pomme d'api récolté sur les hauteurs saxonnes de la Bastei éclaira soudain la pièce. D'un vif mouvement de tête, elle rejeta une mèche de cheveux sur son épaule.

— J'entends bien, Edouard, mais...

— Il n'y a pas de « mais » ! Les gens, eux, ne disent pas « mais » ! Les tailleurs, les graveurs, les gamins, les verriers, leurs femmes et les familles ne disent pas « mais ». Ils disent...

— Je me moque de ce qu'ils disent, mon ami ! Epargnez-moi cela. Vous n'allez tout de même pas être comme ceux qui racontent n'importe quoi ! Vous ?

Il encaissa le coup. Le « vous » l'avait frappé en pleine face. Elle s'en aperçut.

— D'ailleurs, ils ne sont qu'une poignée. L'être humain vaut mieux que ça, vous le savez bien ! Vous réduire à tant de bassesse, tant de perfersi...

Elle s'était emportée, buta sur le mot, en chercha la bonne forme, renonça, s'assit au piano dont elle releva le couvercle lentement, le retenant pour éviter le claquement sec du bois contre le bois. Elle retira la protection de feutre du clavier, brodée à son chiffre.

— Perversité...

Edouard lui avait soufflé. Il n'avait pu se retenir. Souvent, il lui venait en aide pour des enchaînements rebelles de syllabes sur des mots qu'elle connaissait bien pourtant, des mots résistants, de ceux qui n'acceptaient pas la compromission avec cette femme venue d'ailleurs. Il s'amusait aussi, parfois, à la faire trébucher sur ces pierres que la langue sème au hasard des discussions sur le chemin des bavards. Il s'émerveillait alors de cet accent rugueux et rond à la fois, renforcé par la difficulté, qu'il trouvait toujours aussi savoureux, trois ans et quelques mois après leur rencontre. Aujourd'hui, toutefois, il n'avait pas envie de s'amuser.

— J'ai ma conscience, mon ami, claire et sereine comme la vôtre. Je suis en paix !

Elle effleurait les touches du piano, hésitait à les enfoncer.

— En paix... en paix ! Facile à dire. La rumeur, elle, ne désire que la guerre ! Comment la ferez-vous taire, cette rumeur, quand elle aura été lâchée dans les ateliers de la compagnie, et par toute la ville ? J'aimerais vous entendre là-dessus, ma chère ! Comment lui tordrez-vous le cou ?

Regina tournait le dos à son mari. Elle avait ajusté le tabouret, posé les deux mains sur le clavier. Une note se glissa entre eux, puis deux, puis trois. Edouard haussa un peu le ton :

— Monsieur de Fontenay n'aime pas du tout ce genre de propagande, pas du tout ! Et il a raison. Notre maison veut être un modèle de qualité, pour ses produits et pour ceux qui les fabriquent. On ne crée du parfait que si l'on tend soi-même vers la perfection ! N'est-ce pas ?

Les premières mesures d'un lied venaient de naître sous les doigts de Regina. Elle allait chanter, il le savait. Et il savait qu'il ne pourrait alors plus rien dire, ni faire, ni... Sa colère tomba. Une nouvelle fois le miracle allait se produire, comme à la Johanniskirche, l'église de Bad Schandau, ce fameux dimanche de novembre 1841. Il rentrait d'un voyage en Bohême...

Dès son arrivée à la tête de la cristallerie, Eugène de Fontenay, transfuge de la concurrente Vallerysthal, qu'il avait menée de main de maître sur la voie de succès économiques et sociaux enviés par bien des manufactures, avait décidé d'envoyer son chimiste Edouard Galtier en Bohême. Sa mission : étudier là-bas la composition des verres colorés, et le tour de main local qui permettait de superposer des couches de nuances différentes appelées, sous la meule du tailleur et la roue du graveur, à donner des effets troublants de relief et de transparence.

Jusque-là, Baccarat n'avait produit que du cristal incolore, mais d'une telle perfection que, lors de sa mémorable visite de 1828 à Pierre-Antoine Godard, le patron de l'époque, le roi Charles X s'était exclamé : « Jamais on n'a vu quelque chose d'aussi beau ! » Il n'en avait pas fallu davantage pour donner des ailes à une fabrique déjà riche d'un savoir-faire exceptionnel hérité des verriers bohémiens Thyssac arrivés dès le XVe siècle dans les immenses forêts du Sud lorrain, à Hennezel, et des avancées techniques réussies par leurs descendants de la Verrerie de Portieux, créée près d'un demi-siècle avant elle, à une portée de voix de la vallée de la Moselle.

Par trois fois, de Prague au plus épais des fameux monts Métallifères, en passant par les crêtes appalachiennes de Brdy sous les montagnes volcaniques de Doupov, le chimiste Galtier avait exploré la Bohême. Chaque voyage avait duré près de deux mois. Des semaines de cahots dans des pataches grinçantes et des voitures de louage, sur des chemins défoncés, au cul de chevaux trop lents ou trop nerveux, pour des visites trop courtes. Edouard avait sillonné la Bohême, visité des dizaines de verreries, rencontré des artisans et artistes de grand talent, étudiant ici la juste proportion de plomb à ajouter au verre pour lui donner éclat, force et souplesse, se renseignant là sur la nature des précieux oxydes métalliques capables de lui donner des couleurs dignes d'une palette de peintre, achetant plus loin des échantillons de vases, brocs et verres à boire en cristal sanguin ou à reflets dorés. Avec des verreries comme celle, fameuse, de Novy Bor, l'Europe centrale avait détenu le monopole de ces verres colorés jusqu'aux travaux d'Eugène de Fontenay, travaux qui avaient valu au nouveau directeur, juste avant son entrée dans la maison, de beaux prix internationaux. Le marché s'était alors ouvert. Il y aurait désormais de la place pour tous les gentilshommes verriers dans le monde.

Prometteuse, la renommée naissante de la Compagnie des Verreries et Cristalleries de Vonêche-Baccarat ne demandait plus que confirmation par la mise sur le marché de cristaux très purs, travaillés d'œil et de main de maître par ses ouvriers, ce qu'ils savaient déjà faire, surtout par la mise au point de nouvelles techniques de travail et la création de nouveaux produits. Avec rang de sous-directeur, le chimiste Edouard Galtier savait, à chaque départ, remontant la vallée de la Meurthe, cap sur Strasbourg, que cet objectif serait atteint s'il menait à bien sa mission. Il s'y employait du mieux qu'il pouvait.

C'est au retour de son dernier voyage, après des dizaines de visites d'ateliers, qu'il avait décidé de faire un crochet par Bad Schandau, dans cette Suisse saxonne dont on lui avait vanté les paysages et la qualité des sources. Fatigué par son périple, sachant qu'une fois rendu il lui faudrait beaucoup d'énergie pour mettre en œuvre les résultats de son exploration, il s'était ménagé quelques jours de repos avant de reprendre la route de la Lorraine. Il connaissait la réputation des eaux ferrugineuses de la petite station thermale, leurs vertus médicinales, tant pour le flux artériel et veineux que pour la résistance des os, leurs effets bénéfiques sur le système digestif, et leur action apaisante sur les nerfs de personnes qu'une activité désordonnée jetait parfois au bord de la rupture. Il y était arrivé en se répétant la célèbre réclame de la station du massif vosgien en tous points comparable : « Bussang, sang bu ! » En une semaine, il avait récupéré l'énergie semée dans les fondrières bohémiennes. Bien que bref, le séjour en Saxe l'avait retapé.

Un dimanche matin, ses paquets ficelés, et sa voiture réservée pour le lendemain à l'aube, il avait prêté une oreille complaisante au patron de l'hôtel qui lui vantait les qualités d'un après-midi lyrique à l'église. On y chanterait quelques œuvres d'un certain Bach, musicien allemand dont il avait vaguement entendu parler. Il avait d'abord remercié son hôte, lui avait objecté son proche départ : « J'ai encore à faire... », son peu d'intérêt pour ce genre de musique : « Bach ? Ça ne me dit trop rien ! » L'autre avait insisté.

Finalement, Edouard avait dégusté un Sauerbraten, apprécié la viande rôtie aux délicates saveurs de marinade, accompagnée de petites galettes de pommes de terre grillées nimbées d'un fromage blanc à damner un ermite, arrosée d'un vin blanc de Meißen, sec et velouté à la fois, ample et gouleyant. Le maître de maison lui avait expliqué que ce nectar profitait de l'amplitude continentale : coups de froid sur les raisins, la nuit, suivis de coups de chaud, au mitan du jour, sous un soleil généreux attaché à ce pays comme la richesse aux basques des évêques. Il avait baissé le ton pour la comparaison, afin de ne pas heurter ses clients achoppés à des cuveaux de bière. « Je suis protestant, avait-il haché de son accent rugueux, à voix basse, dans une population très catholique ! » Ensemble, ils avaient souri. Edouard se souviendrait longtemps de ce repas, le dernier avant...

Puis il avait traversé la place vers l'église à bulbe plantée vers un ciel tendu de curieux voiles noir et ocre. Un orage menaçait. Il trouva encore une place dans le milieu de la nef, sous une cascade de feuillages baroques blanc et or flanqués d'angelots nus au sourire niais. Une foule compacte et silencieuse se tassait entre les bancs. Des dizaines de cierges répandaient leur miel dans le chœur. Quelque part brûlait une cassolette d'encens. Edouard se sentit bien, étrangement bien, à des années-lumière de ses oxydes métalliques, émaux, plomb, silice et potasse, se sentit mieux encore quand s'élevèrent les premières notes échappées des hautbois, violons et violes de gambe. Il mit l'étrange sentiment d'apesanteur sur le compte du blanc sec de Meißen, tendit le cou pour voir les musiciens, se laissa porter par la mélodie naissante, gagner par l'onctueuse lumière des voix qui venaient de naître… « *Aus der Tiefe rufe ich, Herr, zu dir…* » Jamais il n'avait rien entendu de si beau ! De sa vie… jamais ! « *Herr, höre meine Stimme*[1]… » Ces voix d'hommes… cette voix de femme ! Il tendait le cou du plus long qu'il pouvait pour voir la source du miracle.

Alors, il l'avait aperçue.

Les doigts de Regina couraient sur le clavier.

— Vous rendez-vous compte, ma chère, si monsieur de Fontenay venait à savoir que…

Edouard avait tenté un nouvel assaut, sans conviction. Sa femme s'était mise à chanter des vers nostalgiques dans une langue allemande très ancienne qu'il ne comprenait pas. L'émotion de Bad Schandau, là-bas, dans l'église à bulbe, au cœur de la foule nimbée de miel, sous les angelots blanc et or au sourire niais… cette émotion l'empoigna de nouveau. Il tira une chaise, s'assit à côté de Regina, ferma les yeux. Il revoyait, de l'autre côté de l'allée centrale, cette jeune femme dont le profil de princesse l'avait ébloui.

« Profil de princesse… » Pourquoi, dans la seconde même où il l'avait aperçue, avait-il pensé à une prin-

1. « Des profondeurs, je crie vers toi, Seigneur… / Seigneur, écoute ma voix… », Jean-Sébastien Bach, *Aus der Tiefe* (cantate BWV 131, écrite en 1707 à Mülhausen).

cesse ? Comment lui, le technicien spécialiste du monde en équations, le facteur d'équilibre de réactions chimiques entre éléments hétérogènes aux valences si peu accordées parfois, l'homme de tête qui s'était toujours méfié des frasques du cœur, avait-il pu se laisser prendre à ce piège d'apprentie modiste ? Comment, enraciné qu'il était dans le terreau saint-simonien et fouriériste, opposé à toute forme de prise de pouvoir et d'exploitation de l'un par l'autre si chère à nombre d'aristocrates rentrés d'émigration les poches débordantes de dédommagements royaux et la tête pleine de ressentiments lardés de désir de vengeance, avait-il pu se laisser terrasser par cette image ? « Profil de princesse » ! Il s'était posé mille et mille fois la question, sans jamais trouver d'autre réponse que l'étrange impression de lévitation procurée par le vin blanc de Meißen. Pas davantage ce dimanche que tous les autres dimanches du monde ! Ce jour-là, sur les vagues aériennes de Bach, il avait remarqué cette jeune femme. Elle l'avait remarqué. De ce moment, il n'avait plus entendu les voix et instruments célestes qui caressaient les voûtes, n'avait plus vu les angelots, ni les cierges, ni la foule... n'avait plus vu qu'elle, qui ne voyait plus que lui.

A la sortie, elle traînant, lui jouant des coudes, ils s'étaient arrangés pour se frôler. Elle tenait par le bras une vieille femme en habits traditionnels brodés. Ils avaient échangé un regard furtif. Elle avait paru très troublée. Il l'avait trouvée encore plus belle, lui avait glissé l'un des cartons professionnels dont il avait les poches garnies. Il y avait écrit le nom de son hôtel. Du parvis, il avait suivi la lente disparition des deux femmes entre les façades étroites de la place. Ne restait d'elles qu'un parfum léger de mimosa.

Le lendemain, il n'avait pas embarqué dans la diligence pour Dresde. Impossible de partir, de quitter ce pays sans avoir revu cette femme ! Il avait traîné dans les ruelles du bout de la place par où la « princesse » avait disparu au bras de la vieille femme, reniflant toutes les encoignures, y cherchant des traces de mimosa, n'y trouvant que des relents d'urine et de merde de chien. Il avait escaladé la colline jusqu'au belvédère de la Bastei, y était arrivé peu avant midi. De là-haut, il avait admiré la vallée de l'Elbe qu'estompaient des brumes bleutées, repéré au loin le chapelet dansant des montagnes de Bohême, écouté les bruits de vie montés de la vallée. Deux buses tournaient au zénith en poussant des cris rauques. Il faisait bon. Il faisait chaud. Il était bien et mal à la fois, bien d'être resté, et mal de ne l'avoir pas encore revue. Les buses disparues loin derrière la crête boisée, il se dit à voix haute qu'il reprendrait la route mercredi matin. « Je te donne deux jours pleins, Edouard, pour la retrouver ! Deux jours... pas une heure de plus ! » Et il avait ajouté : « Une de perdue, dix de retrouvées ! » Il avait craché les mots au vent d'altitude pour s'en débarrasser. Depuis la veille au soir, cette formule idiote l'avait obsédé au point de l'empêcher de dormir. Il se l'était répétée toute la nuit, tentant de réactiver en lui le pouvoir de la raison sur les déraillements du cœur.

Il n'avait pas fait deux pas dans le vestibule de l'auberge que son hôte lui avait déjà tendu un pli. Il s'était mis à trembler comme une feuille, lui l'homme de science et de négociation que rien ne pouvait troubler, l'avait reçu, tourné, retourné dans ses mains, en avait respiré… le mimosa !

Sous l'œil amusé de l'hôtelier, il avait grimpé l'escalier quatre à quatre jusque dans la chambre encombrée de ses malles, s'était assis sur le lit, avait déplié le papier, lu : elle s'appelait Regina Kirnitz, habitait Lichtenhainerstraße 23, lui disait en une phrase d'un français parfait que sa mère et elle seraient « heureuses de partager avec vous un chocolat, à cinq heures du soir, à la maison ». Il avait lu, relu, tourné et retourné le pli ; l'écriture en était harmonieuse, de cette forme régulière en guirlande héritée du gothique qu'il trouvait parfois difficile à déchiffrer dans les documents techniques de verreries, mais souple, là, et d'une réelle beauté. Il l'avait flairé encore, y avait encore reconnu le mimosa, s'était laissé glisser sur le lit, à plat dos, yeux fermés, en murmurant : « Regina… Regina… Regina… » En un éclair, il avait oublié le difficile mariage du sable de la Meurthe avec la potasse, la formule de l'oxyde de cuivre, l'action nettoyante du manganèse, le procédé de coloration des verres par précipitation d'atomes d'or. L'irruption de la « princesse » dans sa vie avait tout balayé !

— Je ne voudrais pas, osa Edouard…

Regina se tourna vers lui, étouffa d'un coup de pédale les dernières vibrations du piano. Le silence soudain donna plus d'éclat encore au souvenir de sa voix. Elle tendit la main vers son mari.

— Veux-tu que je t'explique, une nouvelle fois ?

Une ombre de tristesse voilait son regard. Le mouvement avait découvert son épaule. Cette voix, ce corps, ce regard, ce « tu » qui ne tombait entre eux que dans les moments de belle intimité… il se sentit fondre, se laissa prendre la main. Alors, elle lui raconta une nouvelle fois la rencontre avec le jeune Florent Rousselet, comment elle l'avait entendu, un jour, à la chapelle de la compagnie...

Elle rentrait d'une longue promenade sur le chemin de Sainte-Catherine, avait entendu un chant, avait poussé la porte, était entrée sur la pointe des pieds, s'était assise au dernier banc, devant la pierre tombale du sieur Antoine Renaut. Le chant montait de la tribune : une voix de jeune garçon, fine et cristalline, d'une pureté étonnante, proche du registre de la soprano. Elle était restée longtemps là, assise dans les ténèbres, sous cette tribune d'où s'élevait la grâce, à éviter le moindre bruit qui eût pu briser le miracle. Elle avait retenu son souffle jusqu'à l'extinction du chant, avait filé dès les premiers pas, là-haut, sur le plancher craquant, filé vers la maison, l'ombrelle au poing, en soulevant légèrement son jupon. A mi-parcours, elle s'était retournée, avait aperçu l'enfant qui poussait le portail des écuries.

Edouard avait déjà eu le récit de ce moment, comme des rencontres successives de sa femme avec le garçon des Rousselet. Il appréciait la qualité de leur relation, sentait qu'elle faisait du bien à Regina qui, pendant qu'elle éduquait le jeune Florent, oubliait la nostalgie de son pays qui la rongeait. « Sehnsucht[1]... Sehnsucht... » murmurait-elle parfois, la tête posée sur l'épaule de son mari, en laissant couler des larmes qu'elle ravalait bien vite. Quand elle rentrait de la chapelle où elle avait guidé le chant du garçon, y mêlant de plus en plus souvent le sien, elle était transfigurée, heu-

1. Nostalgie, mal du pays.

reuse, sautillante, légère et rayonnante. Si elle devait rester plusieurs jours sans s'occuper de lui, alors elle sombrait dans une tristesse dont Edouard avait du mal à la tirer. « Sehnsucht... »

— Mais est-il bien nécessaire qu'il vienne ainsi, tous les jours à la maison ? As-tu rencontré ses parents ? Et comment pourras-tu justifier...

— Assez ! Je n'ai rien à justifier ! Cet enfant a une très belle voix, exceptionnelle, idéale pour chanter les lieder et les cantates de Bach !

— Oui, mais... pour un verrier, la voix...

— Qui te dit qu'il sera verrier ?

— Tout : l'habitude, la tradition, son père ! Comme tous les pères d'enfants de cette compagnie ! C'est la règle ici : on naît verrier, on vit verrier, on meurt verrier, et on est enterré dans le cimetière des verriers, derrière la chapelle, contre le mur des jardins de verriers ! C'est ainsi depuis toujours, et ce n'est pas toi qui changeras cette face du monde !

— Et ta philosophie de la liberté ? Ne doit-on pas respecter le penchant, le destin de chacun, sa voie unique vers le bonheur ?

La réplique lui avait cloué le bec. Il observait le regard de sa femme, tentait de rajuster ses mots et ses idées pour la riposte. Tournée de trois quarts, Regina semblait observer les toits des maisons, de l'autre côté de la rue des Cristalleries, et au loin la silhouette massive de l'église de Deneuvre, perchée sur sa butte. La lumière du contre-jour argentait le duvet de sa nuque, couronnait d'or ses cheveux, estompait les traits de son visage.

Oui, vraiment... princesse ! se murmura-t-il. Princesse...

Une vague de désir le fit frémir.

— Et il n'y a pas d'exceptions à cette règle idiote ?

Elle avait tourné la tête vers lui. Elle avait son air pincé, et l'accent plus marqué des moments de contrariété. Le ton de ce « règle idiote » le transperça. Une seconde il se demanda s'il ne valait pas mieux en rester là, lui abandonner la place, retourner aux ateliers, aller se replonger dans les formules chimiques d'émaux capables de colorer le verre tout en respectant la pureté du cristal. Elle revint à la charge :

— Il n'y a donc pas d'exception ?

— Peut-être... de temps en temps ! Mais à ma connaissance... non !

Elle pouffa d'un air agacé, posa l'index sur une touche du clavier, fit sonner un *sol* qui tourna longtemps dans la pièce avant de s'éteindre.

— Pas si idiote que ça, cette règle ! C'est elle qui nous permet d'être les meilleurs dans notre art. La connaissance de la matière, les subtilités de fabrication des outils, le coup d'œil, la précision du geste... se transmettent depuis toujours de père en fils, avec la passion du métier et l'amour du travail bien fait. C'est une chaîne sacrée, tu sais, que celle-là ! Et si le père n'est plus, c'est un autre ancien qui prend la relève pour accompagner le gamin pendant toutes ses années d'apprentissage. Il n'y a pas de meilleure école que celle-là, tu sais !

Elle le savait, bien sûr. Il le lui avait déjà si souvent expliqué, dans des emballements passionnés, parfois en tête à tête, pendant les repas, plus rarement en société, quand ils recevaient à leur table le médecin, quelque chef d'atelier ou maître à la peau calleuse tannée par le feu. Elle le savait aussi pour l'avoir vu dans son pays, là-bas, en Saxe, dans les verreries migrées de Bohême, celles-là mêmes qui avaient donné naissance plus tard, bien plus tard, à celles de Lorraine. Elle eut envie de lui rappeler que ce cristal dont il faisait tant de cas, à juste titre, venait de chez elle, de cette Europe centrale qui avait produit de nobles alchimistes comme les Thyssac, venus pour cause de guerre se réfugier dans les profondes forêts de la Vôge, à Lichecourt, Hennezel, dont ils avaient ensemencé le sol de leurs miracles, fruits de la transmutation de la terre par l'action du feu. Elle eut envie de lui rappeler que cette relation trinitaire apprenti-compagnon-maître était pratiquée chez elle depuis la nuit des temps, aujourd'hui encore, et dans tous les domaines, qu'elle seule permettait la transmission des savoir-faire, des prétendus secrets, des savoir-être ! Mais...

— Et si Florent voulait faire autre chose... sa voix est si belle, et il aime tellement chanter, ce garçon !

— Ce n'est pas à toi d'en décider, pas même de le suggérer ! Il y en a d'autres qui ont des dons, j'imagine, des dessinateurs, des peintres, des marchands de peau de lapin, des tanneurs, des paysans dans l'âme qui préféreraient labourer la terre plutôt que la faire fondre dans nos fours, des curés, même ! Mais ils sont ou seront verriers, parce que leur père l'était. C'est ainsi, ma b...

Il se reprit. L'heure n'était pas à l'attendrissement.

— ... ma chère ! Et c'est bien ainsi pour notre cristal devenu le plus beau du monde, pour notre compagnie, et... pour nous ! Pour nous, tu m'entends... pour nous !

L'insistance de son mari désarma Regina. Elle savait que tout ce qui pouvait être dit venait d'être dit. Mais elle gardait tellement d'autres arguments, qu'elle saurait brandir le jour venu. Elle se retourna vers le piano, attaqua les premières mesures d'une cantate de Bach qu'elle avait décidé de chanter bientôt, à l'office de la chapelle, pour la Fête-Dieu. Peut-être même irait-elle la chanter dans l'église perchée de Deneuvre qui, depuis des siècles, du haut de ses vestiges gallo-romains imprégnés encore des cultes païens célébrés dans son temple deux mille ans plus tôt en l'honneur de Mercure, dominait le pauvre village de verriers étalé à ses pieds.

Edouard poursuivait :

— Mais ce que je voudrais, vois-tu...

Il se reprit, sur un ton plus ferme :

— Ce que je veux, c'est que tu n'amènes plus ce garçon à la maison, que tu ne le prennes plus entre tes genoux pour lui caresser le ventre, que tu n'aies plus aucune relation avec lui. Tu m'entends ?

Il parlait sec, rapide et saccadé. Il était pâle. Ses mains tremblaient. Il dut les poser sur le piano pour les calmer. Jamais elle ne l'avait vu dans cet état.

— Tu m'entends ?

Elle l'avait entendu, en avait été foudroyée. Comment avait-il pu supposer... Que lui avait-on raconté ? Elle se souvint subitement de ce jour récent où sa femme de ménage les avait surpris, Florent debout entre ses genoux, elle les mains sur ses flancs, en train de lui expliquer comment la respiration doit se faire par le ventre, de lui montrer sur le corps le flux du souffle nécessaire au chant, de l'abdomen jusqu'à la gorge, de lui faire sentir comment son propre son doit pénétrer le « masque », les os creux des pommettes et du front, se développer en eux, seuls capables de l'amplifier, comment il peut tout entier entrer en vibration avec sa propre voix...

— Entends-moi bien ! Je ne supporterai pas la moindre allusion de qui que ce soit à propos de ta relation avec ce garçon, ni…

Il se força à respirer un grand coup.

— … ni que tu te permettes de contrarier notre tradition de recrutement et de formation garante du succès de notre compagnie. Tiens-toi-le pour dit !

Regina osa lever le nez. D'une voix hésitante, elle osa :

— Tu ne serais pas jaloux d'un enfant, tout de m…

Elle ne put finir sa phrase. Un grognement l'interrompit, accompagné d'un coup de poing sur le piano, qui gronda. La porte claqua.

Regina resta un long moment silencieuse, les yeux sur le bulbe de l'église de Deneuvre. Elle sourit.

Weinen, Klagen,
Sorgen, Zagen,
Angst und Not
Sind der Christen Tränenbrot…[1]

1. « Pleurs, lamentations, / Soucis, découragements, / Peur et douleur / Sont le pain de larmes du chrétien… », Jean-Sébastien Bach, *Weinen, Klagen, Sorgen, Zagen* (cantate BWV 12).

4

24 décembre 1846

On grelottait depuis bientôt deux mois. Meurthe gelée sur l'épaisseur d'une main, le bois n'arrivait plus des montagnes de Saint-Michel ou de Raon-l'Etape jusqu'au port de flottage. On n'entendait plus les cris du oua-lou[1] armé de la gaffe à double crochet pour guider les grumes vers le déversoir de la scierie, de l'autre côté de la Meurthe, sous les toits pentus de la perchée Deneuvre. La réserve était suffisante pour tenir l'hiver, mais à la compagnie on commençait à compter chaque bûche jetée dans le four et le potentiel de chaleur qu'elle pourrait offrir au verre en fusion. Houspillés par des ouvriers grincheux qui redoutaient la glissade, les gamins patinaient en criant dans la cour sur leurs sabots, dans des carrés de ciel luisants qui pavaient les allées.

Il faisait un froid si tranchant que même les poireaux du jardin avaient pris un air ramolli et translucide inquiétant pour les soupes à venir. Les paysans

1. Homme responsable du flottage des bois. Il descendait la rivière sur les grumes arrimées entre elles, et devait les guider dans les courants jusqu'au port de la cristallerie.

attendaient la neige pour la protection de leur semis, les femmes le dégel pour faire au moins une lessive de frusques gorgées de poussière de minium, de sable et de graisse de machine, les bûcherons un redoux qui leur permettrait d'aller abattre les hêtres du Fouy sans risquer de se faire écraser par une branche haute que le gel aurait rendue cassante comme du cristal. Certains disaient même que des loups étaient venus jusqu'aux Bingottes, qu'ils avaient cherché à boire à la source des Petits Oiseaux prise par les glaces, et qu'ils avaient défilé en bande jusqu'aux Fleurantes Haies, où on les avait aperçus longeant les murs de l'étable et de l'écurie. « Pas loin d'un cent ! » disaient quelques grandes gueules au café du Pont. « P't-être pas quand même, mais pas loin… non… pas loin », corrigeaient d'autres, en s'assoupissant sur des verres de rouge et des pintes de bière alignés pour la revue de la soif.

Comme si le froid du ciel ne suffisait pas à pétrifier la campagne, les hommes de la ville avaient décidé de glacer des relations politiques déjà mises à mal par des années de monarchie d'opérette.

Une semaine à peine après l'arrivée du printemps, l'armée avait tiré sur les ouvriers de Saint-Etienne, qui avaient osé afficher leur misère et réclamer, en échange de leur travail, de quoi acheter du pain. La riposte avait été fulgurante : quinze jours plus tard, l'ancien garde forestier Lecomte tirait à son tour plusieurs coups de feu, mais cette fois sur… le roi Louis-Philippe et sa famille ! Condamné à mort, il avait pris une volée de plomb royal en plein cœur, quelques jours après l'évasion du fort de Ham, où il croupissait dans un cul-de-basse-fosse, de celui qui avait ému la France avec sa promesse publiée[1] de lutte sans merci contre la pauvreté : Louis Napoléon Bonaparte, le neveu de l'Empereur, porteur de la flamme impériale et républicaine. Pourtant donnée en spectacle au peuple, la mort de Lecomte n'avait pas désarmé les miséreux du pays : le 29 juillet, l'artisan métallo Joseph Henri tirait plusieurs coups de feu sur la famille royale en pleine parade de plumes et de soie sur le balcon du château des Tuileries, mais les manquait tous. Il avait fallu tout le talent oratoire et la puissance de conviction d'un Victor Hugo violemment opposé à la peine de mort, entre deux interventions musclées pour la protection du littoral, pour faire échapper le malheureux au peloton d'exécution, au profit... des travaux forcés à perpétuité !

Malgré la dureté de la répression ordonnée par celui qui avait voulu donner l'impression d'être un monarque social en se faisant baptiser « roi des Français » plutôt que « roi de France », la colère populaire n'avait pas désarmé et, le 30 septembre, les femmes de Paris avait embrasé le faubourg Saint-Antoine et combattu à poitrine et mains nues l'absolutisme d'un pouvoir sourd et méprisant et le prix du pain !

L'été avait été torride. Sur les côtes de Moselle et de Meuse, comme sur la butte du Montfort, on avait fait les vendanges fin août, près d'un mois avant la date normale. Le vin promettait d'être bon, mais les haricots, les pommes de terre et les carottes avaient cuit sur pied dans des jardins calcinés par un soleil d'enfer.

1. « La pauvreté ne sera plus séditieuse lorsque l'opulence ne sera plus oppressive », Louis Napoléon Bonaparte, *L'Extinction du paupérisme*, éd. Pagnerre, Paris 1844.

Autour du four à pots, brûlés par le feu central et un air porté au blanc d'acier par les tuiles, les verriers de la compagnie avaient sué sang et eau. L'automne avait calmé les ardeurs du ciel. Mais l'hiver venait de s'abattre sur des femmes au teint jaunâtre, des hommes épuisés et des enfants souvent secoués par des quintes de toux que les médecins observaient de loin en baissant les bras. Partout, en découpant dans du papier d'emballage des étoiles pour la fête de Noël, on s'était dit que l'année prochaine serait meilleure, et on se prenait à espérer.

— Remue-toi donc un peu, on va être en retard !

Sous son grand châle de laine noire avec bordures et semis de boutons de roses, héritage de sa mère, Jeanne piaffait. Elle avait noué ses cheveux en un chignon rond et serré qu'elle couvrirait de son bonnet de fête en percale, à deux rangs de tuyautés, noué sous le menton par deux larges brides qui lui faisaient un papillon en vol sur le col de mousseline. Agacé par le bouton de sa vareuse fuyant entre ses gros doigts, le père marcha vers elle.

— Aide-moi donc, Jeannette…

Elle l'aida. Il tendit le cou, se laissa faire. Elle sentait bon le romarin des hauts d'Embréchy dont elle parfumait l'armoire. Il fut frappé par sa beauté, baissa les yeux, se rendit compte que, depuis des mois, il ne l'avait pas remarqué, regretta que le bouton fût devenu si docile entre ses doigts.

— Florent ! Tu m'as entendue ?

En sarrau noir, assis en bout de table, le crayon filant sur le papier, le garçon dessinait de nouvelles arabesques en tapotant du brodequin sur les dalles, la tache bleue de la mine au coin des lèvres.

— Tu vas être beau ! lui lança-t-elle. Donne-toi un coup sur la bouche et enfile ton manteau. On y va !

Elle houspillait son fils sans grande conviction. Elle savait que l'heure n'était pas encore venue de se mettre en route vers la chapelle. La cloche n'avait pas encore lancé son premier appel sur la cour et les cités ouvrières. Mais elle tenait de ses parents le sacro-saint respect de l'heure, au point d'arriver toujours en avance partout où on l'attendait. « La politesse est l'exactitude des rois ! » lui avaient-ils répété en un temps où seul le roi pouvait se permettre d'être... en retard !

— Tu écoutes ta mère !

Firmin jeta une grosse bûche dans l'âtre. Elle brûlerait à petit feu durant leur absence. La maison serait bien chaude à leur retour, le temps de croquer les noix avec les pommes du réveillon. Le garçon n'avait pas bougé. Il en était à dessiner une étoile à cinq branches en tirant la langue.

— Florent !

Le père avait haussé le ton. Jeanne en fut surprise. Avant d'ouvrir l'armoire aux trésors, il s'était senti obligé d'intervenir. Elle lui lança un regard éclairé d'un sourire qui lui remua tout l'intérieur. Oui, décidément, qu'elle était belle ! Comment avait-il pu l'oublier ? Il hésita un instant, échangea un nouveau regard avec sa femme... oui, très belle ! Il écarta sur le rayon du dessus le carton du brassard de sa communion solennelle, l'autre de la robe de mariée, les missels anciens et le crucifix de porcelaine au cœur peint sur une vasque vide d'eau bénite, et le verre de cristal. Le parfum de thym et de violette se mêla aux senteurs du chêne qui crépitait dans l'âtre et projetait des myriades d'étincelles dans l'avaloir. Il prit l'orange que sa femme y avait dissimulée derrière les assiettes, la présenta à la lumière du heurchot.

— Si tu ne te dépêches pas, mon gamin… je la mange !

L'orange ! L'orange de Noël !

Florent posa le crayon, replia ses feuilles, tendit la main vers le fruit de soleil.

— Touche, touche-la seulement ! C'est pour tout à l'heure, après la messe.

Il faisait tourner le fruit dans ses mains. La lumière jouait sur sa peau, allumait des reflets d'or dans les yeux du fils qui l'effleura du bout des doigts, osa la saisir, la respirer, lui offrir un baiser aussi doux que ceux réservés au velours d'Iris des Ténèbres. Il la pressa sur ses lèvres en ronronnant de plaisir. L'orange de Noël !

— Allons, il est temps d'y aller, maintenant !

Firmin posa l'orange au centre de la table, au milieu du panier de noix, avec les pommes aux joues rouges. Jeanne dissimula son bonheur dans son châle, présenta son cache-nez à Florent qui le noua à la ficelle autour de son cou.

— C'est pour toi… tout à l'heure ! Et maintenant, en route !

De la maison à la chapelle de la compagnie, quelques pas seulement, mais dans des couloirs de bise si tranchante que la traversée de la cour semblait une éternité de souffrance. Jeanne s'était couverte de son châle qu'elle tenait haut levé pour protéger les tuyautés de sa coiffe ; Firmin avait rabattu les oreillettes de sa casquette de laine et tenait serré son cache-col d'un poing violacé ; le cache-nez au vent, Florent caracolait devant eux, dansant d'un pied sur l'autre entre les plaques de glace du chemin, comme insensible au froid. Juste en face, les lueurs de la chapelle. Tout près, sous les coups de bise déchaînés par un nord furieux, les vitres dorées de lumière du château. Loin, à main droite, le souffle rauque et le brasillement de la halle où mûrissait le cristal en fusion pour le travail du surlendemain.

Tout l'après-midi, comme chaque jour, les ouvriers avaient répandu le sable dans une grande caisse de bois, versé dessus la potasse que d'autres avaient écrasée, mélangé les deux à la pelle, éliminant au blutoir les boulettes qui auraient pu se former, égalisé la couche au millimètre près. Ils avaient l'œil et le coup de pelle, ceux-là qui savaient que la qualité du travail à venir dépendait déjà d'eux. Puis, sur le sable et la potasse, ils avaient répandu le minium rouge d'or, de feu et de sang, jeté sur l'ensemble à grands coups de pelle le groisil, ces débris de cristal récupérés à tous les stades de la fabrication, puis mélangé encore, mélangé toujours, jusqu'à obtenir une matière parfaite prête à être versée dans les pots de terre chauffés à blanc, en rang d'oignons autour du feu sacré du four.

Du milieu de la cour, d'un coup d'œil vers les ateliers, Firmin s'assura que tout était bien là-bas, à sa place, et prêt pour les chantiers à venir. Il n'avait pas pu s'en empêcher. Le cristal, c'était sa vie !

Réservés à monsieur de Fontenay, à sa famille, et aux commis de la compagnie, les premiers bancs étaient encore vides. Mais la chapelle bruissait déjà de chuchotis, quintes de toux, froissements des étoffes de fête et babil des enfants. Dès le parvis, une bonne chaleur enveloppa la famille Rousselet. Il faisait bon, là ! Depuis le matin, un feu ronflant gonflait le fourneau et parfumait de hêtre et de chêne la nef odorante déjà de cire d'abeille. Des femmes avaient frotté jusqu'aux veines du bois le confessionnal et les stalles du chœur. Tous les cierges flambaient en crépitant.

Jeanne descendit le châle sur ses épaules, trempa le doigt dans le bénitier, se signa, le tendit à son mari qui l'effleura de l'index, se signa à son tour furtivement ; il avait remonté les oreillettes de sa casquette, s'était découvert avant de recevoir l'eau bénite de sa femme. Planté devant la crèche, Florent taquinait déjà l'ange bleu couronné d'or qui présentait sur ses genoux une coquille Saint-Jacques coupée en deux en son milieu par une fente de la largeur d'un louis. Firmin avait compris. Il fit mine de fouiller dans sa poche, trouva la pièce prévue, la tendit à son fils, qui la laissa tomber dans la fente en lui glissant un regard complice. Cliquetis du métal sur la faïence. Florent saisit la main de son père. Alors, l'ange bleu et or remercia d'un interminable hochement de tête. Derrière, d'autres enfants de verriers se chamaillaient, une pièce à la main, tandis que les mères s'attendrissaient devant le poupon de plâtre couché dans la paille entre Marie et Joseph, sous les naseaux roses du bœuf et de l'âne.

La petite nef était pleine à craquer quand, général flanqué de son état-major, au milieu des chefs d'atelier, médecin, caissiers et commis aux écritures, précédé par la croix de procession, que suivaient le prêtre et ses servants, monsieur de Fontenay se présenta. L'assemblée s'était levée. De son côté réservé aux femmes, Jeanne lançait des regards en coin à son mari qui avait trouvé place à main droite de l'allée, parmi des hommes au visage émacié d'une couleur de terre accentuée par la lueur des cierges. Pas de vieux parmi eux, pas de ces bons vieux qui, dans son village, autrefois, éclairaient la veillée de leur infinie mémoire. On mourait trop jeune dans cette vallée ouvrière ! Elle ressentit une griffure dans la poitrine, comme si une bête agacée lui lacérait le cœur, tourna la tête vers la Vierge à l'Enfant, tendit le cou par-dessus les coiffes, chercha son fils du regard, l'aperçut dans les bancs des gamins, devant l'harmonium, à trois pas du fourneau si ronflant qu'il leur rosissait les joues. Une religieuse tassée sous sa cascade de voiles noirs les surveillait, tapotait l'épaule de l'un, pinçait l'oreille de l'autre, tançait de sa grosse voix un troisième qui ricanait avec son voisin en montrant du doigt le groupe de filles au regard fixe posé sur l'étoile de la crèche. Florent vit sa mère, lui fit un bon sourire. Elle se sentit mieux.

Déjà le prêtre redescendait l'allée centrale, aspergeant les fidèles à coups énergiques de goupillon.

D'une seule voix, ample et incertaine, déchirée par des quintes de toux, la foule reprenait son latin de messe :

— *Asperges me, Domine*[1]…

Florent l'avait aperçue. Alors, aussitôt, malgré la proximité du poêle, il avait renoué son cache-nez, haut sur la gorge. Elle était là, madame Galtier, la femme du chimiste sous-directeur des Cristalleries, de l'autre côté de l'allée, au premier rang, au milieu des femmes d'hommes importants, au coude à coude avec l'épouse du directeur. « La dame ! » Il avait murmuré. Une subite envie de le hurler à cette foule bêlante l'avait saisi. Sa dame en blanc ! Il se contint de justesse.

La veille, il avait passé de longues heures avec un Déqueugnard plus remonté que jamais contre « les sin-

1. « Purifiez-moi, Seigneur… »

geries de l'Orléans », prêt à faire une nouvelle révolution pour ramener aux Tuileries un Bonaparte, le seul Bonaparte encore debout pour relever le pays mis en ruine par les « empoudrés du vieux régime » ! Donnant sur un portillon de stalle un violent coup de poing qui avait fait sursauter les chevaux, il avait tonné : « Il revient, tu vas voir, mon garçon… Il revient ! Pas trop tôt, nom de Dieu ! Tu vas voir ce que tu vas voir ! »

C'est là, dans les écuries, que Florent avait appris l'évasion du fort de Ham de Louis Napoléon, le neveu de l'Empereur. Malgré la puissance de ton du palefrenier, et l'apparente importance de l'événement, soulignée par d'impétueux moulinets de ses bras, Florent l'avait entendu sans vraiment l'écouter. Il avait fait comme si, pour lui donner le change et maintenir sa colère dans des limites acceptables pour la Sibelle, qui réagissait toujours bruyamment à la moindre saute d'humeur de son soigneur. Son esprit était trop encombré par la décision de sa dame en blanc à propos de la messe de minuit. Quelques heures seulement le séparaient de l'événement qu'il aurait voulu à la fois immédiat et très loin encore. Bonheur intense et terreur se bousculaient dans sa tête. Qu'allait-il se passer, dans la chapelle, quand il sortirait du rang, gagnerait l'allée centrale jusqu'à la première marche du chœur, se planterait là, à cet endroit précis où il avait vu sa dame pour la première fois, où il l'avait entendue, surtout ? Comment réagirait… son père… quand il se mettrait à chanter ? Il était venu voir le Déqueugnard pour lui confier son angoisse, n'avait pas pu interrompre son fleuve impérial, avait fini par aller murmurer quelques mots à l'oreille d'Iris des Ténèbres, qui avait tout compris, les frémissements de son encolure le prouvaient. Il avait plongé dans le lac bleu ciel de ses yeux, déposé un long baiser sur sa lèvre si douce, s'en était allé en fredonnant les premières mesures de son chant de Noël. Demain ? Demain...

— *Puer natus in Bethlehem, alleluia...*

Yeux mi-clos, langue tendue pour recevoir des doigts consacrés du prêtre le Corps du Christ, hommes et femmes, chacun dans sa colonne, chalands à la dérive de part et d'autre de l'allée centrale, ils avaient tous communié.

Florent se sentit pris d'un étrange tremblement. Il lança des regards angoissés vers sa dame en blanc, qui lui répondit d'un sourire.

— *Virgo concepit Filium*[1]...

Regina lui avait expliqué qu'il devrait se mettre en place juste après la bénédiction finale, à l'endroit précis qu'elle avait marqué d'une petite croix blanche, un pas devant les gens des « grands bureaux », au beau milieu, et attendre là le ton qu'elle lui donnerait à l'harmonium. Il se répétait la consigne, laissait couler une fois encore dans sa tête les mots en guirlande qu'il allait devoir chanter. Respirer... respirer... respirer ! Respirer par le ventre, par tout le corps ! Que l'air monte de ses entrailles, traverse sa poitrine, gagne sa gorge dévorée par des picotements bons et terribles à la fois ! Que ce courant de vie l'anime tout entier comme elle le lui avait montré le jour où la domestique les avait surpris, lui debout entre ses cuisses, bras écartés... elle assise, les mains sur ses hanches à lui, les deux regards soudés par la tension qu'elle avait

1. « Un enfant est né à Bethléem, alléluia / La Vierge a conçu un Fils... »

su faire naître. Ils n'avaient pas réagi aux cris de souris de la femme surprise de les découvrir dans une telle posture, avaient continué à travailler les sensations produites dans le corps par le souffle ! « Puis tu chantes, bouche fermée, pour réchauffer tes cordes vocales… » lui avait-elle encore expliqué. Pour bien le lui faire voir et entendre, elle s'était mise à chantonner ainsi, bouche fermée. Alors, ce jour-là, puis tous les suivants avec la bénédiction de sa mère, il avait vu les yeux de la dame en blanc s'allumer, son visage s'ouvrir, sa gorge se déployer, ses lèvres frémir ; il avait senti ses cuisses sous la percale de soie presser les siennes ; il avait entendu la voix contenue comme la lumière dans les mains en coque autour d'une flamme de bougie. « Ta voix ainsi retenue doit te chatouiller les lèvres, ouvrir ton front, résonner dans ta tête, te donner l'impression d'une grande impatience à bondir hors de ton corps ! » Ce jour-là, et tous les autres, elle le lui avait expliqué avec son bel accent d'un pays qu'il rêvait de découvrir, d'un pays qu'il imaginait souvent tandis qu'il dessinait des arabesques sous le regard amusé et inquiet de sa mère, ce pays d'un musicien dont elle dégustait le nom lové dans sa gorge en arrondissant les lèvres : « Bach… Bach… Bach… » Puis elle lui avait pris le visage à deux mains, souvent, lui avait montré comment la langue doit tomber en fond de bouche, la mâchoire du bas s'affaisser, le palais s'élever pour donner son ampleur et faire toute sa place au son prêt à jaillir. Là, entre ses cuisses, sous la caresse de ses mains, il avait pris toute la mesure du don que lui avait accordé l'autre dame implorée par sa mère autrefois, celle vêtue de bleu, de blanc et d'or, qui, le Fils nouveau-né dans ses bras, semblait l'encourager du haut de son perchoir.

Assourdis, les douze coups de minuit tombèrent sur la nef. Alors de la foule monta une rumeur qui devint chant...

Venez, divin Messie,
Sauver nos jours infortunés.
Venez, source de vie, venez, venez, venez ![1]

La dame en blanc avait gagné la tribune. Absorbé par les vagues qui montaient en lui, le regard pris par le visage de cette Vierge qui avait exaucé sa mère, il ne l'avait pas vue quitter sa place. L'harmonium tout neuf tentait de précéder la cacophonie, de l'aider à trouver la juste mélodie, de donner à la formidable puissance du chant exhalé par toutes ces poitrines un semblant d'harmonie. Malgré des coups de pédale énergiques pour envoyer l'air le plus vif dans les tuyaux – Regina avait activé le *mode expressif* –, c'est à peine si on l'entendait, fragile, aigrelet, couvert par des vrombissement mâles et des coups de trompette jaillis de gorges éployées au large sous la dentelle de Mirecourt et les croix d'or pendues à leur ganse de velours noir.

Noyé dans la vague qui déferlait sur la chapelle, Florent se sentit soudain un peu mieux. Il pouvait enfin faire ce que sa dame lui avait enseigné : inspirer de grandes goulées de cire d'abeille et d'encens, de relents de vieux cuir et d'armoires humides, faire circuler l'air dans son corps, lui ouvrir les replis de sa poitrine, puis les espaces résonnants du masque – c'est ainsi que la dame appelait les os creux du visage –, monter le palais

1. *Venez, divin Messie,* texte de l'abbé Simon-Joseph Pellegrin (1663-1745), sur un air traditionnel français du XVIe siècle.

comme s'il avait une patate brûlante dans la bouche, faire « Oh... oh... oh... » en laissant tomber la mâchoire, comme le benêt des quartiers bas de Deneuvre qui, chaque jour, la bave au menton, traînait son pas lourd sous la tour des Voués, chauffer sa voix en modulant dans sa gorge des sons qui venaient lui chatouiller les lèvres comme mille abeilles butineuses. Personne ne l'entendrait.

Il ferma les yeux, s'y abandonna, des pieds à la tête et du cœur à la langue tapie dans sa bouche, effacée derrière le désir de chant qui allumait tout son être d'une étrange lumière. Le plaisir montait en lui. Il se sentit bien, léger, transporté dans ce pays que sa dame l'avait si souvent invité à visiter dans la trace des poètes allemands.

La foule s'était levée, s'époumonait, emplissait la nef de supplications plus lourdes que le pauvre souffle de l'harmonium. Assis dans le chœur, immobile, les mains sur les plats de l'étole croisés sur les genoux, le curé attendait la fin de la tourmente.

Ah ! Descendez, hâtez vos pas,
Sauvez les hommes du trépas,
Secourez-nous, ne tardez pas...

La vague passa. D'aucuns renouaient déjà le cache-nez, remontaient le col, d'autres retapaient la casquette, remodelaient le chapeau. Mais, surpris, voyant que le prêtre n'avait toujours pas bougé, ni monsieur de Fontenay, ni les huiles des premiers rangs, après un court instant de flottement, tous se rassirent. Un étrange silence se fit, posé sur des respirations lourdes, des quintes de toux déclenchées par les poussières des ateliers collées dans les bronches et les efforts du chant, des sursauts de colère de bébés qu'énervaient la fatigue et le remue-ménage.

Alors, une note monta de la tribune, courut sur les fidèles jusqu'au chœur, fit lever un sourcil au curé. Florent prit une dernière grande inspiration. Il lui sembla que la Vierge à l'Enfant lui souriait, là-haut, sur son perchoir. Etrangement calme, son cœur, dans sa poitrine ! Il se sentit soudain fort, fort et heureux comme il ne l'avait jamais été, fort, heureux et léger, en apesanteur. Sa gorge le démangeait d'un désir si fort qu'il craignit un instant de se mettre à chanter sans avoir eu le temps de gagner la place marquée d'une petite croix blanche, la place de la dame, ce lieu magique du chant. Envie de bondir, de s'y planter, de libérer sa voix, en même temps que besoin de rester encore sur ce banc à déguster le désir d'un plaisir plus intense encore. Le curé lui lança un regard complice. La note dansa de nouveau sur la foule remuante, se répéta, fragile esquif malmené par une houle de Meurthe qui ne pensait déjà plus qu'aux noix et pommes à croquer tout à l'heure devant la bûche étincelante, tandis que la pâte à vautes[1] du lendemain mûrissait sous un torchon dans sa jatte de terre. La note frémit encore sur la foule. Un *la* insistant. Le signal, son signal !

Il bondit.

Un mouvement remua l'assemblée, d'impatience et de surprise. Un père se leva, mena sa fillette agitée vers l'ange de la crèche, lui fit glisser une pièce dans la fente. L'ange remua la tête. La fillette sa calma. De partout, on tendait le cou pour voir ; on commentait pour ceux qui ne voyaient pas ; on faisait taire les

1. Crêpe traditionnelle lorraine, épaisse, souvent non sucrée, parfois aux fruits, proche du beignet et du clafoutis.

enfants qui, ayant cru la fin d'office proche, s'étaient mis à brailler de plus belle. Le visage inondé de la lumière des grands candélabres alignés sur le maître-autel de part et d'autre du tabernacle, le curé avait joint les mains et fermé les yeux. L'ange balançait encore sa couronne dorée sur les pièces tombées dans sa coquille fendue. Quelque part, on se mit à tousser la poussière de sable et de minium en reniflant.

La voix de l'harmonium s'éleva, seule, ouvrit des voies dans la rumeur, plana un instant sur l'assemblée des fidèles, s'éteignit lentement.

Alors, un chant pur et clair monta, fragile et sûr, parut se suspendre un instant dans les volutes d'encens et les murmures...

Une jeune fillette
De noble cœur
Priait en sa chambrette
Son créateur...

L'harmonium s'était tu. Seule la voix, dans cette chapelle si bruyante l'instant d'avant et devenue soudain silencieuse, cette voix de jeune garçon, fine et transparente, comme du cristal... la voix « du Florent, le Florent des Rousselet » !

La fille tant consolée
De ces mots dit
Qu'elle s'estimait être
Au Paradis...

La musique reprit, simple, effacée, comme excusée par son velouté de hautbois d'être trop présente en un tel instant. Dans la sombre clarté de la tribune, Regina jouait à l'aveugle, pâle, transie d'émotion, ses doigts en perdition sur le clavier. En bas, la foule, muette, suspendue aux lèvres du gamin.

Livide, Firmin avait tourné la tête vers la mère de son fils. Il ne pouvait détacher son regard de ce profil de femme qu'il avait cru connaître. Une lame de glace lui hachait les tripes.

Mon âme magnifie
Dieu, mon sauveur.
Mon esprit glorifie
Son créateur
Car il a eu
Egard à son ancelle.
Que terre universelle
Lui soit gloire et honneur ![1]

Les bras le long du corps, planté au pied du chœur à la place marquée d'une petite croix blanche, Florent était en nage. Les yeux rivés au visage de la Vierge à l'Enfant, il paraissait être ailleurs. Sur son tabouret de l'harmonium, les deux mains sur les genoux, Regina était incapable du moindre geste. Silence. N'eussent été l'épaisseur de l'air et les remugles de corps et de fond d'armoire mêlés au miel des cierges, on aurait pu croire la chapelle déserte. Silence. Seuls des raclements de sabots sur la pierre, des souffles rauques de verriers encombrés de poussière, un grincement de banc, le grésillement des candélabres…

1. *Une jeune fillette*, complainte traditionnelle française du XVIe siècle.

Au premier rang, monsieur de Fontenay, les directeurs et chefs de la compagnie, immobiles. Sur l'autre rive de l'allée, les femmes engoncées dans leurs renards cendrés, loups fauves et châles de cachemire, toutes en apnée. A une portée de canne du curé, monsieur Galtier baissait la tête, fixait le sol, semblait compter les dalles autour de ses pieds. Devant la crèche, l'ange à coquille hochait la tête.

Firmin ravala sa salive, tordit sa casquette, lança un nouveau regard vers sa femme au moment où elle tentait un coup d'œil vers lui. Il vit qu'elle pleurait.

Il neigeait quand ils traversèrent la cour pour rentrer à la maison, le père devant, tête nue, vareuse ouverte et casquette roulée dans son poing, balançant les bras comme pour accélérer encore le mouvement, insensible au froid. Jeanne suivait, trois pas derrière, la main de Florent dans la sienne, qu'elle étreignait à lui faire mal. Une pellicule blanche couvrait déjà le sol. Des flocons dansaient autour de silhouettes traînées par des falots tenus à bout de bras pour éclairer le chemin. Des appels traversaient la place, des rires, des cris d'enfants, que la neige étouffait, avalait, recouvrait de silence. Jeanne se pencha vers son fils.

— Demain, tu pourras aller glisser sous les Fleurantes Haies…

Elle buta contre une taupinière. Il la retint. Ils se serrèrent tout contre, l'un l'autre, en marchant. « Sous les Fleurantes Haies… » Seule une plus forte pression de la main sur sa main lui avait répondu.

Le père gravit les trois marches, ouvrit la porte, s'effaça, les poussa dans la cuisine tiède encore. L'âtre avait pris les allures de grisaille des vitraux avec, ici et là, des éclats de lumière accrochés aux braises. La bûche finissait de s'effondrer en cendres. Jeanne avait retiré son châle, le plia avec soin, le posa sur un dossier de chaise. Puis elle dénoua le cache-nez de son fils, l'arrangea sur son châle. Le père avait rallumé le heurchot. Sans retirer sa vareuse, il avait empoigné les pincettes, remuait les braises, jetait des brindilles qui se mirent à fumer, puis s'enflammèrent en projetant un nuage de fumée âcre que rejeta l'avaloir.

— Saloperie de cheminée ! Sal...

Il avait grommelé des mots incompréhensibles, hachés par de furieux accès de toux. Jeanne l'observait du coin de l'œil. Elle n'aimait pas le voir ainsi, renfermé sur des pensées qui, quand il relevait la tête, lui donnaient toujours le mauvais regard. Pour l'heure, il activait le soufflet, ajoutait de nouvelles brindilles, puis des ételles[1] de hêtre et de chêne, puis deux rondins d'acacia en croix. Les flammes bondirent, s'engouffrèrent sous le manteau. Le feu se mit à ronfler. Une vive lumière dorée réveilla la pièce, jetant des ombres mouvantes sur les ustensiles pendus à l'araignée. Jeanne prit la tête de son fils à deux mains, fit claquer un baiser sur son front.

Alors le père retira la casquette de sa poche, la lança sur la table, ôta sa vareuse, les regarda fixement, sembla hésiter un instant, puis saisit l'orange, au milieu du panier de noix, avec les pommes aux joues rouges... l'orange de Noël !

Il la brandit vers son fils.

— Regarde-la bien, celle-là ! Regarde bien cette orange... Regarde !

Florent avait déjà le goût de son jus sur la langue, comme au dernier Noël, l'année passée, comme...

1. Petits éclats de bois ramassés sur les lieux d'abattage.

— Tu l'as bien vue ? Voilà ce que j'en fais, de cette orange… voilà !

D'un geste brutal, il la jeta dans le brasier.

Jeanne lui prit le bras, tenta… trop tard !

L'orange de Noël grillait déjà dans les braises, couronnée de flammèches fusantes bleu et or.

5

25 décembre 1846

Le temps était devenu fou.

Replié en quelques heures, le froid de l'Avent avait abandonné le ciel à un déluge qui avait tout lavé, lessivé, rincé, des beaux flocons de minuit. La pluie ruisselait sur une terre grise et pelée, verglaçant ici, s'écoulant là en cataractes vers les caniveaux de la ville. Un vent furieux s'enroulait autour des cheminées avec les filasses jaunâtres des feux de charbon. L'air sentait l'acide et la cendre. On n'y voyait pas à un jet de pierre.

Le Déqueugnard suspendit au clou des écuries sa cape de cocher. Elle dégoulinait. Il en avait connu, des sautes d'humeur du ciel, durant ses campagnes avec « le Petit Tondu » sur les routes d'Europe, d'Eylau la terrible, où ils allaient cul nu, à Moscou la flambante, en passant par Austerlitz au soleil rayonnant ! Mais des comme celle-là, de telles volte-face… jamais ! Il grommela, secoua sa tignasse, jura contre « ces rois de carton-pâte responsables de tout, même du temps, qui n'ont en tête que de se servir du peuple de France plutôt que de le servir ! », lâcha :

— Vivement le nouveau Napoléon !

Il frissonna. Lui, le dur à cuire, le grognard de la Grande Armée qui n'avait jamais ressenti le froid des grandes plaines sous le blizzard, ni la morsure du soleil dans le Piémont, qui plaisantait des stalactites de glace pendues à sa moustache sur le terrible champ de bataille d'Eylau, s'était mis à frissonner, à grelotter même !

— Allons, vieille carcasse, en route ! Si on veut revoir Napoléon, il faut se remuer, cornedieu !

Il battit de la semelle, se donna quelques tapes sur la poitrine, passa trois doigts en fourche dans sa tignasse, emboucha sa pipe, souffla d'un souffle de forge dans le tuyau, faisant jaillir du fourneau quelques brindilles d'un tabac de contrebande arrivé dans les nippes d'un oua-lou…

— Tout à l'heure, je t'allumerai, ma vieille… tout à l'heure !

La Sibelle avait mis le nez au portillon. Elle avait reconnu le pas de son soigneur, ronronnait doucement, en fond de gorge. Il s'approcha, lui flatta l'encolure. Elle lui répondit d'un coup de dent affectueux sur l'avant-bras.

— Holà, ma belle… du calme ! Me manquent déjà deux doigts… t'as plus qu'à me bouffer le bras ! Du cal…

Le Déqueugnard ne put achever sa phrase. Il venait de voir le portillon d'Iris des Ténèbres… entrouvert ! Son sang se figea. Il fit un bond.

— Merde, alors ! Merde de merde, alors !

Il empoigna le portillon, l'ouvrit au large, le fit battre contre le dormant, comme pour vérifier qu'il n'était pas en délire dans un cauchemar, que le verrou pendait sur le bois, que la stalle était vide.

— Merde alors ! Cornedieu ! Qu'est-ce que…

Il entra, arpenta la litière, empoigna une nouvelle fois le portillon, jeta un coup d'œil à droite dans l'allée, puis à gauche… pas d'Iris des Ténèbres !

Il se précipita dans l'allée, courut comme un fou vers la sortie arrière, sur les jardins, le cimetière des verriers et les prairies sous les Bingottes. Un vantail était entrouvert, le vent s'y engouffrait en crachant des gerbes de pluie.

— Merde, alors !

Il resta un moment sur le seuil des écuries, les bras ballants, seul face à la bourrasque, à se demander s'il n'était pas devenu fou, se retourna, vit la grande allée vide, des têtes tournées vers lui, celle de la Sibelle, mais pas celle du frison de monsieur de Fontenay, Iris des Ténèbres !

Pour la première fois de sa vie, le Déqueugnard se sentit pris d'un malaise. Il serra les poings, retourna vers la stalle, en refit le tour en hochant la tête, se repassant les derniers gestes de la veille : la brassée de foin et deux pommes à chacun, le demi-seau d'avoine concassée, la caresse sur le chanfrein… le verrou, le verrou, le verrou ! Puis la fermeture des portes, celle de l'arrière sur les prairies, verrouillée de l'intérieur, puis la grande, sur la cour, côté château, à double tour, comme tous les jours… plus tôt à cause de la veillée de Noël ! Mais fermée à double tour, comme toujours ! Il était calme, Iris des Ténèbres ! Ils étaient tous calmes, hier au soir !

— Tout était normal, nom de Dieu !

Il avait gueulé si fort que la Sibelle botta un coup terrible contre le bat-flanc.

— Ta gueule, toi !

Il avait hurlé à s'en faire péter la gorge.

— Ta gueu…

Il s'interrompit net. L'incrédulité, la fureur, l'impression d'être devenu fou lui tiraient les yeux de la tête. Il tremblait, bavait des mots et de l'écume…

— Mon gars… mon gars ! Mon gars va m'aider ! Oh, mon gars !

Il décrocha sa cape de cocher, en jeta les ailes noires sur ses épaules, sortit, courut vers la cité en battant les nuées de ses bras disloqués, poitrail offert au déluge, soulevant des gerbes d'eau et de boue, au jugé, aveuglé par les trombes tombées du ciel. Il disparut dans le brouillard.

Jeanne faisait réchauffer la soupe sur la cuisinière pour le déjeuner de son homme quand elle sursauta. On donnait de violents coups contre la porte. Une voix d'homme s'était mise à gueuler :

— Ouvrez, là-dedans ! Ouvrez ! Mon gars… ouvrez !

Firmin surgit dans la pièce, traînant derrière lui le bout de sa ceinture de flanelle qu'il n'avait pas eu le temps de nouer toute autour des reins.

— Qu'est-ce… dit-il, le cheveu en bataille.

— Va savoir ! qu'elle lui répondit, une main sur la gamelle de soupe, l'autre sur le cœur.

Il fit encore deux tours de ceinture en dévisageant sa femme, agrafa l'épingle de sûreté, ajusta sa culotte d'une bourrade dans les poches.

— Qu'est-ce que…

Puis, planté derrière la porte secouée par des coups de plus en plus violents, il hurla :

— Qu'est-ce que c'est ?

Le regard de Jeanne allait de la porte à son homme à la porte…

— Attention ! Sois pru…

— Ouvrez, nom de Dieu ! Faut que j'voie mon gars ! Ouvrez… vite ! C'est moi, l'Déqueugnard des écuries ! Ouvrez !

Firmin tira le loquet, tourna la clé, ouvrit la porte. Un tourbillon de brume et de fumées s'engouffra, projeta le palefrenier au beau milieu de la pièce contre la table. Chemise débraillée, la cape accrochée en chiffon au cou par sa cordelière, la vareuse de travail à tordre, tignasse comme un casque sur le front, chausses à mi-fesses, l'homme dégoulinait de partout, grimaçait, peinait à reprendre souffle. Jeanne avait reculé d'un pas.

— Qu'est-ce qu'il t'arrive, toi ? Qu'est-ce que t'as ? T'as vu le diable, ou quoi ?

Le Déqueugnard marcha sur lui, le saisit par le col, lui hurla au visage :

— L'Iris… l'Iris de monsieur de Fontenay… L'Iris… échappé !

Puis il se laissa tomber sur une chaise. Soudain pitoyable.

— Votre gars l'aime bien, notre Iris… Il pourrait m'aider à le retrouver. Il ne doit pas être bien loin, sous le Fouy peut-être… Mais moi, tout seul…

Il soufflait comme une vieille bête.

Firmin fit un signe de tête à sa femme, vers la chambre de Florent. Il n'avait pas ouvert la bouche. Une lueur sale traversait les carreaux, poussait d'étranges ombres sur le sol, sculptait les visages dans une terre verdâtre. Jeanne lâcha le couvercle de la casserole de soupe qui lui réchauffait les mains, empoigna le heurchot, marcha vers la chambre, poussa la porte. Dans son panier du coin, entre la caisse à bois et la cuisinière, « Totor », le chat noir à chaussettes blanches, ouvrait de grands yeux d'or étonnés.

Alors un cri de louve fit tressaillir les deux hommes. Firmin bondit. Le Déqueugnard se dressa. Dans l'autre pièce, la femme feulait. Appuyés au chambranle, les deux hommes semblaient se soutenir par les épaules. Glacés. Vide, le lit du fils ! Vide, la chambre ! Grande ouverte, la fenêtre, sur les orgies du ciel. Jeanne s'effondra, s'enfouit dans le plumon rouge gonflé comme une outre pleine. Quelque part, des volets claquaient. Firmin tourna une tête défaite vers le palefrenier, cracha :

— Merde alors !

— Merde alors, répondit l'autre dans ses dents en s'essuyant le front d'un revers de main.

Le froid les avait pétrifiés, ou la surprise. Et le vent furieux qui s'engouffrait par la fenêtre ouverte.

Firmin empoigna le Déqueugnard par la vareuse trempée.

— Viens !

Il jeta sur ses épaules sa pèlerine jaune de pêcheur des bords de Meurthe, chaussa ses galoches.

— Viens, je te dis !

Sur l'escalier, attirés par le bruit des coups contre la porte, et les cris, deux voisins, tapis contre le mur pour échapper au déluge…

— Qu'est-ce…

— Venez, vous autres ! On ne sera pas trop pour les chercher, loin s'en faut !

— Chercher qui ?

Ils traversaient déjà la cour à grandes enjambées vers les écuries.

— Le gamin et le cheval de monsieur de Fontenay, foutredieu !

Un autre les avait rejoints, puis un autre encore. Ils étaient une bonne demi-douzaine déjà à franchir la porte des écuries, chercher des traces pour s'orienter, une piste… aucune !

Mangée par les rideaux de pluie, la colonne de fantômes quitta les écuries par l'arrière, contourna le cimetière, pataugeant jusqu'aux genoux dans la pente savonneuse du Fouy, fouilla tous les bosquets et buissons du vallon perdu sous les Fleurantes Haies. Les appels se perdaient dans les nippes du ciel : « Florent ! Flo... », se laissaient prendre dans les tourbillons du vent : « Mon gars ! Hé, mon gars... », happer sur les lèvres mêmes, étouffer dans la gorge : « Flo... Mon gars ! Hé, mon gars... »

Les uns gesticulaient pour évacuer les rigoles d'eau qui leur glaçaient le cou, les autres reniflaient les gouttes pendues au nez qu'ils buvaient à chaque pas, s'essuyaient les sourcils d'un revers d'index pour y voir encore sous les trombes ; tous peinaient à marcher dans cette prairie boueuse qui aspirait leurs galoches et n'en finissait pas de monter vers la lisière du Fouy noyée de brumaille. « Florent... Flo... Mon gars... Eh, mon gars... »

Vers midi, le vent mollit, la pluie se fatigua, des lambeaux de ciel apparurent entre des nuages d'un noir d'encre. La troupe n'avait rien trouvé. Rien ni personne ! Tout juste un couple de chevreuils qui disparut en bramant de colère, et l'éclair roux d'un renard entre deux jeunes sapins. Les hommes descendirent de la colline, épuisés, trempés jusqu'aux os, terrassés par l'angoisse.

Rien ! Rien ni personne !

— Moi, j'irais voir vers la passerelle... dit l'un en se laissant tomber sur une botte de paille.

Après la Sibérie du Fouy, ils se réchauffaient dans les écuries, de la bonne chaleur des chevaux.

— Pourquoi pas ? répondit l'autre en secouant son manteau piqué de grattons.

Le palefrenier était retourné dans la stalle vide d'Iris des Ténèbres, la fouillait du regard, la reniflait comme un chien, remuait la paille de la pointe de ses brodequins, revint vers les hommes. Il avait entendu.

— T'as raison ! Allons voir vers la passerelle.

Firmin frissonnait d'autres frissons que ceux du froid. Il grelottait. Une terreur sourde lui tordait les entrailles. La passerelle... Soudain, il revit l'orange au milieu des pommes aux joues rouges et des noix, et son geste, et les flammèches bleu et or dans l'âtre... l'orange de Noël ! Un terrible besoin de hurler lui traversa la gorge, qu'il contint à douleur.

— Oui, allons à la passerelle ! dit-il d'une voix sourde. A la passerelle !

Ils se remirent en route, croisèrent dans la cour des femmes qui poussèrent de petits cris de souris et filèrent vers la maison en relevant leurs cottes des deux mains, d'autres hommes qui marchèrent bientôt avec eux vers la Meurthe, dont les grondements furieux roulaient derrière les ateliers de taille et de gravure.

A la conciergerie, ils dépassèrent le médecin de la compagnie qui partait en balançant un grand parapluie vers la rue de Frouard. Sa femme trottinait contre lui.

— Vous voilà bien agités, messieurs ! Qu'est-ce qui vous arrive ? On ne chasse pas le jour de Noël ! Et la rivière est gelée ! Alors, pour la pêche... lança-t-il dans leur direction en brandissant son parapluie.

La femme éclata de rire dans ses fourrures, lui prit le bras, se serra tout contre lui. Il allait allonger le pas quand il entendit :

— Le gamin de la Forge, qu'est disparu... qu'on le cherche...

— « Le gamin de la Forge » ? Le fils Rousselet ?

Le médecin s'arrêta net, retint sa femme, se tourna sec vers le groupe déjà au milieu de la rue des Cristalleries.

— C'est le fils Rousselet que vous cherchez ? Celui qui a chanté hier soir à la chapelle ?

— Pour sûr... c'est lui !

Ils allaient franchir le pont sur le canal de la taillerie quand il les rattrapa.

— Je viens avec vous !

Ils virent ses bottines, son pantalon de ville fuseau en beau drap, son habit et son nœud de satin au cou sous le col cassé...

— Allons-y !

Le renfort du médecin les avait galvanisés. Ils couraient presque vers le barrage du port de flottage, dont la cataracte grondait en soulevant des nuages de vapeurs qu'ils apercevaient déjà. A l'angle de l'atelier de taille, la grande roue à aubes tournait à vide, pour rien. Elle n'entraînait aucune poulie, aucune roue à graver, ne tirait aucune courroie en ce jour de Noël. N'eussent été la fureur de la chute sur le déversoir et les sombres tourbillons de la Meurthe, son tac-tac-tac familier et les clapotis habituels de ses pales dans l'eau auraient pu les rassurer. Pour l'heure, ils arpentaient les rives du canal et de la rivière sans rien voir d'autre que les plaques de gazon arrachées par la crue, les formidables entonnoirs du large, les vagues d'écume à la dérive jusqu'au grand pont sous Deneuvre.

Soudain, l'homme de tête poussa un cri.

— Là-bas ! Droit devant !

Il pointait le doigt vers le bosquet, à l'entrée de la passerelle jetée sur la rivière, qui rebondissait sur l'île pour atteindre l'autre rive sous les murs de Deneuvre.

— Là-bas !

Il s'était mis à courir en hurlant dans le vent. D'autres suivaient, avec le Déqueugnard aux ailes noires et le médecin en escarpins vernis. Loin derrière, Firmin, la main sur la poitrine. Il suffoquait. L'un des derniers, qui avait fouillé la rive vers la ville, le dépassa.

— Alors, t'arrives, la Forge !

Ils l'avaient baptisé « la Forge » à cause de sa respiration aussi bruyante qu'un soufflet de forge qu'on reconnaissait à dix pas. Il s'en était d'abord offusqué, puis, comme tous les verriers, avait fini par se faire à son sobriquet. Beaucoup portaient un nom d'animal : « la Grenouille », « la Puce »... Pourquoi pas, pour lui : « la Forge » ?

— Me v'là... me v'là, dit-il, un goût de sang dans la bouche.

Loin devant, sous les arbres, derrière un rideau d'embruns, la silhouette d'un cheval, noire dans la grisaille.

Iris des Ténèbres hennit et bondit sur place en les voyant arriver, se mit à tirer au renard pour se dégager. Mais son licol était bien noué à l'arbre, d'un nœud solide comme ceux que le palefrenier avait enseignés à Florent.

— Te voilà, mon beau, mon bon ! Te voilà ! répétait son soigneur en lui serrant l'encolure à pleins bras. Te voilà !

Le cheval roulait des yeux de ciel ronds comme des boules de billard, retroussait les lèvres, découvrait ses larges dents en hennissant doucement, piaffait dans la gadoue. Crotté jusqu'au ventre, il secouait sa crinière maculée, couchait les oreilles, hennissait encore. Des stalactites de terre lui pendaient aux toupets du canon.

— Te voilà, mon beau soldat !

Autour d'eux, activée par la découverte du cheval, la recherche avait repris dans les buissons, au fond des replis de terrain, le long des rives...

— Je le ramène et je reviens ! hurla le palefrenier.

Il sauta sur la bête, la lança au triple galop vers son écurie. Des paquets de terre et des mottes de gazon volèrent derrière les ailes noires de l'homme ouvertes au large par la course. Ils disparurent bientôt dans les embruns du barrage, sous le mur de la taillerie.

— On va tout de même pas aller jusqu'à Lachapelle ! gueula l'un.

— Pourquoi pas ? répondit l'autre. Au moins jusqu'à la Moncelle !

— P't-être que l'idée lui a pris d'aller se cacher dans les grottes de la Rochotte ! osa un troisième en reniflant sa moustache luisante de morve.

— Peut-être bien ! reprit le médecin en dégrafant son col de celluloïd. Allons-y !

Ils y allèrent, en colonne de fantômes sur la passerelle, à une coudée au-dessus de l'eau en chute assourdissante dont les vapeurs les faisaient suffoquer, s'élargirent en éventail sous le Tort-Fenal, ne virent aucune trace le long d'une Meurthe furieuse encombrée de troncs en attente de gaffage au port, ni au débouché de la Basse de Conval. Ils explorèrent les grottes... vides ! Un soleil timide s'était découvert, arrosait champs et bois d'une poix blafarde.

— Nous v'là bien ! Qu'est-ce qu'on fait, maintenant ? dit quelqu'un.

Seul le bruit de la cataracte, à un quart de lieue de là, lui répondit, avec les gueulées du chien de la Moncelle.

Firmin se laissa tomber sur une bille de chêne couchée là par les bûcherons. Son cœur tapait dans sa poitrine et à ses tempes. Les deux mains sur les genoux, il lapait l'air, clappait de la langue, se redressait à chaque inspiration comme pour déplier ses poumons.

— Ça va aller ? lui demanda l'un en crachant un long jet de chique noire, tandis qu'un autre se taillait une canne dans un rejet de coudrier.

Firmin répondit d'un mouvement de tête… ni oui… ni non. Le médecin s'approcha, lui regarda l'œil, lui prit le pouls. En cercle large autour d'eux, les hommes observaient la scène.

— Ça va aller, souffla Firmin.

— T'es sûr ? Tu veux pas qu'on te ramène à la maison ?

— Non ! Pas tant que je ne l'aurai pas retrouvé ! Il faut y aller, maintenant.

Suant, soufflant, crachant, le Déqueugnard ouvrit le groupe, empoigna Firmin par le bras.

— Viens, ma Forge ! Viens, on y va ! Je m'occupe de toi ! Allez, marchez, vous autres ! Viens, ma Forge ! On va le retrouver, mon gars ! Pour sûr, on va le retrouver !

Les cloches de Noël appelaient déjà les fidèles aux vêpres, à Deneuvre la perchée. La troupe avait marché jusque sur les Tréheux, fouillant les lisières du bois de la Côte, appelant, les mains en porte-voix : « Florent ! Florent… »

Le Déqueugnard reprenait en écho : « Mon gars ! Mon gars… »

A chaque nouvel appel, il sentait le bras de Firmin se refermer sur le sien. Depuis les grottes, il ne l'avait pas lâché. Ils allaient ensemble, côte à côte, le vieux soldat et le verrier poussif, comme soudés par l'angoisse et la fatigue.

« Mon gars ! Florent ! »

Le médecin les avait à l'œil, ces deux-là, restait à quelques pas, devant, derrière, à main gauche, à main droite, prêt à bondir au cas où…

Ils revenaient vers le grand pont, épuisés et bredouilles. Un murmure, en queue de colonne :

— Où ça qu'il peut bien être ? Tu crois pas, quand même, qu'il serait tombé dans...

L'homme n'osa pas en dire davantage, se contenta de renifler pour chasser les mots trop terribles qui se bousculaient dans sa tête. Un couple de corbeaux se laissait porter par les courants argentés du ciel, à l'aplomb de la rivière, sur le port de flottage. Quelque part, loin vers Criviller, résonnaient des cris d'enfants.

— Sapré Noël de merde ! lâcha l'un.

— Tu l'as dit ! répondit l'autre. Le pauv' la Forge... il a tout de même pas mérité ça !

— Ça quoi ?

Le ton était brutal. La fatigue, l'angoisse et la lourdeur de l'échec les rendaient agressifs.

La colonne avançait lentement, plantait par endroits dans les fondrières jusqu'aux chevilles, exhalait des murmures, des grognements que rythmaient d'indécentes aspirations du sol. Le médecin avait retroussé son pantalon de drap jusqu'aux genoux ; ses escarpins semblaient des bottines luisantes de boue. De loin, il avait l'air d'un échassier.

— Il faudrait prévenir les gendarmes, maintenant... osa-t-il du bout des dents, sûr que ses mots allaient sonner l'heure du drame. Jusque-là, on cherchait. Bientôt, on devra enquêter. Je vais passer leur dire...

Personne n'osa le contrarier. Le Déqueugnard avait parlé fort à Firmin, pour couvrir les paroles du médecin : « Comment que tu vas ? Tu veux que j'aille chercher une voiture attelée ? »

Ils allaient s'engager sur le pont quand un mioche descendu tout courant de Deneuvre se jeta dans leurs jambes. Sous leurs pieds, la Meurthe grondait, charriait en furie les paquets d'écume du barrage.

— Venez ! Venez vite ! Mon... père... m'a dit... Venez...

La violence de la course dans la descente écartelait ses phrases.

— « Venez »... Mais où ? hurla le médecin en levant les bras au ciel.

Le garçon avait déjà fait demi-tour, repartait au triple galop vers la tour des Voués.

— Venez ! Venez !

Ils se regardèrent, intrigués, une nouvelle trace de lumière au fond des yeux. Serait-ce que...

— Allons-y ! lança le médecin.

Dans le coup de cul jusqu'à l'église, le Déqueugnard traîna Firmin par le bras, le porta presque. Tous marchaient à leur hauteur, incapables de passer devant, trop angoissés par... Qu'allaient-ils trouver là-haut ? De loin, le garçon faisait mouliner ses bras, « ... nez... glise... », hachait le vent. Ils arrivaient.

Le curé en grands ornements les attendait sous le porche. L'église était pleine de femmes et d'hommes qui, de trois quarts, tendaient le cou pour ne rien perdre de l'incident. Les candélabres du chœur baignaient le maître-autel et le retable, badigeonnés d'une chaude lumière. L'assistance murmurait, vrombissait comme une ruche au plus fleuri du printemps.

— On peut dire que vous nous faites passer un bien curieux Noël, vous autres ! Vous n'auriez donc que ça à faire, les Baccarat : nous empoisonner l'existence, et perturber la pratique de notre culte en ce jour béni ?

Dans ses ornements blancs, le curé était vert de rage. Il ponctuait ses phrases de mouvements secs des avant-bras, pareils à ceux du boucher tranchant une échine de porc sur le billot.

— Suivez-moi ! Nous avons perdu assez de temps ! Allons, ouste !

Ils le suivirent. Franchirent le narthex sous le regard lourd des fidèles. Un derrière l'autre, ils attaquèrent la montée de la tribune sur ses talons dans de curieux relents d'urine. Au débouché de l'escalier, sous la grande Cène peinte suspendue dans son cadre marron et or, son Jésus rayonnant devant un voile tendu, les disciples fascinés par la Parole, une masse sombre tassée dans le recoin du mur contre le buffet d'orgue...

— Florent ! Flor... expira Firmin en tombant à genoux.

— Mon gars ! éclata le Déqueugnard en s'élançant vers la forme, les mains en avant.

— Enfin ! murmura le médecin.

— Il est là ! On l'a retrouvé ! lâcha l'un des hommes.

« On l'a retrouvé ! On l'a... » Les mots dégringolèrent l'escalier jusqu'au dernier homme qui, au milieu de l'allée centrale, bras ballants, fuyait les regards des paroissiens. Au clavier, sur son tabouret, une femme en bonnet brodé orné de dentelles regardait la troupe d'un air ébahi. D'une main, elle tapotait les touches d'ivoire, de l'autre jouait avec l'or d'une croix « Jeannette » pendue à son cou par un ruban de velours noir.

— C'est notre organiste qui l'a trouvé là ! dit le curé. Il lui a fait une belle peur, vous pouvez m'en croire ! Que cela ne se reproduise plus, messieurs, entendez-moi bien, ne se reproduise plus ! Vous feriez bien de surveiller votre marmaille, en bas, au lieu de jouer aux quilles !

Il parlait en appuyant sur les syllabes fortes, frappait ses mots comme le forgeron sa pièce de fer cuite à blanc. Une moue de dégoût avait accompagné son « en bas... »

— Viens, mon Flo, viens !

Firmin s'était relevé. Il avait mis la main sur l'épaule de son fils, s'approcha, posa un baiser dans ses cheveux poisseux, répéta :

— Viens !

— Impossible de le déloger de là ! martela le curé. Nous avons tous essayé, mais seule la force aurait pu ! Et ce n'est pas notre genre ! Alors...

Le Déqueugnard saisit un bras du garçon, le médecin l'autre ; ils le forcèrent à se lever.

— Viens ! Viens, mon gars, viens voir notre Iris ! Tu lui as fait peur... il t'attend !

Bleu de froid et de fatigue, les vêtements trempés, collés par la pluie et la gadoue, Florent se leva, se laissa guider vers l'escalier, passa devant son père sans un regard pour lui. Les hommes s'étaient bousculés pour le laisser descendre.

— Allez, filez ! Et que je ne vous revoie pas de sitôt !

Agrippé à la rambarde, regard fiché dans l'assistance qui, debout, dos au chœur, suivait la fin du spectacle, le curé claironnait du haut de la tribune. L'occasion était trop belle : ses ouailles se souviendraient de son autorité de pasteur sur les brebis égarées de l'autre rive de la Meurthe, ces ouvriers d'usine venus d'on ne savait où, même pas paysans, tout juste capables de boire de la bière et du vin au bistrot, de jouer aux quilles en sifflant les filles, de faire du verre avec du sable !

La troupe n'avait pas atteint le parvis que sonnaient déjà les premiers accords de l'orgue et le brame des fidèles.

Hagard et mécanique, soutenu par le palefrenier et le médecin de la compagnie, Florent marchait devant. Dans sa tête, à chaque pas, la devise inscrite en grosses lettres d'or au fronton intérieur de l'église : *Laudate Dominum in organo.*

Les hommes suivaient, crottés jusqu'au cou, tapaient les galoches sur les pavés pour en décoller la boue, singeaient le curé en riant comme des dératés, histoire d'évacuer la tension de la journée.

Laudate Dominum...

Derrière, loin derrière, Firmin. Seul.

Laudate...

6

Août 1847

— Et l'école ?

— Suis mieux avec toi !

Le Déqueugnard lança un regard noir à Florent qui, la main sur le chanfrein du cheval, ne voyait que les yeux bleu ciel d'Iris.

— Bonaparte n'a pas inventé l'école publique en 1802 pour que tu ne l'aimes pas ! Ça non !

Il aimait jouer le père Fouettard, agiter le fouet des menaces, se donner l'impression qu'il était un peu quelque chose dans sa jeune vie.

— Alors ?

— Alors quoi ?

Le palefrenier s'approcha du garçon, pencha la tête vers lui, lui glissa à l'oreille :

— Tu chantes toujours ?

Le visage de Florent se ferma.

— Tu sais… tu me le dis ou pas… c'est pareil ! Moi… c'est comme ça, pour savoir… rien que pour savoir !

En même temps qu'il avait posé sa question, il s'était rendu compte qu'il n'aurait pas dû, s'en voulait de l'avoir fait. Mais il était trop tard. A peine lâchés, les mots avaient touché la cible qu'il n'aurait pas voulu atteindre, surtout pas ! Mais le besoin de repérer sa place dans la tête et le cœur de l'enfant avait été plus fort que tous les conseils de prudence qu'il se rabâchait en soignant les chevaux.

Florent se tourna d'un coup sec, fit un pas nerveux vers la sortie. Le palefrenier voulut le retenir par l'épaule. Le garçon fit l'anguille, esquiva la caresse, comme Totor, son chat noir à chaussettes blanches, les jours de farouche indépendance.

— Pardon, mon gars. Je voulais pas ! Mais c'est rapport à ton père que je...

Il aurait voulu justifier sa curiosité par le souci de mettre de l'huile dans les rouages familiaux, la volonté d'aider, de soutenir, d'accompagner... autre chose que le seul besoin de vérifier l'état de leur amitié.

— Vois-tu, ça me chagrine de te voir...

Plus il essayait de s'en sortir, plus il s'engluait. Florent força un autre pas vers la porte ouverte sur la chaleur de l'été. Des milliers de moucherons dansaient dans le rectangle de lumière.

— C'est rapport à ton père, tu vois...

Le garçon se dégagea, lui hurla au visage :

— J'aime mieux quand tu me parles des Cosaques ! Au moins, là...

Il ne finit pas sa phrase, sortit des écuries au pas de charge en frappant le sol du talon. Le Déqueugnard attendit le petit signe que lui faisait toujours son gars sur le seuil. Mais la silhouette se laissa manger par le soleil de la cour sans s'être retournée.

— Merde, alors ! Merde ! Quel con tu fais ! grommela le vieux soldat en empoignant une fourche. Quel con ! T'aurais mieux fait de la fermer. Mais faut toujours que tu ramènes ta grande gueule ! Cornedieu !

De colère, il lança à toutes forces la fourche qui se planta dans un tas de paille, tourna plusieurs fois sur lui-même entre les stalles comme un fauve pris au piège, tira sa pipe d'une poche, descendit l'allée centrale entre les chevaux surpris, cligna des yeux dans le soleil suspendu sur les ateliers. Son gars avait disparu. La Sibelle botta contre le bat-flanc.

— Ouais, me v'là, ma belle, ronchonna-t-il en bourrant sa pipe, me v'là !

En quelques mois, la Jeanne avait vieilli de dix ans ! Elle s'était voûtée. Ses cheveux avaient viré au gris terne. L'éclat de ses yeux avait fondu dans de sombres pensées qu'elle ne confiait à personne. Elle ne prêtait plus attention aux arabesques de son fils. Pourtant, il dessinait encore, de temps en temps, sur du papier d'emballage de la compagnie. De son bout de table, tirant la langue, suçant la mine de son crayon qui lui tachait les lèvres de bleu, il l'observait du coin de l'œil. Tous les gestes de la mère étaient devenus lents et lourds, son pas traînant, rares ses mots. Il arrivait pourtant qu'un sourire fleurît parfois sur ses lèvres, un pauvre sourire posé sur son visage comme une fleur de douleur.

« Maman... »

Elle piquait son aiguille dans le cuir du gant en cours d'assemblage, se redressait, étirait son dos cassé par la position, rajustait la loupe d'eau, inspirait un grand coup, lui répondait toujours les mêmes trois mots :

« Je suis là ! »

Elle reprenait son travail.

Alors, il voyait trembler l'aiguille entre ses doigts, et ses yeux se voiler.

Jamais ils n'avaient reparlé de la soirée de Noël, ni du chant à la chapelle, ni de l'orange, ni de sa fuite avec Iris des Ténèbres. Silence. Comme si rien ne s'était passé.

Mais, de ce jour, le père n'avait jamais plus regardé sa femme en face, encore moins son fils. Il partait au travail dans la nuit tandis que Jeanne scrutait l'obscurité à la recherche d'une quelconque étoile dans son ciel de lit, revenait en début d'après-midi en balançant sa musette à l'épaule, avalait un morceau de lard avec une tranche de pain, buvait un canon de vin rouge, puis filait au jardin derrière le cimetière, aux goujons à la brouillée sous les Tréheux, ou rejoignait les copains au bistrot du pont pour y taper le carton jusqu'au soir. On ne le voyait plus. Il ne les voyait plus ! Il lui arrivait même, au retour, les jours du verre de trop, de rater les trois marches sur la place en jurant comme un charretier. Ces jours-là, il n'aurait pas fait bon encombrer son chemin de la cuisine à la chambre. La mère courbait l'échine. Florent rasait les murs.

Monsieur de Fontenay avait à l'œil cet homme autrefois si sérieux, lui qui ne souffrait aucune irrégularité de vie chez ses ouvriers, surtout aucun excès d'alcool. Il en avait déjà mis dehors qui levaient trop le coude, n'hésiterait pas à pousser vers la sortie ce Firmin Rousselet si son comportement venait à trop déraper. Selon lui, la qualité du cristal dépendait directement de la bonne tenue du personnel, de même la notoriété de la compagnie, donc l'assurance de travailler pour des centaines de tâcherons qui s'appliquaient à leur poste chaque jour.

Par la fenêtre sur la pierre à eau, Jeanne vit Florent traverser la place d'un pas sec. Le vent affolait ses cheveux. Pour une fois, il ne s'arrêta pas avant d'entrer pour suivre les évolutions d'une escadre de martinets en vol serré sur les toits. Il aimait pourtant, d'habitude, observer leurs grands tours dans le ciel, écouter leurs cris aigus, les voir disparaître derrière la conciergerie, réapparaître à l'aplomb du château en trissant de plus belle. Il avait l'air furieux. Elle rentra la tête dans les épaules, continua de laver ses patates qu'elle allait mettre à cuire ; elles accompagneraient ce soir du fromage blanc aux herbes, le chique, si rafraîchissant par ces lourdes journées d'été. Le torchon plein de lait caillé égouttait à l'espagnolette ; avec une bonne cuillerée de crème, du persil et des ciboulettes hachés, il régalerait ses hommes. Elle remit de deux doigts une mèche de cheveux dans le rang, se tamponna le front d'un peu d'eau fraîche, cassa le petit bois dans la cuisinière pour la flambée de cuisson des patates.

— Que se passe-t-il ?

— Rien !

— Si, je vois bien !

— Rien, je te dis ! Rien !

Elle n'insista pas. Rechargea le feu qui peinait à démarrer. La trop grande chaleur écrasait les fumées sur le toit. Bientôt, malgré fenêtre et porte ouvertes sur la cour, elle se mit à toussoter, son fils avec elle. Il avait l'air calmé. Elle jeta un morceau de charmille dans la cuisinière. Il s'était assis dans le coin le plus sombre de l'âtre, le regard dans le vague. Il se racla la gorge. Elle crut qu'il allait chanter.

— Maman...

— Je suis là !

Depuis près d'un mois, on ne respirait plus, ni à Baccarat, ni à Deneuvre, pourtant offerte aux quatre vents sur son promontoire féodal, ni sur les rives de la Meurthe, dont l'étiage inquiétait. Comment ferait-on bientôt pour chauffer les fours de la cristallerie sans bois, puisque le niveau des eaux était trop bas pour le flottage ? On avait même déjà vu des ombles et de belles grosses truites descendre au fil du courant, le ventre en l'air. « Si c'est pas malheureux de voir ça ! gémissait-on sur les rives durant la balade du dimanche. Y a pas de bon Dieu ! Pour sûr, y a pas de bon Dieu ! » Les hommes s'aéraient le visage de trois coups de chapeau ; les femmes secouaient leurs cottes, se ventilaient l'entrecuisse, plaisantaient d'une voix forcée : « Les rideaux collent aux fenêtres ! » On gémissait à voix feutrée sur les résultats d'élections législatives qui venaient de donner la majorité à « ces fichus vieux machins de réactionnaires », on commentait encore la tentative d'assassinat du roi Louis-Philippe par l'artisan métallo Joseph Henri, qui, l'année précédente, avait tiré des coups de feu en direction du balcon des Tuileries, un jour où la famille d'Orléans y faisait ses grimaces au peuple... « Pour sûr, y a pas de bon Dieu ! » Mais on se consolait en se répétant que le vin serait bon cette année, vu qu'on avait déjà offert à la Vierge la première grappe de raisin bien mûre, et que les vignerons commençaient à parler de vendanges alors même qu'on n'avait pas encore fêté saint Laurent, le patron des verriers ! De mémoire de Lorrain, du jamais vu !

Dans la halle, autour du four à pots, on souffrait le martyre. Quand les verriers n'y prenaient pas de pleines lampées d'air brûlant craché par l'ouvreau, ils respiraient une poix tombée de la charpente surchauffée par le soleil, grasse des poussières de potasse et de plomb mises en tourbillon par des courants porteurs, parfois, d'étranges parfums de mirabelles mûres.

— Maman...

Jeanne n'eut pas le temps de répondre. Regina venait de poser le pied sur la troisième marche d'escalier, tendait la main vers la porte ouverte, prête à frapper pour demander l'entrée. Florent l'avait vue. Il se recroquevilla dans son coin, jambes repliées ligotées par les bras, front calé sur les genoux, en boule contre tous et tout : le Déqueugnard et ses questions idiotes, la chaleur du feu, les patates à venir, le soleil si dur de cet été si long, le fromage blanc aux ciboulettes et... la dame ! Il n'avait pas chanté depuis cette nuit de Noël à l'orange. Pourtant, sa gorge le démangeait toujours. Il lui arrivait parfois de sentir des vagues de mélodie monter en lui, gonfler dans sa poitrine, rouler dans sa gorge, prêtes à déferler. Mais il les contenait, les ravalait avec des mots de colère, les refoulait derrière le regard terrible du père, le regard de ce soir-là, et son geste, qu'il n'oublierait jamais. « *O Bächlein, sprich, wohin ?* » Un insupportable sentiment de culpabilité l'habitait désormais, qui ne le quittait plus. Où qu'il allât, quoi qu'il fît, l'image douloureuse du père le poursuivait, le hantait, obsédait même ses moments de complicité avec Iris des Ténèbres, son seul confident. Que de fois, quand l'essaim fou de sa gorge menaçait de l'étouffer, avait-il été sur le point d'en parler à sa mère ! Mais toujours l'insupportable impression de trahir le père l'en avait empêché. « Maman... » Toujours la même réponse, sur trois mots, trois temps : « Je suis là ! » Bien sûr, elle était là, sa mère ! Il le savait, mais...

— Bonjour.

Regina se tenait sur le seuil. Tendait la main. Elle portait une légère robe blanche, taille haute serrée sous la poitrine dont elle servait les fruits blonds dans une corbeille de soie, venait de replier son ombrelle. Florent l'observait par en dessous, la trouva belle, très belle, encore plus belle, dissimula une grimace de douleur entre ses genoux. Que voulait-elle, la dame blanche ? Que venait-elle chercher ? Qu'allait-elle encore provoquer de terrible, par lui, dans cette maison ?

Jeanne s'essuyait les mains dans son tablier ; elle recala sa mèche folle sur l'oreille, s'avança d'un pas. Son cœur sautait sous le caraco comme un jeune cabri. Regina crut un instant que la mère de Florent allait venir jusqu'à elle, accepter de lui toucher la main. Mais Jeanne resta en bout de table. L'éclatante lumière du soleil projetait son ombre et celle de la visiteuse dans le coin de l'âtre, sur le garçon qui ne voyait d'elles qu'un étrange contre-jour de siamoises.

— Je ne voudrais pas... pardonnez-moi si je...

Ses doigts jouaient avec le cordonnet de l'ombrelle, le tordaient, en faisaient des nœuds qu'elle défaisait aussitôt. Une rosée de printemps semblait semer sur son front des perles de cristal. Ses cheveux blonds la couronnaient d'or dans la lumière. L'image de l'ange dont lui avait souvent parlé son fils en retenant son souffle s'imposa soudain à Jeanne, qui en fut troublée. Elle en voulait à cette femme, cause d'une douleur familiale que rien ne paraissait pouvoir apaiser désormais. Mais, en même temps, elle ne pouvait s'empêcher de la trouver belle, comme la décrivait Florent de sa voix pure et enflammée quand il rentrait de la chapelle. Elle savait, elle, bien sûr, qu'il y retrouvait cette femme, craignait de le voir lui échapper pour cette passion si exclusive, mais bénissait le ciel qu'il pût ainsi faire honneur à la promesse faite à la Vierge. Elle savait aussi qu'il la rejoignait parfois chez elle, dans la grande maison des directeurs et du médecin, au bout de la cour, près de la halle, qu'il y chantait sur des airs étrangers qu'elle jouait au piano ; elle refusait d'entendre les ragots de jaloux qui bavaient sur « les tripotages du fils Rousselet par l'Allemande... », n'en voulait rien retenir, incapable d'y voir des gestes sales. Pour elle, c'était le désir de la Vierge de se faire reconnaître par lui et par son chant, sous la conduite de cette femme venue d'ailleurs éclairer l'horizon étroit d'une vallée de Meurthe noyée dans les fumées, souvent empoisonnée par des rejets d'acide qui rongeaient les berges de la rivière, cuisaient les algues et les roseaux, saisissaient en pleine nage les truites aux reflets d'arc-en-ciel et les brochets au large bec.

— Je suis venue vous dire...

Le regard de Regina courait d'un meuble à un objet, de l'armoire aux trésors à la pauche[1] pendue à l'araignée, du heurchot au milieu de la table au torchon de lait caillé qui gouttait à la poignée de la fenêtre sur la pierre à eau.

— Je pars !

Jeanne sursauta. Regina avait lâché ce « Je pars ! » comme un soulagement, comme un soupir d'après l'effort, comme un dernier secret confié avant le grand voyage. Ses doigts ne jouaient plus avec le cordonnet de son ombrelle. Elle paraissait soudain plus calme, sourit, jeta un coup d'œil vers le coin d'où Florent l'observait par en dessous, fit un pas vers la mère, qui

1. Louche.

hésitait à s'avancer vers elle. Une force irrésistible l'y poussait, mais une lame brûlante lui lacérait la poitrine. Incapable de dire un mot, Jeanne releva la tête, haussa les épaules. Regina crut comprendre qu'elle voulait en savoir plus.

— Je rentre dans mon pays. Mon mari aussi s'en va. Il vient avec moi. Il trouvera du travail dans une verrerie, là-bas.

Elle regarda la pointe de ses bottines.

— Nous ne pouvons plus rester ici ! A cause de...

Elle se tut soudain. Des larmes roulaient sur ses joues, qu'elle écarta d'un discret revers d'index. Elle parlait d'une voix hachée, alourdie par son accent que la peine faisait resurgir. Le fracas de roues de charrette sur les pavés de la conciergerie l'avait interrompue. Elle en profita pour reprendre souffle, s'avança vers Florent, regarda sa mère, s'adressa à lui :

— Si tu veux, nous t'emmenons !

Elle se reprit, se tourna vers une Jeanne maintenant statue de sel.

— Si vous le voulez, nous l'emmenons. Je pourrai ainsi continuer à lui enseigner le chant. Il a de si belles qualités qu'il serait dommage de...

Un deuxième convoi infernal s'engagea sur les pavés, pas lourds des chevaux, grincements des freins dans la courte descente vers la route d'Humbépaire, ordres des meneurs d'attelage... Une sonnerie de cloches tombée du bulbe perché de Deneuvre répondit au fracas.

— Vous viendrez, vous aussi, en Saxe, avec votre mari, aussi souvent que vous en aurez envie, ou besoin. Vous serez toujours les bienvenus.

Puis, s'adressant directement au garçon toujours recroquevillé dans son coin :

— Tu chanteras les *Canciones sacrae* de notre compositeur Heinrich Schütz dans notre belle église de Bad Schandau, peut-être même dans la cathédrale de la Sainte-Trinité, à Dresde. Tu verras comme ta voix sera encore plus belle, là-bas, dans ces endroits faits pour le chant ! C'est là-bas que les lieder et les cantates de Bach vivent le mieux, tu sais, là-bas ! Elles ont été créées pour ces lieux-là. Tu verras…

Regina s'enflammait. Le flot de ses paroles déferla soudain, envahit tout l'espace de la cuisine, de l'âtre, dont le goût de suie épaississait la gorge, à la pierre à eau où séchaient les patates pour le chique du soir. Dans son torchon blanc, pendu à la poignée de crémone, le caillé transpirait et s'égouttait. Un bon parfum exotique se mêlait à celui du chêne embrasé.

Le mimosa, pensa Florent… le mimosa ! Elle lui avait expliqué d'où lui venait le besoin de s'imprégner à chaque seconde de cette délicate senteur : la nostalgie des rivages lointains inondés de douce lumière. Elle lui avait dit que ce parfum si bon venait de petites fleurs à boules de soleil, les premières du printemps dans les pays où fleurissent les citrons. Et, le tenant par la main, elle lui avait offert, à mi-voix, le regard voilé plongé dans son regard : « *Kennst du das Land, wo die Zitronen blüh'n ?*[1] » Fasciné, transporté par le rythme et la mélodie de vers mystérieux, il avait écouté l'ange de toute son âme ce jour-là, avait senti monter en lui une furieuse envie de se jeter dans ses bras, d'y boire à pleine gorge le suc de ces petites fleurs à boules de soleil, d'y murmurer ces mots incompréhensibles mais si beaux, d'y apprendre de sa bouche cette langue qui

1. « Connais-tu le pays où fleurissent les citrons ? », poème de Johann Wolfgang von Goethe (1749-1832).

l'envoyait si loin dans des voyages si aériens, de se fondre dans sa chaleur, son parfum, la douceur de miel de sa voix.

— Viendrais-tu avec moi, Florent, chanter là-bas ? Ta voix vaut mieux que tous les soleils de ce pays *wo die Zitronen blüh'n*, plus que tous les ors de tous les royaumes du monde. Tu es fait pour chanter Bach, Schubert, Goethe et Zelter, pour vibrer, et faire vibrer celles et ceux que tu aimes et qui t'aimeront, les ouvrir à...

Regina se tourna vers Jeanne, la vit immobile, à la dérive sur un fleuve de souffrance. Elle s'avança vers elle, voulut lui prendre la main, ne saisit qu'une ombre.

— Ici, ce don ne...

Elle s'arrêta net. Puis, s'adressant encore à Florent toujours tapi dans son coin :

— N'oublie pas nos Ecritures, mon garçon... n'oublie jamais : « Aime ton prochain comme toi-même ! »

Elle laissa couler quelques secondes.

— Il faut d'abord t'aimer toi-même, t'autoriser à t'aimer toi-même pour, ensuite, aller vers l'autre et l'aimer d'un amour pur et vrai. Aimer ta voix, aimer le chant qu'elle fait naître en toi, aimer la lumière qu'elle fait éclore dans ta tête, puis dans les yeux de celles et ceux qui t'entendent, aimer la passion née en toi qui, seule, fera de ta vie un espace de bonheur partagé avec tous, aimer la mission qui t'a été confiée par...

Elle se tourna de nouveau vers Jeanne.

— Par ta mère dans sa promesse à Notre-Dame ! N'est-ce pas, madame ? N'est-ce pas...

Jeanne se cramponna au dossier d'une chaise.

— Comment... vous savez ?

Elle pointa l'index vers Florent, poursuivit, à peine audible :

— Tu as raconté ? Notre... secret...

Un autre convoi fracassait les pavés de l'usine. Un groupe d'hommes en jaquette et chapeau passa devant la porte en parlant fort ; ils allaient vers le château. Des mésanges bleues voletaient, tutoyaient un rouge-gorge dans le lilas au pied de l'escalier... les Annonciades de Lorraine, se souvint Florent ; son père lui avait dit, un jour de semis de doucette au jardin, qu'on appelait ainsi les mésanges au pays : « Les Annonciades... » Les paroles de la dame lui faisaient trop de bien et de mal à la fois pour l'entendre davantage, le perdaient trop dans les méandres du bonheur et de la peine. Il avait laissé filer son esprit vers le lilas, au milieu des Annonciades à bonnet bleu.

Convoi parti, rouge-gorge chassé, hommes en jaquette-chapeau disparus vers le château, il y eut un long silence chez les Rousselet, compté par les gouttes du caillé sur la pierre à eau.

La visiteuse s'était remise à nouer et dénouer le cordonnet de son ombrelle. Alors Jeanne leva la main, lui montra la porte d'un geste si lent qu'il parut dessiner l'éternité. Regina fit demi-tour, franchit le seuil, lança, par-dessus son épaule :

— Encore une semaine ! Nous partons dans une semaine, pas un jour de plus !

Elle se tourna une dernière fois vers Jeanne.

— Chanter, c'est prier deux fois ! Saint Augustin l'a dit, Luther l'a répété. Ils ont raison, tous les deux.

Au pied de l'escalier, elle ouvrit son ombrelle, parut hésiter un instant...

— Réfléchissez ! Il est encore temps !

Les poings sur les hanches, Jeanne se planta devant son fils, recroquevillé dans le coin de l'âtre. Elle aurait voulu lui dire… ne trouva rien, tira les rondelles de la cuisinière. Il n'avait pas bougé, cherchait dans la poussière âcre des cendres remuées par sa mère… des traces de mimosa. Jeanne grogna. Le feu était crevé.

Pendu à la poignée de fenêtre, dans son torchon blanc, le caillé lâchait sur la pierre à eau ses dernières gouttes de petit-lait.

Firmin rentra tard du travail, ce jour-là. En milieu d'après-midi seulement. Une commande urgente et importante pour une grande famille de Paris mobilisait tout le personnel du chaud et du froid. De la halle où les verriers se cuisaient le cuir sur leur banc jusqu'aux ateliers de taille et de gravure suspendus à l'aplomb du port de flottage, les uns cueillaient, soufflaient, tiraient une jambe, posaient un pied en s'épongeant le front d'un revers de bras, les autres présentaient le cristal à la meule, l'attaquaient à la roue, le marquaient d'un chiffre couronné aux deux lettres entrelacées *F* et *G*, sans chercher à savoir ce qu'elles signifiaient. Que les verres fussent pour un marquis, un négociant parvenu ou un prince d'opérette les laissait de noble indifférence. Seuls les tendaient comme un arc la justesse de leur geste, la beauté de l'objet né de leurs mains, l'éclat de lumière volé au ciel par les éléments qu'ils avaient réussi à marier pour le meilleur, rien que le meilleur !

Du milieu de la nuit au début d'après-midi, le père avait tiré des chariots, poussé des brouettes, porté des caisses, balayé sous les volées de courroies tombées du plafond, entre les pieds de tailleurs et graveurs penchés sur leur ouvrage. Sa blouse de travail portait de larges auréoles de sueur bordées d'un feston blanchâtre du sel de son corps. Teint terreux, yeux encavés dans leurs orbites, barbe de la veille qui lui salissait le visage, il avait l'air épuisé. Ses joues creuses, comme aspirées de l'intérieur, effrayèrent sa femme, qui avait mis sur la table des restes de pot-au-feu du dimanche. Il avait dû pousser des deux mains sur les genoux pour gravir l'escalier, en soufflant rauque et gras. « Pas faim... trop chaud... pas faim... avait-il murmuré en jetant sa casquette sur la caisse à bois. Pas faim ! » A table, il avait chipoté sur un bout de lard froid et un quignon de pain. « Où qu'il est ? » Il avait donné un coup de menton vers la place de son fils. « Aux écuries ! » Elle avait répondu sec, face à lui, droite comme un piquet de parc. « T'es sûre ? » Il venait de descendre d'un coup de coude un puissant canon de rouge. « Où veux-tu qu'il soit... chez le pape ? » Il s'était contenté de hausser les épaules, s'était servi un dernier verre qu'il avait bu en se rinçant bruyamment la bouche, s'était levé de table, avait pris sa canne à pêche dans le cellier en grommelant, et sa musette d'attirail. « Je trouverai bien des sauterelles sous la Côte... » La perspective de deux ou trois heures au bord de l'eau, la bouchée de lard et les deux verres de vin lui avaient un peu rallumé les yeux. « Change donc de blaude... elle est trempée de sueur. Tu vas prendre le mal ! » Il avait haussé les épaules. « Bof... » Elle l'avait suivi du regard jusqu'à sa disparition à l'angle de la conciergerie. « Réfléchissez... Chanter, c'est prier deux fois ! Réfléchissez ! » Elle s'était sentie soudain lasse, entre ses deux hommes que seul le silence rapprochait désormais. Depuis ce jour de Noël qu'elle n'oublierait jamais, ils n'avaient pas échangé trois mots !

Les mésanges bleues étaient revenues dans le lilas, plus calmes, sans le rouge-gorge. Elle leur avait jeté des miettes. Ensuite, elle avait décroché le caillé, l'avait vidé dans un saladier. Il était beau, d'une boule bien ferme et brillante qu'elle avait tranchée à la fourchette. Puis elle avait incorporé la crème, haché fin les ciboulettes et le persil du jardin, battu le chique onctueux, l'avait salé, poivré, goûté, lui avait trouvé la bonne saveur de celui que préparait sa mère. Elle avait souri, pour le plaisir de se faire un peu de bien. « Aime... comme toi-même ! »

Avec les patates bien froides, belles et bonnes, fondantes sur la langue, ils auraient de quoi se régaler au souper ! Elle couvrit le chique d'un torchon propre, contre les mouches, plongea les mains dans la bassine, les y laissa un long moment, ferma les yeux, inspira à fond. La fraîcheur de l'eau lui fit du bien. Le bruit d'un nouveau convoi ébranla la cité. Elle retira son tablier, le pendit au clou, se donna un coup de peigne, chercha dans l'armoire son petit voile de batiste, sortit.

Ecrasée de chaleur, déserte, la cour. Jeanne la traversa d'un bon pas, droit vers la chapelle dont la porte était entrebâillée. Les fenêtres ouvertes du château exhalaient des cliquetis de vaisselle ; sur le perron, deux domestiques en livrée secouaient une immense nappe blanche en riant aux éclats. Dans le ciel d'un bleu argenté, les martinets filaient de larges rondes en poussant leurs cris stridents. L'air embaumait déjà l'encens et l'œillet. Au moment de passer le porche de la chapelle, inquiète soudain, elle jeta de loin un coup d'œil vers les écuries.

Et si not' Florent n'était pas là ! Si j'avais dit n'importe quoi au père...

Elle ne vit rien ni personne, tendit l'oreille, ne reçut que les claquements de l'étoffe sur le perron et les éclats de rire des domestiques. Depuis le seringat de l'allée du Fouy, un couple de tourterelles repérait les miettes du château en roucoulant.

Jeanne se couvrit la tête du voile, plongea dans la fraîcheur de la nef, se glissa au dernier banc, dans le coin le plus sombre, devant la pierre tombale du sieur Antoine Renaut. Le manteau bleu et blanc de la Vierge émergeait de la pénombre. Elle sentit aussitôt se détendre tous les muscles de son corps, sa respiration s'apaiser. A l'instant même où elle s'était assise sur le banc, elle avait eu l'agréable impression qu'un puissant coup de balai l'avait purgée des mauvaises idées et des images noires qui obsédaient ses jours et pourrissaient ses nuits. Sa poitrine s'ouvrit. Elle aspira l'encens et l'œillet, et la cire d'abeille qui, dans le chœur, habillait les stalles de reflets d'or. Elle crut voir sur le visage de la Vierge un sourire, se mit à prier. Alors, l'écho du chant de Noël lui revint…

Mon âme magnifie
Dieu, mon sauveur…

Elle s'y abandonna, se surprit à fredonner les mots portés près de neuf mois plus tôt par son fils.

Neuf mois… déjà ! pensa-t-elle, bouche close, lèvres effleurées par le chant retenu dans la gorge. Neuf mois !

Elle ferma les yeux sur son monde à elle, lumineux et paisible.

Un profond silence suivit, qui aurait pu durer l'éternité. Silence en elle, et autour d'elle. La paix ! Elle rouvrit les yeux, les leva vers la Vierge, vit son bon sourire... le sourire de la dame ! Regina ! Le prénom lui avait échappé. Elle l'avait lâché à haute voix, comme une évidence, comme un appel. Un trouble délicieux la saisit.

Regina...

« Chanter, c'est prier deux fois ! »

Le soleil allait plonger derrière la crête d'Embréchy quand le père rentra de la pêche. Jeanne venait de redonner un coup de fouet au chique, d'y rajouter un peu de ciboulette et de persil du jardin, un soupçon d'ail effilé, une pincée de sel, un nuage de poivre. Elle avait chaud, soufflait de temps en temps, à petits coups, la mèche rebelle en vadrouille sur son front constellé de diamants. Elle avait tombé le caraco trop serré, enfilé une casaque ample, ouverte jusqu'au sillon de la poitrine souligné d'un fin trait d'argent, lâche sur les épaules, dont Florent apercevait le velouté de pêche de vigne. Elle allait et venait, remuait de la vaisselle, pelait les pommes de terre, tirait la bouteille de vin du seau d'eau fraîche, s'épongeait le cou. De son bout de table, le garçon la suivait du regard, la trouvait belle, très belle, plus belle même que...

— Tiens, tu feras des beignets avec ça, à cause des arêtes !

Firmin lança sur la table un gros chevesne qui s'aplatit dans un bruit mou. La bête avait la gueule ouverte, une lèvre arrachée, des traces de sang derrière les ouïes. Des herbes lui collaient aux écailles. Une odeur de vase, d'humus et de vieille sueur couvrit aussitôt la ciboulette, l'ail et le persil du chique.

— T'as de la farine et des œufs ? demanda le père.

— Pour sûr que j'en ai ! répondit, agacée, la mère qui ne supportait pas le nez de l'homme dans ses affaires de cuisine.

— Bon… bon… bon ! conclut le père.

Il avait déjà repris la bête, l'avait couchée sur la pierre à eau, écaillée en faisant jaillir sur la lame de canif des éclairs argentés, puis éventrée ; il en tirait les tripes gorgées d'une purée d'un vert d'épinards cuits. La vessie éclata entre ses doigts. Florent sursauta.

— Beau vilain ! Je suis content ! A la sauterelle… dans la boucle de Sainte-Catherine !

Une main dans la panse du chevesne, l'autre en étrier sur la tête maculée de sang, il parlait à sa proie :

— Je pensais pas t'avoir, toi ! Tu m'en as donné, du mal !

Se tournant vers Jeanne :

— Je ne pensais pas l'avoir, tu sais ! Il s'est bien battu, le bougre ! Il a traîné ma ligne jusque dans des racines…

Il s'arrêta net, venait de voir sa femme dans la lumière déclinante, sa mèche rebelle, le sillon de sa poitrine luisant de rosée, ses épaules de pêche de vigne…

— Tu… court-bouillon… tu sais…

— Bien sûr, je sais… bien sûr !

Le ton soudain adouci du père frappa Florent. Traversant le carré de ciel découpé par la fenêtre sur la cour, les martinets stridulaient sur l'outremer du soir. Tandis que l'odeur pulpeuse et âcre du poisson, des marais et des roseaux anisés, épousait dans la cuisine les parfums du chique.

— Allons…

Firmin avait lavé la dépouille du vilain, l'avait essorée, roulée dans un torchon propre. Il la porta au cellier, revint, barbota des mains dans le seau d'eau, tira sa chaise, s'assit à sa place de table. Il avait l'œil allumé, le visage bon, perdu depuis longtemps, enfin retrouvé. Le garçon eut envie de lui sauter au cou, de l'embrasser, de lui dire qu'il l'…

Mais l'orange, et les flammes bleu et or dans l'âtre au retour de la messe de minuit !

Le chique était bon, avec les patates. Si bon qu'il avait effacé les dernières traces de fatigue sur le visage du père. Le chique, ou le regard de la mère ? Ce regard d'hier, d'avant…

Firmin avala une gorgée de vin. Depuis ce lendemain de Noël, il avait voulu ignorer son fils, ne lui avait pas accordé la moindre attention, l'avait évité à la maison comme au-dehors. En sa présence, il donnait l'impression de raser les murs, de vouloir se faire oublier, ou faire oublier son geste. Jamais plus il ne l'avait emmené à la pêche sur les bords de la Meurthe, alors qu'ils y allaient toujours ensemble, épaule contre épaule, sur le même bout de berge ou le même banc de sable, si proches que, parfois, ils emmêlaient leurs lignes.

Il regarda Jeanne et Florent l'un après l'autre, lentement, un sourire au coin des lèvres, un brin facétieux, se leva, fouilla dans sa musette de travail, en tira un petit paquet, du papier d'emballage de la compagnie, le même que celui des arabesques, fit trois pas vers le bout de table, le posa avec mille précautions. Il prit le bras de son fils, le serra très fort, comme il ne l'avait jamais fait.

— Pour toi…

Les deux mains à plat sur la table, Jeanne s'était redressée. Ainsi droite, le profil tracé au pochoir dans le jour déclinant, elle était encore plus belle. Bientôt, il faudrait rallumer le heurchot pour y voir...

— Pour toi, répéta le père en appuyant ses mots d'un léger mouvement de tête.

Une vague déferla sur le garçon, qui jeta un regard affolé à sa mère. Que se passait-il ? Une vague de chaleur si soudaine qu'il eut l'impression d'étouffer, de se noyer, de se fondre dans la pénombre.

— Mam...

— Ouvre ! Regarde !

— Tu sais ?

— Rien ! Ouvre donc !

Florent tendit les mains vers le paquet, défroissa le papier aux arabesques. Il tremblait. Les yeux rivés sur lui, le père était devenu très pâle, d'une pâleur qui le faisait paraître plus maigre encore. Jeanne en eut mal. Dernier tour de papier...

Apparut alors un verre de cristal, taillé à facettes, à la jambe d'une rare élégance, que le garçon tourna lentement dans ses mains.

Jeanne craqua une allumette de contrebande, la présenta au heurchot. La flamme monta. Des feux follets se réveillèrent par toute la pièce. Le père s'était penché vers son fils.

— Vois, mon Flo, vois... dit-il en posant l'index sur le verre. Vois...

Florent approcha le cristal de la lampe, le fit tourner, vit sur l'une des facettes, au plein cœur du plat taillé à la meule, deux lettres entrelacées, un *F* et un *R* : ses initiales !

— C'est maladroit ! dit le père d'une voix faible. Très maladroit. Mais c'est moi qui l'ai fait, pour toi. Je ne suis pas graveur, mais le Tatave m'a appris, pendant ses heures de bousillage[1], quand j'avais fini de porter mes caisses et de pousser mes chariots. Oui, c'est le Tatave qui m'a prêté sa roue, pour que je te fasse ça.

Sa voix était devenue inaudible. Il fixait d'un œil brillant ses mains, son fils, ses mains, sa femme, ses mains…

— Pour toi, mon Flo… pour que tu le gardes toujours.

1. Après leurs heures de travail, les verriers, tailleurs et graveurs étaient autorisés à effectuer des petits travaux personnels avec le matériel de la compagnie. Ils pouvaient alors faire des expériences, imaginer de nouvelles formes, s'entraîner à la création. En ces heures-là, ils cassaient souvent du cristal : ils « bousillaient » ! Ils appelaient aussi ce moment la « broye ».

7

Octobre 1847

Regina était revenue à la maison.

Départ retardé pour cause d'ultimes exigences de fabrication que seul son mari pouvait satisfaire, le couple s'apprêtait seulement à prendre la route de Saxe. Dans les ateliers, on commentait la démission du chimiste, déplorait de le voir s'en aller, lui qui avait si bien secondé « le bon père de Fontenay » pour la mise en chantier du cristal de couleur. « On le regrettera, allez ! » disait l'un en hochant la tête à l'heure du casse-croûte. « C'est quand même lui qui nous a rapporté ça de Bohême ! » complétait l'autre en léchant ses doigts poisseux de fromage de Munster avant de boire un coup. « Sans lui et monsieur de Fontenay, on ne sortirait pas de verre agate ni de cristal opale, et on n'en serait peut-être pas là ! » ponctuait le chef de place, qui s'empressait d'ajouter avec malice : « Mais allez donc voir derrière la chapelle, là-bas, le cimetière… il est plein de gens irremplaçables ! Pas vrai ? » Et on plaisantait gras sur le dos de l'Allemande que certains auraient préféré « avoir sur le ventre », on ragotait sur ses séances de « tripotage » avec le gars des Rousselet, tonitruait bien haut qu'elle, « on la regretterait pas, l'Allemande ! ». On s'enflammait. « Allez savoir, avec vos bonnes gueules ! Si vous l'aviez eue au bout de votre canne à boules, vous seriez moins bravaches, bande de jaloux ! »

Jeanne avait bien cru ne plus jamais revoir Regina. Mais elle était revenue un matin de pluie triste comme un jour sans pain. Emmitouflée dans une grande houppelande, chaussée de bottines haut lacées, elle donnait l'impression d'être déjà en voyage. Des nuages dévalaient des hauts de Deneuvre, semblaient s'attarder sur la rivière, couraient au ras des toits, s'entortillaient dans les fumées de la halle.

« Entrez donc, vous êtes bleue de froid ! » lui avait dit Jeanne en s'effaçant.

Le mimosa avait aussitôt combattu dans la cuisine l'odeur tenace du hareng frit. Elles n'avaient pas beaucoup parlé, tout juste le temps de se poser une nouvelle fois la question de l'avenir de Florent.

« Alors, qu'avez-vous décidé ? Il serait bien avec nous. Il travaillerait sa voix, le chant, consacrerait sa vie à… »

Debout près de la pierre à eau, elle avait offert un regard troublant à l'autre femme cramponnée au dossier de chaise de son fils, de l'autre coté de la table.

« … à la Vierge ! Vous le lui avez promis, n'est-ce pas ? »

Baladée par le doute, Jeanne n'avait pas répondu tout de suite. La dame… la Vierge de la chapelle… « Chanter, c'est prier deux fois ! » Regina avait senti l'hésitation de la mère, cru un instant qu'elle avait réussi à la convaincre, qu'elle laisserait partir Florent avec elle, avec eux, dans ce pays où la musique de Bach et les vers de Goethe se respiraient comme l'air du large sur les hauts de la Bastei.

Mais la détresse teintait de gris les yeux de la mère, lessivait son visage qui avait viré au terreux, comme d'une malade. Elle avait hésité à continuer.

Quelque part un chien gueulait, loin du côté de la ville, ou derrière la conciergerie. Le son tournait, semblait venir de tous les côtés à la fois. La bête paraissait furieuse.

Regina avait fait un pas, puis un autre. Une envie folle la saisit de s'avancer vers cette femme, de lui prendre les mains, de lui dire combien elle la comprenait, combien elle partageait son angoisse, combien elle vivait avec elle ces moments douloureux. Devoir se séparer de son enfant…

« Vous pourrez venir le voir ! Il reviendra aussi souvent qu'il le voudra ! Nous lui donnerons, mon mari et moi, toutes les facilités. Ce n'est pas si loin, vous pouvez me croire… pas si loin ! »

Elle se tenait à portée de main, avait encore ajouté, sans la toucher :

« Florent… sa voix… votre promesse à… »

Alors Jeanne avait fait une brutale volte-face. La visiteuse ne voyait plus que son dos dans la pénombre, sa jupe d'estamelle[1] prune, le laçage de son caraco, son chignon noué à la sauvage, ses épaules secouées par des sanglots.

De plus en plus furieux, le chien occupait tout l'espace, donnait l'impression de s'être rapproché de la maison.

Regina avait frissonné, rajusté sa houppelande, en avait bouclé le col. Elle se sentait glacée de l'intérieur. D'un coup d'œil, elle avait embrassé la pièce, l'armoire

1. Tissu de laine ordinaire utilisé pour les vêtements du peuple.

aux trésors familiaux, l'âtre froid, sa taque luisante de bistre, la table, les trois chaises, le heurchot, l'araignée au mur et sa ribambelle d'ustensiles de fer-blanc, la cuisinière dont la fonte astiquée reflétait le coin de ciel gris filtré par les carreaux, n'avait pu s'empêcher de penser : « C'est donc cela qui lui est réservé ? Un tel prodige peut-il rester là, entre ces quatre murs et ceux des ateliers, à attendre de cracher son dernier souffle avec la poussière de minium avant d'avoir donné au monde la lumière de son cristal à lui, sa voix ? »

Le chien avait couiné un long moment, comme si on l'avait cogné pour qu'il ferme sa gueule. Un nouveau silence enveloppait les deux femmes.

« Alors ? »

Jeanne s'était retournée lentement, en redressant la tête, avait présenté son visage ravagé à la grisaille de cette terrible matinée d'automne. Sa réponse était tombée, lente et grave :

« C'est non ! Il reste ici, avec nous, avec son père, avec moi ! Il sera verrier. C'est ce que veut monsieur de Fontenay : les enfants de verriers doivent devenir verriers, pour le bien de la compagnie ! C'est ce que nous voulons aussi, son père et moi. La place de notre fils est avec nous, avec eux... ici ! »

Elle avait parlé d'un trait, sans reprendre sa respiration, fait un geste ample du bras qui couvrait tout l'espace, du château aux ateliers, en passant par les cités blotties de part et d'autre de la cour, ajouté en soupirant :

« Merci, madame... merci ! »

Son regard était devenu insupportable de douleur.

« Inutile d'insister. Mais... merci ! »

Alors, elles étaient tombées dans les bras l'une de l'autre, avaient pleuré ensemble, un long moment, le temps que sèchent les larmes et que s'apaisent les souffles mêlés. Aux douze coups de midi chevrotés de loin par l'église de Deneuvre, soudain, Regina s'était dégagée, avait pris le visage de Jeanne dans ses mains en coupe, avait déposé un baiser sur son front, avait murmuré :

« Je n'ai pas d'enfant, mais... je comprends... je comprends... Jeanne. Je t'aime. »

Puis elle s'était dégagée d'un mouvement presque brutal, jetée dans l'escalier, avait lancé : « Adieu ! » Elle s'était retournée une dernière fois.

« Adieu ! »

La houppelande l'avait entortillée dans les plis du vent jusqu'à la maison des directeurs, qui l'avait avalée d'un coup.

La semaine suivante, tandis que sur la place du bout du pont, à grands cris et jurons, les forains suspendaient les balançoires blanches à leur portique entre la baraque du chamboule-tout et le manège de chevaux de bois pour la fête patronale de Saint-Rémy, Florent remarqua un cabriolet devant la maison des directeurs, et un convoi de charrettes débordantes de meubles et ballots. Sur l'une d'elles, emballé dans des couvertures, couvert d'une bâche imperméable, le piano de la dame ! Il rentrait de l'école. Son cœur fit un bond.

— Viens ! Viens vite, il faut que tu ailles...

Sa mère, par la fenêtre de la cuisine ! Il aurait voulu pouvoir se séparer en deux, une partie à bord de la charrette avec le piano, en route vers le pays de Bach dont lui avait si souvent parlé Regina, l'autre à la maison, à dessiner des arabesques sur le papier d'emballage de la compagnie en attendant d'aller bientôt se durcir le cuir à l'enfer de la halle. Il ne connaissait pas cet atelier, pas plus que les autres, n'en savait que ce que son père lui en avait raconté, du feu, du souffle, et de la fraternité parfois obligée entre les verriers contraints de travailler ensemble sur un même petit verre à boire ou sur une grosse pièce, coupe à fruits, carafe armoriée pour table de prince, vase boule, porte-cigares en verre agate que venaient de créer les services techniques conduits par… Edouard Galtier ! Edouard Galtier… la dame… le piano…

— Alors, tu bouges !

Il bougea, gravit l'escalier, se forçant à chantonner, pour lui seul, pour tordre le cou au serpent qui lui comprimait la poitrine de ses anneaux d'acier. Il ne pleurerait pas… non ! Il ne pleurerait pas !

— Tiens !

La mère lui tendait une musette. Son cœur fit un bond. Se pouvait-il qu'elle ait changé d'avis ? Florent eut soudain l'impression que le ciel s'ouvrait. Il laissa un instant les questions tourner dans sa tête comme autant de bonnes réponses déjà. Et son père ? Avait-il donné son accord, ou bien l'avait-elle forcé à accepter ? Peut-être n'en saurait-il jamais rien ! Mais partir, aller là-bas, chanter avec elle…

— Alors… tu prends ! Je ne vais pas te la tendre pendant deux heures !

Elle secoua la musette pour marquer son impatience. Le ton de la mère, tout de même, dur, sec, presque méchant, qu'il ne lui connaissait pas.

M'en veut-elle à ce point d'avoir tellement insisté, et de partir avec la dame en blanc ? La question lui traversa l'esprit.

Il n'eut pas le temps de chercher sur son visage ce qu'elle avait dans le cœur…

— File à l'atelier. Ton père m'a fait prévenir qu'il ne peut pas rentrer avant ce soir. Ils ont une commande urgente. File lui apporter sa gamelle. Il t'attend.

— Mam...

Soudain, tout devint noir : le regard de sa mère et le soleil d'octobre qui découpait son ombre sur les dalles, le carré de ciel dans la fenêtre, et... la musette balancée à bout de bras, et la cuisine, ses meubles, sa pierre à eau, son araignée hérissée de pointes, de manches, et de lames... Une furieuse envie de s'enfuir le saisit. Il resta sur place, cloué au sol, incapable du moindre geste.

La mère fit un pas nerveux vers lui.

— Prends, et apporte ça à ton père. Il t'attend.

Le ton s'était adouci. Toujours aussi dur, mais plus rond. La douleur rongeait la voix, lui donnait un étrange velouté. En quelques respirations, elle était devenue presque inaudible.

Florent s'avança, tendit la main. Sa mère y accrocha la musette, fit volte-face, empoigna un torchon sur la table, disparut au fond, vers la chambre.

Du haut des trois marches, il jeta un coup d'œil vers la maison des directeurs. Les charrettes étaient toujours là, mais... personne autour. La musette serrée au côté, il descendit, traversa la cour, changea d'allée pour éviter de passer trop près des attelages prêts à partir, redoutant que la dame l'aperçût. Personne. Il accéléra, allait entrer dans l'atelier quand il la vit. Elle sortait de la maison, la silhouette de son mari derrière elle dans la pénombre du corridor. Elle portait une grande cape orange, parut éblouie par la lumière. Il la vit contenir d'une main ses cheveux que le vent malmenait. Son mari la précéda, lui offrit son bras pour attaquer le marchepied. Elle ramena un pan de sa cape, rassembla encore ses cheveux. Florent crut qu'elle lui avait fait un signe. Il se jeta sous le porche des ateliers, se retourna une dernière fois, la vit monter dans le cabriolet, jeter un coup d'œil vers la cité. Edouard Galtier s'assit à son côté, arrangea une couverture sur leurs genoux. De son repaire, Florent suivait tous leurs gestes, s'imagina un instant avec eux, en route vers...

Il respira un souvenir de mimosa, entendit les ordres aux chevaux, les claquements de chambrière, les roues crépiter sur les pavés.

— Qu'est-ce que tu fais là, le gamin ? T'es perdu, dis voir !

Florent sursauta. Un grand gaillard qu'il n'avait jamais vu se tenait derrière lui. Chausses de velours râpé, un mouchoir à carreaux autour du cou, l'ouvrier s'essuyait les mains dans le pan de sa blaude ; il sentait la fumée de bois, le cuir et la graisse de machine.

— T'es qui, toi ? Et où que tu vas, don' ?

— Rousselet ! Je vais porter...

— Ah, le gamin de la Forge ! Tu sais que c'est pas permis de venir ici ?

— Je viens porter sa gamelle à mon père qui ne peut pas sortir à cause du travail.

— Bon ! Alors, viens, je vais te conduire. Suis-moi.

La musette collée au flanc, il le suivit dans le grand escalier, des images de voyage plein la tête. Sur le premier palier, l'ouvrier marqua une pause pour souffler, se tourna vers Florent, plissa les paupières, le fixa un moment, allait attaquer la deuxième volée de marches.

— C'est bien toi qui as chanté à la Noël dans la chapelle... pas vrai ?

Florent baissa la tête. Pourquoi cet homme-là, qu'il ne connaissait pas, lui parlait-il de ce Noël, dans cet escalier des cristalleries qui le menait vers son enfer ? Pourquoi ? Une vague de colère monta, allait l'étouffer. Envie de balancer la musette par-dessus la rampe, de dégringoler vers la cour, filer, fuir loin de ces lieux, de ces hommes, loin de tout. Courir derrière le convoi de déménagement, rattraper le cabriolet… Trop tard ! Ils étaient déjà loin !

Le ronflement des fours passait de la halle dans la cage d'escalier, respiration de monstre, épaisse, rauque et ronde à la fois. L'homme s'était penché. Il glissa dans l'oreille du fils de la Forge :

— C'était beau, mon gamin !

Florent tourna son regard vers lui, ne rencontra que sa nuque crasseuse boursouflée par le mouchoir à carreaux. Incrédule. « C'était beau ! » Il se demanda s'il avait bien entendu, s'appuya à la rampe. Pour la première fois depuis des mois, il eut l'impression que du miel coulait dans ses veines, du miel des mouchottes de la ferme de Bourupt. L'autre avait déjà escaladé quelques marches vers le palier supérieur. « C'était beau ! » La colère était tombée aussi vite qu'elle avait surgi. « Egard à son ancelle… » Les vers qu'il avait chantés cette nuit-là revinrent aussitôt, malgré lui, dans sa tête par les images de cierges, d'ange en habit bleu et or, dans sa poitrine par le souffle, dans sa gorge par les vibrations si intimes qui le mettaient en émoi. « Que terre universelle / Lui soit gloire et honneur ! » Il s'était pourtant juré de ne jamais plus les chanter, pas même les prononcer, croyait les avoir chassés à jamais de sa mémoire. « C'était beau ! »

— Alors, tu viens ? Je vais pas t'attendre cent sept ans, moi ! J'ai du boulot ! Arrive !

Florent grimpa les marches quatre à quatre.

— C'est que…

L'ouvrier avait du mal à reprendre son souffle.

— C'est que… j'étais sorti pour respirer un peu. Mais si le chef de place me voit pas revenir… Allez, vas-y !

Il tira la lourde porte de ferraille, poussa le gamin devant lui.

Alors l'enfer surgit des ténèbres !

— Voilà ! C'est pas là qu'il travaille, la Forge. Mais je te fais passer par là, c'est plus court ! Comme ça, t'auras pas trop à traîner dans les ateliers.

Il posa la main sur l'épaule de Florent, hurla pour couvrir le ronflement du four et les bruits de tôle, de sabots frottés sur le plancher, le cliquetis des outils...

— T'avais jamais vu ?

Florent fit « non » de la tête. Sonné. La chaleur le suffoquait, collait ses vêtements à la peau. Une lumière laiteuse pénétrait par les verrières, baignait l'immense halle d'une onde sans ombres, coulait sur les choses, les gestes et les hommes une neige fine qui gommait les silhouettes, les transformait en fantômes.

Cramponné à la balustrade, il aspira un grand coup, des odeurs de feu, de métal chauffé à blanc, de sueur, de graisse, de carton brûlé et de cuir, mâcha des poussières âcres à goût de terre et de sel. La rumeur de l'atelier le suspendait dans une étrange impression de surdité. Tout lui paraissait lointain, irréel : les éclairs fulgurants jaillis des gueules de pots ouvertes puis masquées par une tôle, la ronde des verriers, autour du four, comme de vieux chevaliers armés de lances à pointe rayonnante, le ballet des boules de cristal chauffées à blanc, portées à bout de bras du four au sol, du sol au four, les éclats de lumière lancés par la matière en fusion que brandissaient des gamins à peine plus grands que lui. Tous ces ouvriers de l'enfer se croisaient à ses pieds, balançaient en bout de canne leur étoile incandescente, marquaient les pas d'une mystérieuse danse du feu jamais vue, pas même autour du brasier de la Saint-Jean, sous le bois de la Côte, quand les grands gars du village devaient sauter par-dessus les braises devant la population en liesse, pour montrer leur courage et leur agilité aux filles moites de trouble et de sueur. Ils allaient et venaient autour du four, frôlaient les ouvreaux rayonnants d'une lumière si vive qu'elle blessait les yeux, sur un rythme magique et haletant.

Du haut de son perchoir, submergé par la révélation de ce monde interdit et secret, Florent se sentit baladé dans la forêt d'images infernales décrites par le curé pendant les séances de préparation à la confession, en même temps qu'invité au paradis pour bons fidèles qu'il offrait ensuite, un paradis lumineux peuplé d'anges immaculés en plumes de cygne. Il s'abandonna au terrifiant délice qui l'avait saisi.

— Alors ?

Les mains rivées à la balustrade, les yeux roulant comme les boules du jeu de quilles du bistrot du bout du pont, le garçon ne réagit pas.

— Alors… ça t'en bouche un coin, pas vrai ?

Il donna un coup du revers de main sur la musette.

— C'est pas le tout, mais ton père doit crever de faim, là-bas, chez les froids ! Faut y aller, mon p'tiot !

« Chez les froids » ! Les trois mots de l'ouvrier tirèrent Florent de sa torpeur. Il émergea soudain. Ils venaient de réveiller en lui la douleur mal dissimulée par son père quand il parlait de son travail d'homme à tout faire dans ces ateliers du fond de l'usine, chez les tailleurs et graveurs, ces finisseurs à froid de l'œuvre créée par les « chauds », les seigneurs de la compagnie, les verriers de la halle, ceux de l'air et du feu, de l'air de leur poitrine et du feu de la terre ronflant dans le cœur du four ! Lui, Firmin Rousselet,

« la Forge », avait été de ceux-là avant d'être jeté chez les « froids » par les bestioles qui rongeaient ses poumons. Homme à tout faire : charrier les cartons, vider les caisses de casse emplies par les terribles choisisseuses[1], graisser les poulies, passer les courroies à la colophane, balayer les reliefs de travail des autres... Après avoir été verrier, de ceux que le duc de Lorraine avait autrefois autorisés à porter l'épée et le titre de « gentilhomme », être devenu manœuvre, homme à tout faire ! « Bon à tout, propre à rien ! » marmonnait le père dans ces moments-là en fuyant les regards de la femme et du fils. « Homme à tout faire chez les froids » !

— Alors... on y va ?

Il le secoua par l'épaule.

— C'est bon, t'auras bientôt l'occasion de revoir ça, te fais pas de bile ! D'être dedans, même ! Alors là...

Il entraîna Florent vers l'escalier.

— Allons, viens, mon p'tiot !

Occupé à balayer sous les pieds des choisisseuses qui miraient un à un les verres, repéraient les bulles, paillettes, défauts de constitution, une jambe tordue, mal centrée, une paraison d'épaisseur irrégulière, ou rayée, renvoyaient au polissage ceux qu'un coup d'acide ou de meule pouvait encore sauver, jetaient dans une caisse les irrécupérables qui volaient en éclats de verre et de bruit tranchants, le père avait vu son fils arriver de loin. Il avait aussitôt lancé son balai sous une table de contrôle chargée de vases, coupes, aiguières à long col et carafes à courte panse, l'avait poussé du

1. Femmes chargées du dernier contrôle de qualité des pièces avant l'expédition de la commande.

pied le plus loin possible, avait saisi un verre qu'il fit mine de mirer avec soin.

Il le tournait entre ses doigts, un œil sur les jeux de lumière dans le cristal, l'autre sur Florent qui, la musette tenue serré au côté, se glissait entre les chantiers de contrôle. Un silence froid stagnait sur la grande salle, déchiré ici et là par les bris de mauvais sujets dans les caisses, ou un éclat de rire de femme. Firmin eut soudain très chaud, se mit à suer à grosses gouttes comme après un grand effort, à tousser, cracher des humeurs sanguinolentes dans son mouchoir. Il se sentait soudain très gauche, mal à l'aise, surpris en faute dans cet atelier où, depuis son exil pour cause de maladie, il se traînait comme un proscrit. Ils savaient, pourtant, aussi bien sa Jeannette que le garçon, qu'il avait perdu son banc de verrier à cause de la maladie de poitrine ; il leur avait tout dit de sa mutation chez les froids, leur avait expliqué ce qu'il faisait maintenant et pour toujours, du nettoyage, du bas entretien, des tâches qui le rebutaient, lui le verrier, le créateur, l'homme du souffle vital dans la matière en fusion, de la terre transmutée, et du feu ! Il ne leur avait jamais menti. Il savait qu'ils savaient. Mais se voir découvert là, un balai à la main, condamné à ramasser des brisures de lumière sous les cottes des femmes, lui était insupportable. C'était la première fois que son fils venait le voir à son travail... la première fois qu'il se montrait tel qu'en sa déchéance ! La sueur ruisselait dans son dos. Il se sentit humilié.

— Ah, te voilà !

Firmin joua la surprise.

— Me voilà... répondit Florent.

— Regarde comme il est beau !

Le père présenta le verre comme le prêtre le calice pendant l'élévation, quand le servant agite ses sonnailles pour souligner la solennité du moment. Mais là, dans cet atelier froid comme un tabernacle, c'est le bris d'une mauvaise pièce dans une caisse qui accompagna le geste.

— Regarde !

Firmin présenta le verre dans la lumière, le fit jouer, l'inclina, le redressa. Un arc-en-ciel de fin d'orage habitait la matière.

— C'est notre modèle Harcourt ! J'ai travaillé dessus, longtemps... l'un de nos plus beaux modèles. Regarde son pied à facettes taillées, sa jambe à bouton, ses larges côtes plates... Vois comme il est beau !

Firmin respirait court. Une nouvelle quinte de toux le secoua. Il tira son mouchoir, cracha, replia soigneusement l'étoffe tachée, s'en épongea le front. Des femmes les observaient. L'une d'elles hurla dans leur direction :

— Alors, la Forge... ton balai !

Florent vit son père pâlir, son visage se fermer, sa lèvre frémir.

— Viens ! Viens voir plus loin, dit Firmin d'une voix sèche. Viens !

Il l'entraîna à l'écart, devant une baie vitrée ouverte sur des houppiers de tilleuls balancés par le vent.

— Regarde ses belles côtes plates, comme la lumière s'y laisse prendre, comme elle glisse sur le buvant doré, comme elle joue dans le pied ! On dirait...

Il avait exposé le verre aux rayons du soleil.

— Celui-là est parfait, prêt à partir loin, très loin de chez nous dans un pays...

Florent n'écoutait plus son père, n'observait plus les reflets de soleil dans le cristal, ni ses couleurs d'arc-en-ciel multipliées, ni l'étoile d'or ornée d'une croix nichée dans la fossette d'une côte. Il ne voyait que le profil de son père, ses cernes sombres, ses joues creuses mal rasées, et les contractions de douleur sur le visage à chaque fois que s'annonçait une nouvelle quinte. Firmin s'en aperçut, posa le verre sur le rebord de la fenêtre.

Dehors, les tilleuls de la rue secouaient leurs couleurs d'automne en cadence avec les vernes des bords de Meurthe sous les coups d'un vent tombé tout droit de la colline féodale de Deneuvre. Il prit les mains de son fils dans les siennes, le regarda longtemps sans mot dire, eut l'impression soudain d'être sur le point de se soulager d'un insupportable fardeau. Ne plus jouer. Etre, simplement… être !

— Tu vois, ce verre, j'ai travaillé à le rendre parfait, avec les autres, tous les autres verriers, tailleurs, graveurs, polisseurs, doreurs… tous ! Et j'en suis fier ! Que du sable de notre rivière devienne soleil, tu vois… c'est la plus belle chose qu'un homme puisse faire ! Tu peux me croire. J'en suis fier !

Il jeta un coup d'œil par la baie sur les tilleuls aux feuilles d'or que le vent s'acharnait à vouloir arracher. Le ciel venait de virer au bleu de Prusse. L'atelier sombrait dans une inquiétante pénombre. Sur l'appui de fenêtre, le cristal reflétait un outremer intense éclairé par l'étoile d'or.

— La plus belle chose qu'un homme puisse faire ! Quand on a fait ça, mon fils…

Il sembla hésiter un instant. Prit le verre Harcourt, le lui tendit, le lui mit entre les mains.

— Oui, j'en suis fier ! Comme je suis fier… de… toi !

Il renifla un grand coup.

— Quand on a fait ça… on peut mourir !

Aussitôt, il reprit le verre, empoigna Florent par le bras, l'entraîna vers le chantier, reposa le verre sur la table, se pencha, récupéra son balai.

— Donne !

Il prit la musette, la déposa dans un recoin derrière une pile de caisses marquées de lettres noires baveuses, *Paris*, se tourna vers son fils, donna un coup de balai dans l'allée, puis un autre.

— Allez, faut que je m'y remette ! Va dire à ta mère que je rentrerai tard ce soir. J'ai ces caisses-là à m'occuper, plein d'autres encore ! Ça doit partir demain. Vas-y !

Le ton du père était redevenu dur, brutal presque. Les femmes lorgnaient par-dessus les alignements de cristal.

— Allez, file !

En fin d'après-midi, après l'école, Florent retrouva le Déqueugnard aux écuries.

— Oh, ça va pas, mon gars ! Je vois ça à ta tête. Viens par ici, me raconter !

Le vieux soldat avait déjà retourné les deux seaux de la conversation. Mais le garçon ne raconta rien. Il fila tout droit vers la stalle d'Iris des Ténèbres. Les moineaux se chamaillaient dans la charpente, décrochaient des toiles d'araignée qui tiraient de grands fils d'argent dans la lumière dorée des écuries.

— Bon, si tu veux rien dire, c'est que ça va ! grommela le Déqueugnard pour se rassurer tout en remettant les seaux à l'endroit.

Florent avait pris Iris par le cou, lui parlait à voix basse, à l'oreille. Il lui raconta tout : la halle, le feu, le père, Harcourt et son étoile, la dame… Puis il changea de stalle. Au passage, la Sibelle découvrit ses larges dents jaunes. Il entra chez Ouragan, déposa un baiser sur sa lèvre de velours. Le cheval le remercia d'un mouvement de tête.

Des tapis de selle étaient pendus au bat-flanc. Florent les renifla comme une bête.

Ils sentaient bon le cheval, les foins, et… le mimosa !

8

Décembre 1847

L'automne avait donné tous les champignons que la terre pouvait produire. Verriers, paysans, rentiers de l'altière Deneuvre, flotteurs de bois de la Meurthe, hommes, femmes et enfants avaient été pris d'une frénésie que même les plus vieux grands-parents n'avaient pas connue !

Dès la sortie des ateliers, les ouvriers des cristalleries couraient à la cité avaler un bol de soupe et un bout de fromage, empoignaient le panier, filaient à grands pas vers les bois, seuls, ou par deux, rarement en groupe, chacun tenant secrets ses bons coins.

Ils râlaient à cause des autres, ceux du village et de la ville d'en haut, qui pouvaient y aller tôt le matin et raflaient tous les jaunirés[1], bises, trompettes-de-la-mort, pieds-de-mouton, cèpes et gormelles[2] les plus proches, tandis qu'eux étaient aux fours et au moulin à minium. Eux, les ouvriers de la compagnie, n'avaient plus qu'à aller loin, très loin, pour trouver les restes, sur les Reclos, vers l'Empire, ou dans les fonds spongieux du

1. Chanterelles.
2. Coulemelles.

Fays, le long du ruisseau de l'Ermitage, parfois jusqu'à la tranchée du Champ-le-Sot, d'où l'on apercevait le clocher, les toits rouges et la vieille chapelle Saint-Pierre de Fontenoy-la-Joûte assoupie sur sa butte. Ils rentraient exténués mais lourds de champignons dont ils feraient de bonnes poêlées au lard, ou qu'ils sécheraient pour les ravigoter dans l'eau en hiver, puis les manger avec le lapin du dimanche, les patates cuites dans les braises de l'âtre, ou en omelettes baveuses. Des chanterelles à tube de la Sainte-Thérèse jusqu'aux derniers petits gris de sapin ratatinés par les premières gelées de décembre, ils avaient vécu six semaines de courses dans les bois qui avaient fait plonger les recettes des bistrots, déserter le jeu de quilles et la fière église de la colline, oublier les cannes à pêche au grand bonheur des goujons enfin autorisés à vivre sans risques dans les eaux de la Meurthe.

On avait même surpris le curé de Deneuvre près de la source de Gélarupt, la soutane relevée par une ceinture de cuir, chaussé de godillots à œillets, tête nue dans les broussailles, à quatre pattes sous les charmilles au milieu d'un rond de trompettes aussi noires que son habit ! Et on s'était inquiété, une nuit durant, pour un couple d'ouvriers perdus dans l'interminable massif des Reclos, retrouvés tremblant de froid sur les pentes escarpées du Rouge-Vêtu.

Chez les Rousselet, on n'avait pas couru les bois. La maladie du père avait pris un tour dont la grimace du médecin avait trahi la gravité. Jeanne veillait. Florent filait droit, de l'école aux écuries à la maison aux écuries à l'école. Deux ou trois fois, il était monté par le grand pont et la côte sous la tour des Voués, sans rien dire à sa mère, jusqu'à l'église de Deneuvre. Là, après s'être assuré qu'il était seul, sans un regard pour la niche vieux rose semée de croix de Lorraine où la Vierge éplorée tenait sur ses genoux le cadavre du Fils au flanc percé d'un coup de lance, il s'était glissé entre les bancs jusqu'au Christ couronné d'épines qui, relevant sa tunique rouge et or d'une main, allait pieds nus sur le chemin du martyre. Le regard vide de ce Jésus condamné, tourné vers des cieux vides, et son corps tordu, comme écrasé par la croix sur l'épaule gauche, lui semblaient exprimer toute la détresse familiale du moment, en même temps que refléter une lueur d'espoir. Et si…

Il y avait ânonné un Notre-Père approximatif.

Il y avait surtout… chanté ! D'abord murmuré, mélodie retenue dans la gorge, puis il avait laissé les mots franchir ses lèvres. Puis comme ce dernier Noël, à minuit, frémissant…

Firmin ne se levait plus que pour ses besoins les plus urgents. Et encore ! Certains matins, alors que, terrassée par la fatigue, elle avait fini par s'assoupir sur une paillasse, à côté du lit, sa Jeannette l'avait trouvé à son réveil recroquevillé sur un cataplasme de merde.

La dernière fois qu'il était allé à l'atelier, fin novembre, on avait dû le ramener, soutenu par deux hommes. Depuis plusieurs jours, il ne mangeait plus, se rassasiait d'un ou deux verres de vin sous l'œil de la mère et du fils qui n'osaient plus avaler un morceau sans lui. Pourtant, Jeanne mettait sur la table tout ce que son Firmin avait toujours aimé : les patates du jardin rôties au lard, le premier boudin aux pommes, la quiche qu'il avait toujours mangée brûlante en poussant des « Mmmm… mmm… » de bonheur, après avoir offert, toujours, de la pointe de sa fourchette, un lardon à sa femme, un autre au fiston.

C'était avant…

La poste avait déposé, en fin de matinée, à la conciergerie de la compagnie, un pli de couleur ivoire fermé d'un cachet de cire sans aucune marque. Il était adressé à *Monsieur Florent Rousselet, à la Compagnie des Cristalleries, à Baccarat, Lorraine, Frankreich.*

Le concierge l'avait aussitôt fait savoir à Jeanne. Firmin semblait dormir. Elle en avait profité pour aller jusque-là saisir comme une voleuse le pli que lui tendait un homme à casquette. En chemin, elle l'avait flairé, tâté, fourré dans la poche de son tablier. Arrivée dans sa cuisine, torturée par l'envie de l'ouvrir, partagée entre colère et curieuse impression de soulagement, elle l'avait tourné, retourné, examiné, encore flairé. Malgré le voyage, il exhalait encore des traces de… mimosa !

Firmin s'était mis à tousser, à cracher du sang et des humeurs jaunâtres mêlées à des flots de bile. Elle avait dû enfouir une nouvelle fois la lettre dans la poche de son tablier, courir dans la chambre avec une bassine d'eau tiède, laver son homme, arracher du lit taie et draps qu'elle avait jetés dans la lessiveuse bouillante sur la cuisinière. Elle avait beau brûler nuit et jour dans une cassolette des poudres d'armoise, de rue officinale, de girofle et de benjoin vendus chaque mois par le marchand ambulant du caïfat, toute la maison puait le carnage.

La famille, heureusement, grâce à monsieur de Fontenay, n'était pas encore dans le besoin. Si ce patron éclairé ne manifestait aucune indulgence vis-à-vis de l'ivrognerie, des mœurs douteuses, des relâchements d'éducation ou de l'abandon des vieux par leurs enfants, qu'il sanctionnait sans faiblesse, il ne mégotait pas en revanche sur l'accompagnement de son personnel. Ses avertissements pour négligence étaient presque toujours suivis de bons effets. Rares étaient celles et ceux qui osaient le défier. Surpris en faute, les incorrigibles, récalcitrants ou récidivistes, étaient exclus sur-le-champ. Le jugement était sans appel. Condamnés à quitter poste de travail, logement, et village, ils devaient faire leurs paquets le jour même !

En échange, il avait développé l'école créée avant son arrivée, la maison des apprentis, les cours du soir et l'assistance médicale. Puis il avait combattu avec les moyens du bord les causes d'affections et d'accidents, rendu plus efficace encore la caisse de prévoyance qui garantissait à tout ouvrier contraint au repos par la maladie une indemnité journalière égale à la moitié de son gage habituel. Pas de quoi faire bombance ! Mais on ne mourait pas de faim chez les Rousselet, malgré la maladie du père.

— « *B.S., Sonntag den 29. November 1847*[1]. Cher Florent... »

Rentré de l'école, le garçon avait brisé le cachet, déplié le papier, l'avait posé sur la table en tremblant. Assise à sa place, à main droite, près de la cuisinière, la mère écoutait, les yeux dans le vague. Elle n'avait pas eu besoin de l'inviter à lire tout haut. Il l'avait fait spontanément. Sa voix chevrotait. La mère respirait court. Sur le feu, la lessiveuse libérait ses flatulences. De la chambre parvenaient des râles entrecoupés de terribles quintes de toux.

1. « Bad Schandau, dimanche 29 novembre 1847 ».

— « Rendu pénible par des pluies diluviennes de Strasbourg à Dresde, le voyage de retour dans mon pays m'a beaucoup marquée, comme si le ciel ne voulait pas que je rentre chez moi. Le déluge nous a surpris quelques lieues avant Pforzheim, nous a noyés jusqu'aux faubourgs de Zwickau. Impossible de se sécher et de se réchauffer, même dans les auberges où, malgré un bon feu, les murs, les meubles et la literie suaient d'humidité. J'ai bien cru que nous ne sortirions jamais de la forêt de Thuringe, où notre voiture a planté dans une dangereuse fondrière, engloutie jusqu'aux essieux. Sans l'aide de charbonniers, nous y serions encore... »

Fascinée par le récit, le buste droit, les deux mains à plat sur la table, Jeanne écoutait son fils. Ainsi immobile, le chignon relâché en ondes sauvages sur les épaules, les yeux bleu de ciel posés sur ses horizons intérieurs, le visage pâli par la fatigue, qui paraissait d'albâtre, elle ressemblait à la Vierge de la chapelle si souvent invoquée autrefois.

Florent lisait. Elle l'écoutait sans un frémissement de sourcil. Plus il avançait dans le récit, plus elle avait l'impression de vivre elle-même ce voyage de l'autre femme, de grelotter dans des auberges pisseuses, de se perdre dans des forêts profondes hantées par des êtres mystérieux. Elle se laissait imprégner par l'étrange atmosphère de cette lettre, la voix de son fils, les mots qu'il prononçait avec application comme s'il se fût agi d'un texte sacré, la musique des phrases, au point d'oublier pour un instant les râles rampants d'à côté, les quintes de toux. La beauté de la langue la surprenait. Elle ne connaissait que deux personnes, au village, capables de parler et d'écrire ainsi : le curé et le patron.

Florent marqua une pause. Les borborygmes de la lessiveuse emplirent de nouveau la cuisine, et la puanteur de ses vapeurs qui collaient aux vitres et s'y condensaient en coulasses de bave d'escargot.

Pour une Allemande... pensait Jeanne.

Comment une femme étrangère pouvait-elle parler et écrire mieux qu'elle sa propre langue ? Elle n'en revenait pas, n'avait qu'une hâte : que la lecture reprenne, qu'elle la transporte encore là-bas, loin de la détresse obsédante de sa maison.

— « Puis le ciel s'est enfin ouvert pour nous accueillir. Nous étions dans mon pays, que j'ai reconnu, bien sûr, mais aussi, je crois bien, découvert. Mon regard avait changé. Comme si je le voyais désormais dans les transparences de Lorraine ! Curieux, n'est-ce pas ? Il avait déjà neigé. La campagne semblait couverte d'un fin voile blanc. J'avais le sentiment troublant de faire mon entrée ailleurs, dans un autre monde, dans une lumière étrange, au paradis ! Ne pensez pas que je délire, cher enfant. C'est vraiment ce que je ressens depuis mon arrivée. Je m'en suis ouverte à mon mari qui n'en avait rien remarqué. Il n'en avait pas eu le temps car, deux semaines après l'installation dans notre maison de famille, avec ma mère, il prenait son travail auprès du maître verrier Jean Rueckl, qui crée en ce moment une importante cristallerie du côté de Prague, à Nizbor, sur les rives de la Berounka, à Cyranuv Ostrov plus précisément. Une fabrique au moins aussi importante que celle de Baccarat. C'est dire ! Il est heureux dans son travail, comme il l'était en Lorraine. Tout ce qui touche au verre le passionne tellement ! »

Jeanne avait oublié la maladie, le feu sous la lessiveuse qui finissait d'exhaler ses vapeurs fétides sur le coin de la cuisinière, la respiration rauque d'à côté. Elle imaginait maintenant ce pays lointain, ses forêts profondes, ses horizons de neige, voyait monsieur Galtier, sa jaquette toujours impeccable, son col cassé sur la cravate de soie gris souris, son étrange coiffure à raie médiane qui lui faisait le crâne fendu en deux, ses favoris poivre et sel à reflets acajou qui lui donnaient un air de faux roux, son regard pointu d'homme formé dans les laboratoires.

Elle s'ébroua, se redressa comme sortant d'un songe, se leva, alla jeter un coup d'œil dans la chambre. Florent attendait qu'elle reprît sa place. Elle revint, mal à l'aise, s'assit en se demandant pourquoi cette femme tenait désormais une telle importance dans sa vie, dans celle de son fils surtout, par qui elle était envoyée et pourquoi, se souvint de sa prière et de sa promesse : « Faites qu'il ait un don, un don exceptionnel qui rendra tout le monde heureux ! Faites qu'un jour, grâce à ce don, il puisse partout… chanter vos louanges ! »

Qui était cette Regina ? Et pourquoi était-elle venue ainsi dans sa famille embobiner ce qu'elle avait de plus cher au monde ? Elle glissa un regard à son fils, qui lui offrit un bon sourire. Elle ne pouvait se défendre d'admirer cette Regina, par simple envie de lui ressembler, de se glisser dans sa peau de femme qui avait pris une si grande importance dans la vie de son fils, cette… rivale ! Le mot lui fit peur.

Elle tenta de le chasser, regarda fixement Florent qui l'observait en silence, le papier ivoire entre les doigts. Elle se releva, tira la lessiveuse, jeta deux morceaux de bois dans le foyer, repoussa la lessiveuse qui couina sur la fonte, revint s'asseoir. Florent avait suivi ses moindres mouvements. Elle baissa la tête. Devinait-il la tourmente qui se déchaînait en elle ? Lisait-il dans ses yeux le combat que se livraient en elle une curieuse affection pour la complice et la haine la plus vive contre cette étrangère venue lui voler son fils ? Que pensait-il, lui qui, en bout de table, à sa place de dessin d'arabesques, tenait le papier ivoire comme le prêtre tient l'hostie qu'il s'apprête à consacrer ? Elle eut honte.

— Et puis ?

— Tu es sûre, maman ?

Une douleur fulgurante lui déchira la poitrine. Elle dut faire effort pour lui répondre.

— Sûre de quoi ? dit-elle d'une voix sourde.

— Que je dois encore lire, maman... cette lettre... que...

Elle se sentit prise au piège. Crut s'en sortir par une pirouette :

— Et toi, as-tu envie de continuer ? Te plaît-elle tellement, cette lettre ?

Il planta son regard dans les yeux de sa mère.

— Bien sûr que j'ai envie !

Jeanne se força à respirer. Le piège venait de se refermer. Elle retint de justesse une question qui venait de lui brûler les lèvres : « Tu préfères qui... ta mère, ou cette... » L'indécence de ces mots, leur imbécillité la firent frémir. Elle joignit les mains, les noua si fort que les articulations blanchirent, ravala sa salive avec ses idioties.

— Alors, vas-y !

Mais elle ne put s'empêcher d'ajouter :

— C'est encore long ?

Florent ne répondit pas. Il poursuivit :

— « Pourriez-vous m'écrire, cher Florent, me donner des nouvelles de vous, de votre famille que j'ai le regret de n'avoir pas mieux connue, de la compagnie dont j'appréciais l'esprit fraternel, de tout ce pays de Lorraine qui me manque. Oui, vous avez bien lu : qui me manque ! J'aimerais savoir comment vont vos parents, et que vous disiez à votre mère combien je l'estime, et combien je comprends sa décision de vous garder auprès d'elle. Dites-le-lui, je vous en prie. Je suis sincère, vous le savez. »

Jeanne détourna le regard, se mit à compter les ustensiles pendus à l'araignée, louches, écumoires, hachoirs et chinois, à contempler les pots de grès sur leur étagère marqués de lettres bleues *SEL, SAVON, SABLE, SOUDE.* Florent l'observait par en dessous, ne voyait que ses cheveux devenus filasse, sur ses épaules couvertes d'un mauvais chandail. Mais qu'elle était belle, sa mère ! Il vit qu'elle pleurait, reprit sa lecture :

— « J'attendrai de recevoir une lettre de vous pour continuer à vous écrire. Je la recevrai comme une autorisation à vous envoyer de temps en temps quelques mots. Mais je ne le ferai que si ma correspondance ne provoque aucun désagrément, ni à vous, ni à vos parents que j'estime. Faites-leur voir cette lettre. Ils méritent de savoir ce que je pense de vous, et d'eux. Prenez soin de vous, cher Florent, et de celles et ceux que vous aimez. N'oubliez pas une caresse à mon bel et cher Ouragan, un baiser même, si vous l'osez. Et ayez une pensée pour moi, de temps en temps, si elle peut vous aider. *Grüß Gott,* comme disent les Bavarois et quelques gens de chez moi. Que Dieu vous garde ! Regina. »

Florent prit un temps avant de passer au post-scriptum. Son œil avait devancé la parole. Le regard de sa mère s'était assombri. Devait-il lire encore ? Il lut :

— « Permettez-moi ce conseil : Quoi que vous fassiez, continuez à chanter ! Chantez, mon enfant : la lumière est dans votre gorge ! *Singen Sie, mein Kind : das Licht ist in Ihrer Kehle !* »

Il avait prononcé comme elle le lui avait appris, en chuintant le *Licht,* traînant sur le *Kehle,* resta un long moment, le papier ivoire en main, silencieux.

Alors, Jeanne eut la terrible certitude que ce fils ne lui appartenait plus.

En fin d'après-midi, Firmin commença à s'agiter. De violentes convulsions le tordaient dans son lit, le nouaient comme un vieux cep, le détendaient si brutalement qu'il bottait comme un cheval hargneux contre le bois de lit. Il se mit à vomir des glaires épaisses, s'étouffer, râler. Ses yeux roulaient dans les orbites ; il tendait les mains vers le ciel, vers sa femme, les refermait sur une proie invisible, s'effondrait dans les draps souillés, se redressait violemment, s'arrachait la poitrine, retombait, épuisé, dans ses humeurs. Jeanne envoya Florent chercher de l'aide. Il fila sans prendre la peine de se couvrir. Un vent glacial le coupa en deux sur l'escalier. Il suffoqua, traversa ventre à terre la grande cour jusqu'à la maison des directeurs.

— Plus rien à faire ! souffla le médecin en la tirant par le bras vers la cuisine. Il vous faut être très courageuse... vous préparer à...

Il fouillait dans sa sacoche. Trouver des mots moins terribles...

— Je vais le traiter à l'hyoscyamine, pour apaiser ses souffrances. Mais...

Il revint vers le malade, poussa dans sa bouche quelques granules, demanda à se laver les mains, les frotta longuement à la mousse de savon sur la pierre à eau.

Florent avait repris sa place en bout de table ; il léchait la mine de crayon bleu, dessinait des arabesques sur le papier d'emballage de la compagnie. Il ne voyait rien de ses traits, épiait les moindres mimiques du médecin qui s'essuyait dans un torchon frais déplié, tendait l'oreille à ses murmures.

— Rien à faire de plus ! Attendre…

D'albâtre taché de larges ombres bleutées, rongé par la douleur, le visage de la mère dansait dans la lueur du heurchot. Un pauvre feu lambinait dans l'âtre. Florent saisit les pincettes, remua les braises, rapprocha les chenets, choisit un morceau de bois dans la caisse, le jeta dans le foyer. Un bruit de papier froissé emplit l'avaloir. Puis les flammes jaillirent. Il avait fait les gestes du père. Première fois…

Le médecin se pencha, glissa quelques mots à l'oreille de Jeanne, que Florent ne chercha pas à comprendre. Il s'était remis à ses arabesques avec, en gorge, la mélodie apprise autrefois, au côté de la dame…

Weinen, Klagen,
Sorgen, Zagen…

Le médecin avait claqué le fermoir de son sac. Il se pencha une dernière fois vers Jeanne.

— Il n'en a plus que pour quelques heures, quelques jours au mieux ! Mais je crains que ce ne soit que quelques heures. Si vous avez besoin…

Elle remercia d'un signe de tête, l'accompagna sur l'escalier. Un tourbillon glacé gonfla le rideau de la pierre à eau, réveilla le feu de l'âtre, coucha la flamme du heurchot. Elle ferma la porte, s'y appuya, face à son garçon qu'elle fixa d'un air suppliant, ouvrit la bouche comme une noyée, éclata en sanglots.

— Maman… maman ! Ma petite maman…

Le médicament fit son effet apaisant. Firmin s'assoupit le temps que tombe la nuit. Puis les convulsions reprirent, les vomissements. Des flots de sang s'échappaient de ses lèvres, qu'il ravalait, régurgitait en grosses bulles écarlates. Il voulut parler. N'en put rien faire. Puis il s'apaisa. L'hémorragie cessa.

Vers minuit, il fit appeler son fils. Il se tourna vers lui, toucha sa main.

— Promets… mon garçon… tu… seras… verrier…

— Je te promets, papa !

Trois jours plus tard, lancé par les camarades d'atelier à chaud, à froid, des bureaux, par les gens du château, monsieur de Fontenay en tête, le groisil tombait à pleines poignées sur le cercueil de la Forge, dans le cimetière des verriers, entre la chapelle et les jardins hérissés de rames de haricots blanches de givre.

Le bras sur l'épaule de Florent, le Déqueugnard marmonnait des jurons de soldat, « Cornedieu… bougres de Cosa… », tandis que le curé y allait de son latin de messe, secouait le goupillon, arrosait le cadavre du père de ses supplications pour un repos éternel. Sous ses voiles noirs, Jeanne serrait les dents sur ses sanglots.

Florent jeta sa poignée d'étoiles dans le soleil d'hiver. Elles crépitèrent sur le bois. Il dit, haut et ferme :

— Je serai verrier, mon papa ! Je te le jure !

Puis il se tourna vers sa mère, lui prit la main.

— Viens, maman… viens !

Devant la fosse béante, la mère ne bougeait pas. Il ne voyait rien d'elle, qu'un fantôme noir des pieds à la tête, que des voiles de crêpe immobiles.

— Maman… maman…

9

Octobre 1850

Le Déqueugnard bondit de joie.

Jamais il n'aurait cru à un retour si rapide de l'Empire. Certes, on n'en était pas encore là, mais la voie impériale s'ouvrait maintenant comme jamais depuis le jour des adieux, dans la cour du château de Fontainebleau. Jour terrible !

C'était le 20 avril 1814. Comme à Austerlitz, il y était, dans cette cour maudite, le palefrenier grognard de la compagnie, dans les rangs de la Vieille Garde. Il y avait vu l'Empereur, plus grand que jamais dans son uniforme, descendre l'escalier d'honneur. Il s'y était laissé porter par la formidable rumeur montée des rangs, terrasser par le silence mortel qui s'était abattu sur la troupe foudroyée. Tous savaient ce qui allait suivre, mais aucun n'osait encore y croire. Chacun contenait sa fureur, retenait des larmes d'acide.

Et l'Empereur avait parlé.

Alors, avec les autres aussi bouleversés que lui, il avait entendu la déclaration de l'homme qui avait fait trembler le monde des princes, des rois, des despotes, des marquis emplumés et des maîtres du goupillon, ces mots qui ne l'avaient plus lâché, qu'il se répétait souvent en soignant les bêtes à l'écurie.

« Soldats de ma Vieille Garde, je vous fais mes adieux. Depuis vingt ans, je vous ai trouvés constamment sur le chemin de l'honneur et de la gloire... Vous n'avez jamais cessé d'être des modèles de bravoure et de fidélité... Je pars... Vous, mes amis, continuez de servir la France. Son bonheur était mon unique pensée... Je voudrais vous presser tous sur mon cœur. Que j'embrasse au moins votre drapeau ! »

A chaque fois qu'il se rappelait cet instant, l'émotion resurgissait, la même, violente, élan d'amour pour l'homme, et son régime, qui avait su transmuter les acquis de la grande Révolution, les offrir dans de solides institutions au peuple de France, puis à ceux d'Europe, en même temps que fureur contre les couronnes de carton-pâte portées par des monarques insensibles aux misères de leurs serfs, soutenus par une Eglise nouvelle en tous points semblable à celle d'autrefois, qui savait si bien stériliser ses ouailles pour mieux les soumettre. Apercevoir un curé provoquait en lui les mêmes bouffées de révolte que quand il se trouvait face à un Wurtembergeois dans la plaine de Brienne, peu de temps avant le désastre. Il avait découvert le livre-programme d'action politique du neveu, *L'Extinction du paupérisme*, l'avait dévoré, à son rythme... dévoré ! Lui, employé d'écuries, qui savait à peine lire, en avait déchiffré tous les mots, toutes les lignes, en les suivant du bout des moignons, à haute voix, pour les recevoir par tout le corps. Il avait mis le temps, mais il était arrivé à la dernière page, au bout de la pensée de son nouveau héros, s'était reconnu dans toutes ses affirmations.

Que le gouvernement prenne à cœur tous les grands intérêts nationaux, qu'il établisse le bien-être des masses sur des bases inébranlables, et il sera inébranlable lui-même. La pauvreté ne sera plus séditieuse lorsque l'opulence ne sera plus oppressive...

Il s'était fait expliquer les mots difficiles, « paupérisme », « séditieuse », « opulence », par monsieur de Fontenay en visite aux chevaux. Le patron s'était prêté de bonne grâce à ce jeu d'école si particulier, avait paru y prendre une sorte de malin plaisir. Même quand son palefrenier lui avait demandé ce qu'il pensait de ce passage :

Dans l'avant-dernier siècle, La Fontaine émettait cette sentence, trop souvent vraie et cependant si triste, si destructive de toute société, de tout ordre, de toute hiérarchie : « Je vous le dis en bon français, notre ennemi, c'est notre maître ! »

Il avait vu l'œil de monsieur de Fontenay s'éclairer, la main gantée de beurre-frais se poser sur son bras constellé de fleurs de foin : « Et vous, qu'en pensez-vous ? » Le patron avait éclaté de rire comme pour dispenser son palefrenier de réponse. Puis il avait tourné les talons, regagné ses bureaux en moulinant de la canne le long des stalles.

Alors le Déqueugnard avait tiré de sa poche le petit livre qu'il portait toujours sur lui, s'était posé sur un seau retourné. Sous les criailleries de moineaux en voltige dans la charpente, il en avait relu les dernières lignes.

Aujourd'hui, le but de tout gouvernement habile doit être de tendre par des efforts à ce qu'on puisse dire bientôt : « Le triomphe du christianisme a détruit l'esclavage ; le triomphe de la Révolution française a détruit le servage ; le triomphe des idées démocratiques a détruit le paupérisme. »

Il l'avait refermé après s'être répété la phrase qu'il aimait le plus : « La pauvreté ne sera plus séditieuse lorsque l'opulence ne sera plus oppressive », jurant qu'il serait prêt à aller se battre pour ce Bonaparte, avec lui, pour la liberté de tous et la dignité de chacun, comme il l'avait fait, quarante ans plus tôt, dans tous les pays d'Europe, pour le petit oncle au grand chapeau.

Le Déqueugnard bondit de joie.

Du fond des écuries de Baccarat, il avait entendu la clameur de Satory, qu'il avait bien crue éteinte à jamais : « Vive l'Empereur ! »

Ce jour-là, alors qu'il passait les troupes en revue, le président Louis Napoléon Bonaparte avait été salué par des lancers de bonnets à poil à gros pompon rouge sang et de vibrants « Vive l'Empereur ! » qui avaient fait s'étrangler de fureur le général monarchiste Changarnier, commandant de la Garde nationale. Ami de l'orléaniste Thiers, qui avait vu dans le Prince-Président un « crétin, que l'on mènera… », ce général avait gagné ses galons sur des monceaux de cadavres de Kabyles durant la conquête de l'Algérie, et ne rêvait que d'un coup d'Etat capable de chasser ces va-nu-pieds républicains, asseoir sur le trône de France un nouveau roi qui saurait corriger ce qu'il considérait comme de tragiques déchets de la Révolution. Les « Vive l'Empereur ! » de Satory avaient mis son sang en ébullition. Il enrageait de voir que, par tout le pays, le peuple les avait repris en chœur en les amplifiant.

Le Déqueugnard bondit de joie. Il aligna sur leur étagère ses étrilles, peignes de corne, époussettes, son couteau de chaleur, la pince à poil, son cure-pied et le couteau à poinçon. Tellement fébrile qu'il bouscula une pelle contre un seau. Le bruit fit sursauter la Sibelle, qui botta à plusieurs reprises contre le bat-flanc. Les autres chevaux s'agitèrent.

Il gueula :

— Oh, la Sibelle ! Faut que j'vienne te calmer ?

Deux nouveaux coups de pied lui répondirent. Ouragan souffla. Le palefrenier haussa les épaules, marmonna :

— Comme tu veux ! Tu te fatigueras avant moi, ma belle… pour sûr !

Il vérifia le bon ordonnancement de ses outils, chacun à sa place, jeta un dernier coup d'œil aux écuries, sortit. En deux pas, trois envolées de bourgeron, il fut sur l'escalier des Rousselet. Il frappa cinq coups rapides contre la porte. Une voix répondit aussitôt :

— N'y a personne !

Il entra. La cuisine sentait bon le savon, la fumée de chêne, la feuille de laurier et le serpolet.

En léger caraco lâchement noué, bras nus, cheveux à la sauvage, Jeanne suspendit son geste. Elle avait couvert la table d'une toile et d'un vieux drap cuit à certains endroits par le feu du fer. Elle repassait des chausses et chemises de son fils et quelques-uns de ses propres vêtements, qu'elle avait séchés devant l'âtre sur des dossiers de chaise. Une camisole de calicot et deux culottes de batiste y pendaient encore, devant un lit de braises. Elle lâcha son fer, se précipita, rassembla la camisole et les deux culottes, les roula en boule, les jeta dans son panier de linge encore à repasser, se tourna vers son visiteur, rempoigna son fer, souffla sa mèche tombée sur le front, ramena les cheveux derrière les oreilles, dégagea ses pommettes rouges de chaleur et de confusion. Dans son affolement, elle avait levé les bras, découvert le velours de ses aisselles et l'amorce de sa poitrine dans l'échancrure du caraco. Le regard de l'homme s'était posé sur sa peau moite. Elle sentit son trouble, qui ajoutait au sien. Elle eut soudain très chaud. La cuisinière ronflait. Les platines[1] attendaient sur la fonte, en rang d'oignons. Elle poussa une chaise...

— Pardonnez-moi ! J'étais occupée à... Asseyez-vous !

Des parfums de cuir et de cheval se mêlaient maintenant aux senteurs d'herbes, de linge propre et de feu de bois, avec une indéfinissable odeur d'homme, de musc, d'humus et de tabac froid.

— Il est au travail, mon gars ?

— Oui, il est à la halle depuis le petit matin. Il rentrera tantôt.

Elle marqua un temps d'arrêt, laissa s'évacuer le trouble qui lui avait rosi les pommettes.

— C'est son premier jour. Il avait peur ce matin en partant.

— Normal ! répondit le Déqueugnard en tirant la chaise à lui.

— Il a pris la musette de... son père, dit-elle en tentant vainement de rassembler ses cheveux sur la nuque.

Ses gestes étaient gauches. Elle avait du mal à reconnaître sa voix, plus haut perchée, moins assurée que d'habitude, aigrelette.

— Comme lui, il a pris un bout de pain avec du lard et une petite chopine...

1. Plaques de cuisinière. Par extension, fers à repasser très rustiques mis à chauffer sur ces plaques.

— A la bonne heure ! dit le palefrenier en s'asseyant assez loin de la table, juste assez près pour y poser la main en tendant le bras, dos à l'âtre assoupi.

L'hiver précédent, il était passé au moins une fois par semaine chez les Rousselet. Pas longtemps à l'intérieur, pour ne pas faire jaser, mais dans la soupente, où il préparait le bois de chauffage en petits tas quotidiens en évaluant la réserve. Un jour, depuis le seuil, il avait dit, en soufflant de l'air chaud sur ses moignons gelés : « Avec le reste, on ne passera pas l'hiver ! J'en apporterai demain, ou après, un peu de temps en temps, pour faire la soudure ! » Les semaines suivantes, il en avait apporté dans sa brouette couinante qui faisait se lever les rideaux aux fenêtres. Son gars l'avait aidé à le mettre en rôle[1] en écoutant une nouvelle version de l'assaut du plateau de Pratzen, à Austerlitz, ou le récit des combats d'Igney agrémenté d'une anecdote qui le faisait rire aux larmes : la fuite du sous-préfet de Remiremont, déguisé en sacristain, sauvé de la fureur cosaque par son empressement à servir la messe dans l'église de ce village des bords de Moselle. On avait fait la soudure.

Jeanne s'était approchée de l'homme.

— Vous prendrez bien un verre de vin, Gust…

Soudain consciente d'en avoir trop dit, elle laissa sa phrase suspendue aux derniers soupirs du feu, sous les platines, en train de s'éteindre.

— Gustave, oui ! Gustave Torchis pour l'état civil et les rôles militaires. Mais… Déqueugnard ! C'est plutôt comme ça que tout le monde me connaît.

— Je n'aime pas trop Déqueugnard ! On dirait…

1. Tas de bois soigneusement empilé.

Elle avait posé un verre sur la table, versait le vin du pot qu'elle tenait maintenant au frais pour lui, sur un coin de la pierre à eau, couvert d'un torchon humide.

Avec le printemps, les visites du palefrenier s'étaient rapprochées. Il avait bêché le jardin derrière le cimetière, était venu à plusieurs reprises pour savoir ce qu'il devait y planter, quels semis faire, si elle voulait une couche pour avancer la récolte. Il pourrait en faire une belle et efficace, avec quelques planches et du verre de récupération, garnie du crottin de ses chevaux, qui chaufferait bien la terre. Elle avait dit oui à tout : « Comme vous ferez, ce sera bien ! » Il avait fait. Dès la Saint-Georges, ils avaient croqué les premiers radis, laissé fondre sur leur langue la pouillotte, cette salade si tendre arrachée de la couche pour faire de la place aux pieds laissés à grossir, parfumé au cerfeuil un ou deux pot-au-feu qu'il était venu déguster avec eux.

On jasait dans les environs. Quelques femmes disaient que… D'autres, le regard en coin, agacées par les traînailleries de leurs maris devant chez la veuve, affirmaient avoir vu…

Jeanne s'en moquait, savait que monsieur de Fontenay ne se méprenait pas sur sa vie ; elle se contentait d'offrir aux voisines un bon sourire de façade et, malgré leur rouerie, au fond du cœur, de vraie sympathie.

Puis le Déqueugnard avait semé les haricots et les navets, planté les pommes de terre, repiqué les choux et les poireaux, ramé les haricots, butté les pommes de terre, éclairci les navets, arraché les pommes de terre qu'il avait lavées, rentrées à la cave, mis les haricots au saloir, avec les herbes du jardin, bien écrasés par une grosse pierre récupérée dans le lit de la Meurthe. Malgré ses « J'y arriverai bien tout seul ! Vous avez autre chose à faire… c'est du boulot d'homme, tout ça ! », Jeanne l'avait aidé aussi souvent qu'elle le pouvait, peut-être davantage pour passer quelques heures en sa compagnie que pour lui être vraiment utile. Il avait fendu le bois à la hache. Elle avait été impressionnée par sa force intacte malgré l'âge. Il en avait rajouté, pour le seul plaisir de se sentir regardé. Elle avait empilé le bois avec lui dans la soupente, en silence. Le bruit des bûches sur les bûches, le solide parfum du chêne et les senteurs fragiles du hêtre fraîchement ouvert, le rythme de leurs respirations mêlées leur avaient donné une heureuse impression de complicité. Et de ses parties de pêche sur les bords de la Meurthe, il lui avait rapporté des fritures de goujons, et des gros vilains dont elle avait fait des beignets qu'ils avaient partagés.

La semaine suivant la mort de Firmin, monsieur de Fontenay avait fait savoir à Jeanne qu'il pourrait lui donner du travail dans les ateliers à froid, qu'elle pourrait ainsi gagner sa vie honnêtement, rester dans son logement et faciliter l'embauche de son fils chez les verriers. « C'est que l'apprentissage y est long, très long, et dur ! lui avait-il fait dire. Il aura besoin de vous ! Il faudra parfois le soutenir ! » L'assemblage des gants de peau pour le marchand de la ville ne lui rapportant pas de quoi payer la fatigue de ses yeux derrière la loupe d'eau, elle avait accepté. Elle travaillait trois jours par semaine aux expéditions, où elle emballait les cristaux d'une main habile, avant de les caler dans de grandes caisses marquées au pochoir de noms qui la faisaient rêver : *PARIS*… *ROME*… Les bribes de lecture qui lui restaient, acquises dans la salle d'asile[1] de son enfance,

1. Ainsi appelait-on les premières écoles au XIXe siècle.

lui permettaient de déchiffrer quelques belles destinations, *LONDRES... SAINT-PÉTERSBOURG...* Seule durant de longues heures, le nez dans ses cartons, elle laissait vagabonder son esprit, revoyait sa jeunesse, là-haut, sur la colline, dans l'ombre des ruines féodales de Deneuvre, ses cavalcades de petite fille vers le carrefour des Trois-Croix, l'escalade de la Maix jusqu'aux prairies rases des Brûlés, sa communion solennelle, la rencontre de Firmin à la fête de Saint-Rémy, elle sur une balançoire, lui qui poussait, leur mariage, la maladie...

Florent avait quitté l'école. Depuis plus d'un an déjà, il était devenu le « gamin » d'un chantier, au four dix heures par jour. Parce que ses cheveux prenaient des reflets roux sous le soleil ou dans la lueur des ouvreaux, les anciens l'avaient aussitôt baptisé « le Rouillot » ! Fier d'incarner ainsi la tradition verrière et la continuité voulue par son père, il en avait souri, mettait toute son énergie dans l'accomplissement de sa promesse. Il serait verrier ! Mais, malgré ses efforts, il ne pouvait oublier. Souvent, en cueillant du bout de sa perche de ferraille la goutte de cristal dans le pot, en nage, il sentait monter en lui, éclore dans sa gorge, les vers appris autrefois avec la dame : *Aus der Tiefe rufe ich, Herr...*

Alors, il laissait son regard se perdre dans l'aveuglante clarté du verre en fusion, y lisait ses mots à elle, pour lui : *Das Licht ist in Ihrer Kehle !*

— Oui... Gustave ! C'est mon petit nom.

Elle l'avait frôlé pour le servir. Il respira ses odeurs de femme, l'acide léger de la sueur, le savon et le laurier, et les traces de son corps abandonnées dans son sillage. Elle était retournée à la pierre à eau, devant la fenêtre, y déposait le pot de vin qu'elle recouvrait de son torchon humide. Il la regardait faire, suivait la lenteur de ses mouvements, vit ses chevilles nues, ses hanches, sa taille bien prise, ses épaules nimbées d'argent dans le contre-jour, ses cheveux en cascade qu'elle n'avait pas réussi à domestiquer. Il ferma les yeux, les rouvrit, leva son verre...

— Je bois seul ?

Elle lui faisait face, appuyée des fesses contre la pierre à eau, les mains sur la pierre. Il eut l'impression, voulut croire qu'elle s'y cramponnait. De curieuses vagues ondulaient dans son ventre. Il se mit à trembler.

Cette silhouette, sur la lumière de la cour...

— Je vous accompagne, répondit-elle en découvrant puis rempoignant le pot.

Elle revint vers lui, se servit un fond de vin. Leurs verres se choquèrent. Ils se tinrent quelques secondes par les yeux. Le jour déclinait. Ils burent.

De ses roues sur les pavés, une charrette fracassa le silence. Quelque part, un cocher donnait du fouet dans les airs. Le vacarme parut les protéger un instant. Puis le silence les reprit.

Jeanne était restée debout. Elle se rapprocha, voulut lui servir encore un peu de vin, l'effleura.

Son parfum de femme...

Alors, il la saisit par la taille, l'attira violemment entre ses cuisses, fourra sa tête dans l'échancrure de son caraco, lécha les traces de sa sueur, la serra si fort qu'elle poussa des petits cris pointus.

Elle avait posé les mains sur les épaules de l'homme, s'était mise à gémir doucement. Il la mordillait, l'étreignait à lui faire mal. Elle lui prit la tête à deux mains, la pressa contre sa poitrine. Il se dressa, la bascula sur la table, sur les linges du repassage, retroussa ses cottes, caressa son ventre en mugissant. Elle écarta les cuisses. Il s'y engouffra, ouvrit la culotte fendue, posa ses lèvres sur le triangle d'or offert, ouvrit la bouche, fouilla de la langue les replis les plus secrets de la femme, les plus sucrés, se saoula de son parfum de fenaison, lécha comme une bête sa liqueur de miel et de noisette.

Elle gémissait. Il miaulait. Elle haletait. Il buvait tout ce corps à la source de vie.

Elle tendit son ventre comme un arc. Il se redressa, dénoua sa ceinture, laissa tomber ses chausses, pénétra la femme qui soudain hurla, se cramponna des deux mains aux bords de la table, hurla encore. Sa tête roulait de droite et de gauche, sous le voile de ses cheveux. L'homme ne s'était jamais senti aussi puissant et fragile à la fois, aussi plein du désir de donner à cette femme son souffle, sa semence, sa vie. Elle lâcha la table, tendit les mains, l'empoigna par la taille, l'attira plus profondément en elle, à lui faire mal de bonheur, s'écartela sur l'homme prêt à exploser dans son ventre, rugit…

Alors, soudain, il se donna en grognant comme un fauve.

Alors, elle le reçut en expirant.

Il se coucha sur elle. Elle avait sombré.

Dans la cour, le dernier merle de la saison bavardait avec un autre merle, perché quelque part derrière les cités d'en face, du côté des jardins, ou du cimetière.

Les platines étaient froides sur la cuisinière. Le feu éteint. En deux temps trois mouvements, Jeanne rajusta son jupon, arrangea les linges du repassage, secoua les braises du foyer, relança le feu tandis que le palefrenier se reculottait. Puis elle jeta dans les flammes une pincée de poudre d'armoise, ouvrit la fenêtre au large, autant pour voir partir l'homme que pour disperser les effluves d'amour avant le retour du « gamin ».

Le ciel de nuit s'annonçait déjà sur les ateliers quand le Déqueugnard quitta la maison. Avant de dévaler l'escalier, il marqua un temps d'arrêt sur le perron, jeta un coup d'œil à la ronde, un autre par-dessus son épaule vers la silhouette de la femme dans la pénombre, se pencha pour s'assurer que la voie était libre. Il lâcha, « Et puis merde ! » S'élança.

— Alors ?

A la nuit noire, Florent était rentré épuisé du travail. Il avait voulu aller chercher le Déqueugnard, le faire manger avec eux. Il voulait lui parler de ses progrès au four. « Je voudrais lui faire une surprise ! » avait-il dit à sa mère qu'il avait trouvée enjouée, mais mystérieuse dans la lueur de la lampe à huile. « On pourrait manger une omelette aux champignons, avait-il ajouté. Dis, maman... dis... » Il lui avait semblé que, ce soir-là, la maison respirait un air plus parfumé, que la lumière du heurchot dansait plus clair, que les flammes de l'âtre montaient plus haut dans l'avaloir, que le feu crépitait plus joyeux, que le pas de sa mère était plus léger. Tout était pourtant comme toujours, à la même place : meubles, objets, ustensiles pendus à l'araignée, pot de vin sous son torchon propre... Le bois ciré de l'armoire aux trésors reflétait toujours la même lumière dansante de la lampe... Mais tout avait l'air si différent !

Il n'avait pas cherché à comprendre, s'était senti bien, et heureux malgré la fatigue, pour la première fois depuis la mort de son père. « Alors, maman... je vais le chercher ? » Elle l'avait regardé curieusement, surprise, et comme si elle n'avait attendu que cette proposition de son fils. « Alors... tu dis oui ? » Elle avait cédé.

Ils avaient dégusté une omelette aux champignons et lardons frits qui avaient empli la cuisine d'un parfum friolant de fête. Le palefrenier et sa mère avaient peu parlé, à peine échangé quelques regards furtifs. Lui avait bien bu en écoutant le récit de la jeune épopée verrière de son gars. Elle savait déjà, mais elle avait suivi, le nez dans son assiette, cherchant dans l'omelette baveuse et les jaunirés les lardons qu'elle croquait avec un plaisir inhabituel. Florent en avait piqué un, le lui avait tendu, comme autrefois, pendant le rituel de la quiche. Elle l'avait saisi du bout des lèvres, en regardant son fils droit dans les yeux, comme si elle avait voulu lui parler. Son bon regard seul avait suffi au gamin. Il en avait tendu un autre à Totor, son chat noir à chaussettes blanches, qui s'en était longuement léché les babines. Après les pommes cuites luisantes de beurre, Florent avait sorti la bouteille de mirabelle, en avait servi une bonne rasade à chacun, avait invité à boire...

Le voir reproduire ainsi les gestes du père avait troublé Jeanne au point qu'elle avait dû se détourner d'eux en emportant les assiettes vides, aller tisonner les cendres, jeter sur les braises de la cuisinière un morceau de bois qui s'était mis à chanter.

Puis le gars avait ouvert la bonnetière aux objets précieux de la famille, écarté les cartons du brassard de communion du père, de robe de mariée de la mère, les missels, le crucifix de porcelaine au cœur peint sur une vasque vide d'eau bénite, lentement, à gestes mesurés. Il avait saisi comme un vase sacré le verre qu'il avait posé sur la table avec mille précautions.

Tous trois étaient restés un moment immobiles et silencieux. Seuls quelques regards échangés entre le palefrenier et Jeanne avaient trahi une curieuse attente.

Alors, Florent avait fait tourner le pied du verre dans ses doigts marqués par le feu du four, effleuré de l'ongle les stries concentriques gravées autrefois dans la matière, à la meule, par un ouvrier de l'atelier à froid. La couronne de feuilles de laurier, sur la paraison, s'était allumée d'éclats d'or et de reflets de ciel d'été ; la courte jambe à bouton s'était couronnée d'anneaux argentés.

« C'est beau… avait murmuré le vieux soldat. Que c'est beau ! »

Pour la première fois depuis longtemps, il éprouvait un vrai sentiment de bonheur.

La flamme du heurchot allumait des étoiles dans les décors du cristal, l'habillait de reflets irisés et changeants.

Jeanne avait été prise d'une intense émotion ; plaisir et douleur à la fois lui avaient comprimé la poitrine. Elle s'était mise à pleurer en silence.

Alors Florent avait resservi la mirabelle, trempé l'index dans son verre.

Il avait fait chanter le cristal.

10

Septembre 1853

— T'as rien chez toi, le Rouillot ? Pas de chiasse, pas de fièvre, pas d'envie de dégueuler, rien comme ça ?

Inquiet, le chef de place posait la même question chaque matin.

— Comme vous le voyez, chef ! Tout va bien !

— A la bonne heure ! Mais attention, hein, à la première alerte… à la maison !

La Grenouille rassemblait tous les jours ses troupes, devant le four, avant le travail, posait les mêmes questions. Jusque-là, on n'avait pas encore connu de cas de choléra au village, ni à la compagnie. Mais l'épidémie progressait en France à la vitesse d'un cheval au galop.

Pas une ville qui ne fût terrorisée par l'approche du fléau, pas une entreprise, pas un village, même des régions les plus reculées. Depuis près de vingt ans, on s'était crus débarrassés, libérés, à l'abri ! Mais la maladie était revenue sans prévenir. On prétendait qu'elle était arrivée de Silésie ; on accusait les voyageurs de l'avoir propagée, les nomades de la semer en ville et en campagne, les travailleurs étrangers de contaminer la France, tous ces terrassiers, démolisseurs, tailleurs et maçons importés d'Europe entière à Paris pour s'activer sur les futurs grands chantiers décidés par le préfet Haussmann sur ordre de l'Empereur. « Pour assainir Paris, on l'infecte ! » ironisaient les plus ultras, manipulés par les nostalgiques de la vieille monarchie. C'est que, de sérieuse, la situation était devenue dramatique ! L'Académie de médecine ne contrôlait plus grand-chose, l'administration ne savait plus à quels saints guérisseurs se vouer, les chimistes essayaient toutes les promesses de prévention qui leur tombaient sous la main, comme de libérer de grandes quantités d'ozone partout où il serait possible de le faire. On y avait réussi à l'hôpital de Metz. Pourquoi pas ailleurs, y compris – surtout – à Paris ?

On approchait le million de morts. Les cimetières débordaient. En bien des endroits, les bras manquaient tellement pour creuser les fosses qu'on entassait les cadavres jusque dans les églises où l'encens brûlait nuit et jour pour chasser les miasmes et combattre la propagation des germes. On se demandait où et quand ce choléra finirait de tuer. On priait, on jurait, on crevait de trouille avant de mourir de maladie !

Naviguant sur cette vague tragique, et s'en nourrissant, l'agitation politique redoublait. Des bandes secrètes avaient même tenté, en juin, d'enlever l'empereur tout neuf sur le chemin de l'hippodrome de Saint-Cloud ; elles avaient signé « Les Consuls du Peuple » et « Les Deux-Cents ». Alors le nouveau régime s'était durci.

En Lorraine, les convulsions politiques n'avaient pas interrompu l'ardeur au travail. Parce qu'ils étaient fidèles et loyaux, les gens de l'Est n'avaient pas beaucoup relayé les discours, ambitions, révoltes d'un Paris pris d'ennui dès que privé de tribuns enflammés, de manifestations et de barricades. Peut-être aussi, parce qu'ils se savaient enfants d'un pays devenu français depuis quelques décennies seulement, s'étaient-ils sentis moins concernés. L'humanisme de ses anciens ducs, le respect que ces souverains regrettés, spoliés par une France bourbonienne arrogante et conquérante, vouaient à leur peuple, leur volonté affirmée des siècles durant de permettre à tous d'accéder au mieux-être par le travail et l'instruction, avaient fait de chaque Lorrain une généreuse combinaison d'amoureux de la République et d'admirateur de l'Empire. Engagement personnel au service d'une grande cause fraternelle incarnée par la trinité républicaine et désir d'ordre lié au besoin de vivre et de travailler en paix dans un pays sans cesse traversé par des hordes barbares tombées d'est et d'ouest avaient fait de lui, au-delà de l'attachement, un citoyen français tellement exemplaire que la plus belle place de Paris, la place Royale, avait reçu pour nouveau nom, sur décision du Premier consul, celui de... place des Vosges !

En ces temps troublés, s'il redoutait de nouvelles guerres antirépublicaines fomentées surtout par les féodaux anglais et prussiens, le Lorrain travaillait sans lever le nez, de Metz la fameuse Austrasienne à Neufchâteau la belle Meusienne, et de ses chaumes parcourus par les bœufs sauvages[1] à l'Argonne si funeste au dernier serrurier de Versailles[2].

1. Le nom « Vosges » vient d'un mot celte signifiant « Montagne des bœufs sauvages ».

2. C'est à Varennes-en-Argonne que Louis XVI, après avoir trahi ses promesses de monarchie constitutionnelle, en fuite avec sa famille, a été arrêté, le 21 juin 1791. Cette tentative de « désertion » le condamnait définitivement à la déchéance, puis à la mort.

Sur la rive de la Meurthe, à Baccarat, on travaillait en paix. Les commerçants commerçaient, les artisans artisaient, le maire et son équipe s'occupaient à changer les drapeaux aux frontons officiels à chaque saute de régime, le curé officiait, les verriers façonnaient leurs pièces autour des fours, les graveurs gravaient, les tailleurs taillaient, les employés aux expéditions expédiaient aux quatre coins d'Europe des cristaux d'une pureté et d'une beauté telles que les autres verreries traditionnelles commençaient à regarder Baccarat de travers, à l'envier en secret.

Jeanne et le Déqueugnard s'étaient mariés le samedi 7 décembre 1850, le jour le plus proche de la fête de saint Nicolas, « pour te faire plaisir, à toi, ma Lorraine ! » avait dit le vieux soldat à sa future femme. « Et pour que ton saint patron nous porte bonheur ! » avait-il ajouté en posant un baiser sonore sur son front, avant de conclure d'un « Je t'aime » murmuré que, depuis sa place de dessin sur le papier d'emballage de la compagnie, Florent n'avait pu que deviner.

En plus de soixante ans de vie, l'homme des chevaux n'avait jamais prononcé ces mots, pour personne. « Je t'aime... » Aucune de ses femmes n'y avait eu droit ! Pas plus sa mère que les soubrettes de rencontre dans des auberges de campagne, les cantinières généreuses de leur vin et de leurs charmes, ou des indigènes esseulées de pays traversés par une Grande Armée en marche vers sa gloire républicaine. Aucune !

Avec Jeanne, tout avait basculé d'un coup. Un vrai miracle s'était produit qu'il n'aurait jamais cru possible, lui le gaillard de bivouacs, de nuits en plein ciel, d'affrontements à la baïonnette, d'assauts en ligne au son des fifres et tambourins, de compagnie exclusive des chevaux depuis sa retraite en demi-solde.

Jusque-là, tous ses regards étaient allés vers ses amis de l'écurie, tous ses mots, toutes ses caresses ! Même quand madame Galtier venait faire préparer Ouragan pour aller en balade par le Haut de la Faîte jusqu'à la source de Pierre Fontaine, et que de ses mains en coupe, le nez dans ses senteurs de femme et de mimosa, il prenait son pied et l'aidait à se mettre en selle, que parfois un coup de vent traversant les écuries faisait voltiger l'ample jupe de la cavalière, dévoilant mollet, genou, voire... il ne s'était pas senti troublé ! Mais ce jour-là, dans la cuisine, la tempête s'était levée, soudaine, brutale ; il n'avait rien pu faire pour en contenir les vagues, s'était laissé emporter, avait découvert qu'il pouvait aimer et... le dire !

« Je t'aime... »

Le matin du grand jour, celui de l'échange des anneaux, Jeanne avait arrangé ses cheveux comme jamais, les avait ramenés haut sur la nuque en un chignon bien moulé et lâche à la fois qui lui donnait un air de fausse bourgeoise et de vraie sauvageonne. Celui qui allait devenir son homme aimait ça. Il le lui disait souvent en jouant avec ses mèches un peu folles : « Ma sauvage... ma cantinière. » Ses grosses pattes moulées sur la poignée du sabre et le manche de fourche, ses gestes un peu gauches l'avaient surprise d'abord, des gestes de soldat appris sur tous les fronts, d'autres de palefrenier habitué à manier le buffle rêche des licols, le cuivre patiné des boucleries, les harnais à bricole. Les maladresses parfois brutales du vieux grognard avaient fini par lui faire oublier la délicatesse passée du verrier. Elle y avait même découvert un plaisir dont elle avait confié les restes de culpabilité à la Vierge de la chapelle, qui, à l'évidence, ne s'en était pas offusquée. La vieille complicité sacrée née autrefois de sa prière exaucée et de sa promesse s'était renforcée entre elles, qui lui avait fait accueillir comme un cadeau divin le plaisir partagé. Elle, qui se croyait éteinte à la vie, s'était alors sentie libérée, appelée à un bonheur inconnu, ouverte à toutes les découvertes d'un corps capable désormais de lui révéler la vraie nature de l'esprit.

Depuis ce jour d'octobre 1850, qu'elle n'oublierait jamais, une fébrilité de jeune fille accentuait son désir de l'homme, la poussait dans ses bras, tirait de sa gorge sous la caresse des gémissements qui, autrefois, l'auraient fait rougir de honte. Le mariage avait évacué les rares remords que lui insufflaient de temps en temps les mânes de son mari mort en visites sournoises, toujours nocturnes, jamais paisibles. Le mariage avec monsieur Gustave Torchis, son « Gus » à elle… madame Torchis ! Le mariage…

Ce jour-là, elle avait passé une jupe ample de soie bleu de nuit semée de petites fleurs rouges, rase-terre, dont elle avait protégé le bas en y cousant une balayeuse de poils de chèvre, comme le lui avait appris sa mère. Puis, sur son corsage cintré, elle avait jeté le grand châle quatre-double de cachemire rouge conservé depuis deux générations dans son enveloppe de toile garnie de feuilles de menthe séchées, porté par sa mère, celui-là même qui, selon la tradition, avait couvert le nouveau-né Florent pour son baptême dans la chapelle de la compagnie. Elle l'avait reniflé comme une chatte, y avait reconnu l'odeur de sa famille d'autrefois, du temps de la maison perchée de Deneuvre, mêlée aux parfums d'herbes semés dans ses plis pour en tenir éloignées les mites. Quand il l'avait vue au sortir de sa chambre, parée pour la cérémonie, Florent n'avait pu retenir un « Oh ! » d'admiration qui lui avait gonflé la poitrine de bonheur.

Pourtant, depuis le soir où sa mère lui avait appris sa relation avec le Déqueugnard, et leur intention de se marier, une sourde amertume coulait dans ses veines. Etait-ce parce qu'elle ne lui avait pas demandé son avis (elle lui avait annoncé la chose, le dos tourné, occupée à faire frissoler des lardons sur la cuisinière, puis elle lui avait fait face d'un coup) ? Ou bien à cause de la mémoire encore vive de son père dont elle avait, dès le lendemain de cette étrange soirée, sorti les derniers vêtements de l'armoire pour les donner à des pauvres ? De ce moment, il s'était senti habité d'un douloureux sentiment de double trahison. Vis-à-vis de son père, d'abord, par sa complicité, même involontaire, avec la mère qui allait, sous son propre toit, se donner à un autre homme. Vis-à-vis de lui-même ensuite, de la part de celui qui avait toute sa confiance, son ami des écuries qui allait lui prendre cette femme jusque-là exclusivement sienne. Les repas en tête à tête étaient devenus silencieux, seulement peuplés de brèves aspirations de soupe, et de raclements de fourchette dans l'assiette. Les regards ne s'échangeaient plus ; ils se croisaient, se fuyaient. Quand ils se rencontraient, ils exprimaient à la fois douleur et bonheur. Pourtant, qu'elle était belle, sa mère, plus belle que jamais ! Il l'observait par en dessous, détaillait tous ses gestes, sûrs et aériens, cherchait le moindre de ses sourires, le trouvait toujours, mourait d'envie de lui dire encore, comme autrefois : « Maman... maman... », pour le seul plaisir de l'entendre répondre : « Je suis là ! »

Mais les mots ne passaient plus la muraille de ses lèvres. Pourtant, comme il aurait aimé encore ! Au travail, dans la lumière crue jaillie de l'ouvreau, tandis que le ballet des paraisons se renouvelait sans cesse autour de lui, il se répétait qu'il devrait être heureux qu'elle le fût, que son bonheur à elle serait leur bonheur à trois, qu'une nouvelle vie commençait pour elle et pour eux, dans le respect de la mémoire du père. Il réussissait parfois à s'en convaincre, rentrait en balançant la musette de la Forge qu'il avait faite sienne, suivait du regard l'escadrille de martinets en vol serré autour du château, fredonnait des mélodies tenues bien au chaud dans sa gorge. Mais, dès l'escalier, l'air devenait plus épais, le vol des martinets presque menaçant, le ciel plus lourd.

Deux ou trois fois par semaine, le Déqueugnard venait souper à la maison. Jeanne lui avait attribué la place du bout de table, côté pierre à eau, en face de son fils. Elle posait la soupière, le plat de patates rôties au lard, la quiche et la tarte aux mirabelles du dimanche, le pain et le vin là où, jadis, le père avait son assiette. De l'autre côté du heurchot dont la flamme jouait au feu follet. Comme une offrande à l'absent. Lui, le bravache des écuries, arrivait en tordant sa casquette, tournait un moment dans son sillage à elle, se rapprochait de son « gars », cherchait à se rendre utile, surtout auprès de l'âtre dont il entretenait le feu clair et crépitant. « Savoir faire un bon feu, sans fumée, pour ne pas se faire repérer… c'est la base du métier de soldat, mon gars ! », lançait-il parfois à Florent, dont le regard se perdait dans le rougeoiement des braises. Il avait pris ses aises, sans déranger, simplement.

Voir le Déqueugnard s'installer ainsi dans la famille avait donc troublé Florent, et l'avait réjoui en même temps. Que son ami, le confident de ses peines, le complice d'affection pour les chevaux, devînt, pour les autres, son père de remplacement lui avait perturbé les repères. Pour les autres ! Pas pour lui ! Jamais un homme, quel qu'il fût, palefrenier ou patron de la compagnie ne remplacerait le père, jamais ! Mais qu'on pût le croire lui était insupportable. Il flottait dans un étrange état de nécessaire incarnation de la mémoire de son père, et de joie de voir le regard de sa mère s'éclairer enfin, son pas effleurer les dalles de la cuisine au lieu de s'y traîner, d'entendre sa gorge laisser échapper parfois des bribes de mélodies anciennes qu'il ne connaissait pas.

Il lui fallait se rendre à l'évidence : une autre femme était née, un autre couple s'était formé, une autre famille venait de naître, qui lui faisait encore toute sa place, certes, mais une autre place que celle du fils, une sorte d'étranger en visite permanente, le membre d'une famille proche et lointaine à la fois, un garçon que la vie venait de propulser subitement hors des limbes de l'enfance. Il se rendait compte que, avec une douleur qu'il n'avait jamais laissée paraître et une pointe de fierté, en quelques jours, il était devenu un être destiné à assumer seul son destin, à côté de ceux qu'il aimait, certes, mais seul !

Cette découverte lui avait vrillé les tripes, volé plusieurs nuits d'un bon sommeil nécessaire à la récupération des forces perdues dans l'atelier, et gonflé la poitrine d'une énergie inconnue : il était devenu... un homme !

Cette métamorphose, il l'avait vécue aussi le jour de son arrivée au travail.

Cette fois, il n'était pas resté perché sur la passerelle, à observer de haut les chantiers de la halle. On l'avait jeté dans le feu de l'action, au milieu des dizaines d'ouvriers armés de lances incandescentes qui semblaient ferrailler autour des gueules de pots dans un improbable combat. Le bruit l'avait aussitôt abruti : ronflement rauque du four, rythmé par les claques du fer contre le fer, raclements des brodequins cloutés sur le plancher, gueulée de l'un : « Tu souffles comme dans un cul, nom de Dieu ! », appel de l'autre : « Prends ton mort, bordel… je vais t'attendre longtemps ? », bris de verre, vacheries des anciens entre deux voltiges de paraisons dont le feu lui cuisait les joues au passage : « T'as encore du lait de ta mère derrière les oreilles, le Rouillot, on va te l'enlever ! »

Ils étaient en chemise débraillée, certains le torse nu luisant sur la ceinture de flanelle, dégoulinants de coulasses de suie, l'œil allumé et le geste court. L'air lui brûlait le nez et la gorge, lui déchirait la poitrine, empestait le fer chaud, la sueur, la fumée de bois, la viande grillée. Puis l'heure de la pause avait sonné. Les verriers avaient sorti le quignon de pain, ouvert la gamelle de soupe, présenté la saucisse et la tranche de lard à la gueule du pot au bout d'une tige de ferraille. La graisse grésillait, dégouttait sur le plancher, coulait aux commissures des lèvres ; ils la torchaient d'un revers de main, mordaient comme des sauvages, postillonnaient la bienvenue : « Te v'là, le Rouillot ! On va s'occuper de toi. Tu peux compter sur nous ! » Il y avait eu des rires gras, des quintes de toux, des jurons, des « A la tienne, Etienne ! » jetés en levant le verre de rouge, et un « On chante pas, ici, le Rouillot… on travaille ! ». Florent s'était demandé ce qu'il faisait là, s'il pourrait y rester longtemps, s'il n'allait pas s'enfuir sans demander son reste.

Chanter… La dame en blanc…

Alors, la Grenouille l'avait secoué par les épaules.

« N'écoute pas ces vieux cons, maintenant ! T'auras bien tout le temps de le faire après ! Grandes gueules, mais pas méchants ! »

Puis il avait profité de la courte pause pour faire une présentation sommaire des hommes et des postes de travail, lui mettre la main dans celles de cueilleurs, de carreurs, de souffleurs, de gamins aussi jeunes que lui, certains qu'il connaissait déjà, d'autres qu'il voyait pour la première fois. Il avait fait étaler sur une planche les outils qu'il aurait à manier jusqu'à sa dernière heure d'ouvrier.

« Voilà ! C'est avec ça que tu vas gagner ta vie, comme la Forge l'a fait avant sa putain de maladie, comme tous les verriers le font depuis toujours ! Vas-y, prends-les ! »

Florent avait touché la pince à étirer la jambe du verre, celle à la former avec ses boutons ; il avait pris le compas, en avait suivi la courbe de l'index, puis les ciseaux à lames larges d'une main. Enfin, il avait posé les doigts sur le pontil pour l'assemblage des pièces, empoigné le ferret qui lui permettrait de cueiller le cristal en fusion dans le pot le jour où il en serait jugé digne…

« Cueiller ! J'ai bien dit cueiller, mon Rouillot. Pas cueillir ! »

Le chef de place avait fait son œil noir.

« Ce sont les ânes et les Parisiens qui disent cueillir, pas les verriers ! Que je ne t'entende pas un jour dire comme eux ! Tu sortirais d'ici aussi vite que tu y es entré ! T'aurais plus qu'à aller casser des cailloux pour la Belle Mendiante ! »

« Casser des cailloux pour la Belle Mendiante » ! Le sang de Florent n'avait fait qu'un tour. Jamais il n'irait travailler sur ce chantier ! D'abord parce qu'il avait promis à son père qu'il serait verrier, et qu'il tiendrait sa promesse coûte que coûte ! Ensuite parce qu'il avait un faible, lui, pour l'église de Deneuvre, celle de sa mère, avec son Christ martyr, ses fonts baptismaux dans leur chapelle rose semée de croix de Lorraine, la tribune *Laudate Dominum in organo*, son refuge du fameux lendemain de Noël ! Alors que l'autre, l'église en construction sur la rive de la Meurthe, ne représentait rien pour lui. Décidés à construire leur église mais n'ayant pas le premier franc nécessaire à un chantier d'une telle importance, les Bachamois[1] avaient lancé une souscription que les perchés Danubriens[2] avaient raillée, accusant leurs voisins d'avoir fait la manche comme des romanichels pour se payer un autel, allant jusqu'à baptiser la future et espérée église « Belle Mendiante ». Aller casser les cailloux sur le chantier de la Belle Mendiante… Jamais !

Puis la Grenouille lui avait montré la canne du souffleur.

« Tu la vois, celle-là, ce sera ton bâton de maréchal ! Faut le mériter, mon Rouillot ! C'est pas pour demain ! Mais si tu t'y mets bien, comme ton père voilà longtemps, alors tu l'auras ce bâton ! Oui, tu l'auras ! »

Il lui avait posé la main sur l'épaule, l'avait regardé dans le blanc des yeux.

« Mais avant, tu vas en baver… crois-moi ! C'est un beau métier, pour sûr ! Mais il va t'entrer dans le corps par tous les bouts ! Il va te prendre à la gorge, te brûler les yeux, te griller la peau, rouler du sable sous ta dent, et te chauffer le nez comme avec des vapeurs de vitriol !

1. Habitants de Baccarat.
2. Habitants de Deneuvre.

Il va te mettre à genoux de fatigue, te rendre malade peut-être, te détourner de tous les plaisirs des manœuvres ordinaires, sauf les quilles et la pêche sur les bords de la Meurthe, mais alors… ce qu'il va te donner… ce qu'il va te donner ! »

La Grenouille avait cherché ses mots, ne les avait pas trouvés.

« Les autres ne peuvent pas savoir ! On ne peut pas dire, non plus ! La lumière, dans de la terre mélangée avec du plomb ! Tu te rends compte ? La lumière ! Et puis le chant du cristal ! Tu as déjà entendu le chant du cristal ? »

Florent avait fait « oui » de la tête.

« C'est bien toi qui as chanté, à la messe de minuit, voilà un bail ? Hein… c'est bien toi ? »

Florent avait sursauté.

« C'est moi ! Pourquoi ? »

L'autre avait hoché la tête.

« Comme ça… comme ça ! »

Il avait balayé d'un geste large les outils étalés devant eux.

« Il va te falloir en fabriquer quelques-uns ! Tu vois, ceux-là… »

Il lui avait montré des plaques de bois assemblées par des lanières de cuir et revêtues de carton.

« Les palettes ! C'est pour former les pieds de verre. Le moment venu, on te donnera le matériel, et tu les feras toi-même, comme tu le veux, pour qu'elles soient bien dans ta main, que tu les sentes bien quand le cristal se forme dedans ! Tu vois ce que je veux te dire ? »

Florent avait vu, par le geste du chef de place qui accompagnait le discours, et par ceux des verriers qu'il avait observés à leur banc.

« Mais t'en es pas là ! Pour l'heure, tu vas filer dans le bois du Fouy ou sur les Bingottes pour te tailler des fourches, de bonnes fourches de charmille et de cornouiller qui te serviront à porter les pièces à l'arche de recuisson. Obligatoire, mon Rouillot ! Parce que, si on ne fait pas redescendre lentement la température du cristal après qu'il est devenu verre, ou vase, ou tulipe de lustre, il explose, mon Rouillot. Il explose ! C'est dans l'arche que ça se passe. Tu l'entres à mille degrés, et il ressort à la température de la halle. Alors, seulement, il devient éternel, sauf si un imbécile le casse ! Et c'est toi qui vas le porter à l'arche, avec les autres gamins du bas de l'échelle. C'est pour ça qu'il te faut de bonnes fourches de charmille ou de cornouiller. Comme celles-là, tu vois, fines, droite, souples et bien solides ! Allez, file, mon Rouillot ! File ! On reconnaît déjà un bon verrier à ses outils ! File ! »

Il avait filé.

La Grenouille l'avait rappelé juste comme il arrivait au bas du grand escalier. Florent était remonté en traînant la patte. L'autre l'attendait en haut, cramponné à la rampe. Il était pâle.

« Je voulais te dire, le Rouillot… te dire… »

Il regardait en bas le corridor, en haut les poutrelles de fer de la charpente, partout où le garçon n'était pas.

« … te dire, le Rouillot… Quand t'as chanté, à la Noël… bon Dieu… tu m'as fait chialer… bon Dieu ! Oui… chialer ! »

Il avait reniflé un grand coup.

« Allez, fous-moi le camp maintenant ! Fous-moi le camp ! »

Dans le bois du Fouy il avait trouvé de la belle charmille dont il avait fait des fourches comme celles vues à l'atelier. Puis il avait poussé jusqu'aux Bingottes. Là, il avait taillé du bois bien dur de cornouiller qui ferait de beaux outils qui dureraient bien tout le temps de son apprentissage. A grands coups de canif, il avait fait voler des lambeaux d'écorce en mâchant les mots de la Grenouille. « Tu m'as fait chialer ! » Puis, avant de redescendre par l'étroit vallon de la source des Petits Oiseaux, n'en pouvant plus, il s'était affalé sur une souche, y avait pleuré toutes les larmes de son corps.

Le chant du cristal !

— Vous êtes sûrs ! Pas de malades chez vous, les gars ? Parce que les commandes qu'on a peuvent pas attendre ! Si c'est pas nous qui les faisons, ce sera les autres ! Les Gratzen[1] n'attendent que ça, même si leur boulot n'est pas si bon que le nôtre ! Alors si quelqu'un se sent pas bien ou a des poires blettes dans sa famille, qu'il rentre chez lui ! C'est pas le moment de refiler la vérole à tout le monde ! Compris ?

Ils comprenaient ! Jusque-là, au pays, personne n'était malade.

On ne comptait plus les morts en Normandie, dans le Nord, même à Paris. Quelques cas étaient signalés à Nancy, à une quinzaine de lieues tout au plus. Mais, dans la haute vallée de la Meurthe, on était encore préservés. Peut-être l'air y était-il plus frais, les eaux plus pures, les gens moins voyageurs, les saints plus efficaces. Car on priait, on brûlait des cierges, de l'encens de Palestine et des herbes, en se demandant lequel serait le plus efficace ; à genoux dans la chapelle, dans la fière à bulbe de la butte de Deneuvre, jusque sur le

1. Cristallerie de Bohême, l'une des concurrentes de Baccarat.

chantier de la Belle Mendiante, à la suite des matines et des laudes, on récitait les Sept Psaumes de la Pénitence : « *Domine, noli me arguere in ira tua, nec me corripere in furore tuo*[1]... »

Florent allait passer une nouvelle journée de « deuxième gamin » à cueillir au ferret le cristal en fusion, le porter au premier souffleur qui poserait le pied du verre.

En quelques mois, il avait subi toutes les épreuves des premiers grades sans le moindre problème, ni aucun accident. De ses postures de soumission à hauteur des galoches du carreur sur la trappe où se dissimulait le moule qu'il fermait à deux mains sur la paraison et ne rouvrait qu'au coup de pied qui servait de signal, au maniement du ferret dans la gueule du pot pour prendre la juste quantité de verre nécessaire à la pose de la jambe et du pied, il avait bien réussi.

On lui avait appris à entrer dans le ballet du four sans gêner les autres, à en sortir avec sa boule de cristal à plus de mille degrés au bout du ferret, « toujours à droite ! Tout le monde sort toujours à droite pour ne pas brûler les copains ! », à apprécier la juste quantité de matière en faisant tourner l'outil dans ses doigts et comptant, à voix basse, « ... quatre, cinq, six », le nombre de tours servant de repère si l'œil n'était pas assez fiable. On lui avait appris aussi, pour servir correctement le chef de place en fonction de ses habitudes de travail et de sa perception de la matière – certains préféraient la travailler très souple, d'autres plus onctueuse –, à repérer la température du cristal à sa couleur : très blanc, il était à près de mille trois cents degrés, très

1. « Seigneur, dans ta colère ne me châtie pas, dans ta fureur ne me corrige pas... »

liquide… orangé, il était à moins de mille deux cents, à consistance de crème. Il savait maintenant évaluer sur le dessin de la pièce, d'un coup d'œil, la juste mesure de matière, la cueiller dans le pot sans avoir besoin de compter le nombre de tours d'outil, sortir par la droite de la zone dangereuse, la porter au banc du verrier sans en faire tomber une goutte sur le plancher à cause des risques d'incendie, en tournant toujours le ferret dans ses doigts. Il était capable maintenant de la présenter en hauteur, sans trembler, au premier souffleur, qui la collait sur la paraison, la coupait d'un coup de ciseaux, étirait sa jambe à la pince. Tous ces gestes étaient devenus précis et si automatiques qu'au lieu de compter le nombre de tours de ferret devant la gueule béante du pot il chantonnait les airs d'autrefois. Le chef de place le savait bien, qui voyait ses lèvres bouger, son œil s'allumer autrement que de la lumière crue du cristal en fusion, lui adressait un sourire complice avant de lui lancer : « Alors, c'est pour aujourd'hui ou pour demain ? J'attends, le Rouillot… j'attends ! »

On commençait à monter les baraques sur la place, de l'autre côté du pont. Les balançoires rouges et blanches pendaient déjà à leur portique, le chamboule-tout avait tendu ses bâches, les chevaux de bois ne tarderaient pas à caracoler pour la fête patronale. Florent avait vu tout ce chantier, à côté de celui de la Belle Mendiante, l'autre soir, en grimpant vers Deneuvre. Il y allait de temps en temps, à la tombée de la nuit, quand il savait tout le monde à table, ou dans les jardins, entrait furtivement dans l'église, se glissait derrière le maître-autel, sous la peinture représentant le baptême de Clovis par saint Rémy, laissait sa gorge vibrer de ses mélodies secrètes.

Und wenn sie tät die Auglein zu
Und schläft in süßer, süßer Ruh...

— Tiens, aujourd'hui, tu vas prendre ça !

Moustache frémissante, la Grenouille lui tendait une canne... La canne de verrier ! Pas le ferret qu'il maniait depuis si longtemps déjà, cette barre de fer plein, ce mort sans souffle, cet outil de « gamin » ! LA canne... le bâton de maréchal !

Pâle, l'œil brillant, le maître portait un bourgeron propre, comme pour un grand moment. Il tremblait un peu, paraissait presque plus ému que l'apprenti.

Autour d'eux, les douze gars du chantier, les gamins qui resteraient, eux, aux pieds du verrier, à ouvrir et fermer le moule au coup de galoche sur le plancher, les autres qui portaient le cristal à l'arche, les souffleurs, premier et deuxième, le carreur au crâne rond sous la casquette qu'il quitterait bientôt, pour le travail, à cause de la chaleur...

— Aujourd'hui, tu commences avec ça ! On va t'apprendre à souffler, mon Rouillot ! C'est ça, le vrai travail du verrier. Avant, c'était de la rigolade ! Maintenant, c'est du sérieux ! Prends ça !

Il prit.

Il allait apprendre.

Le soir, en arrivant à la maison, il trouva une lettre de Regina. C'est le palefrenier, le « Gus » de sa mère, qui la lui tendit.

— Tiens, mon gars ! C'est pour toi.

Il avait l'air fier de lui tendre le papier couleur ivoire au timbre de Saxe. Deux pas derrière, un peu amaigrie par la fatigue du travail aux ateliers à froid, plus belle que jamais, la mère les observait de son œil bleu transparent, un sourire amusé au coin des lèvres. On lui aurait donné dix ans de moins.

— « Je sais l'arrivée des colchiques dans vos prairies de Lorraine, et le départ prochain des hirondelles. Je sais aussi les couleurs que prendront bientôt sous le couchant les crêtes du bois de Glonville, derrière les toits de Deneuvre, et celles, plus rouge et or encore, du Grammont, sur le Chenesé, et plus loin sur la Grande Voivre. Voyez, cher Florent, je n'ai pas oublié les couleurs de votre pays ! Je n'ai pas oublié, non plus… »

Florent marqua un temps d'arrêt. Il aimait leur faire cette lecture, qu'ils semblaient apprécier. Le Dequeugnard surtout, assis à l'autre bout de la table, juste en face, bras croisés sur sa blaude à la manière d'un écolier modèle. Il reprit, plus faiblement :

— « Je n'ai pas oublié, non plus, votre voix ! Quand les jours me paraissent trop longs, la solitude trop lourde, l'isolement trop pesant, je la fais remonter de ma mémoire, je vais la chercher dans les images qui me restent de mon séjour là-bas, et je l'entends comme si vous étiez à côté de moi. Je l'entends, mon cher Florent, je vous entends ! Avec Jean-Sébastien Bach, Beethoven et Goethe, vous me tenez compagnie durant les longues absences de monsieur Galtier, toujours occupé par son travail en Bohême. Je vous entends ! »

La miche calée sur la poitrine, Jeanne tranchait le pain pour le souper. Gus attisait les braises de l'âtre. Malgré le soleil de la journée, une bise sifflante tombée du nord sur les coups de midi avait rendu les airs glacés.

— Je remets une bûche… dit-il.

— Oui, fais… répondit une mère lointaine. Un peu de chaleur nous fera du bien.

— Il gèlerait demain matin que j'en serais pas surpris ! conclut Gus en jetant une belle cuisse de hêtre dans le foyer.

A peine audible, Florent poursuivait la lecture de sa lettre. Il marmonnait entre ses dents, ne haussa le ton que sur la fin :

— « Comment vont mon bel Ouragan et son soigneur ? Faites une belle caresse au premier, plusieurs même, et dites au second toutes les bonnes pensées que j'ai toujours pour lui, bien qu'il soit venu faire la guerre dans mon pays. Mais c'était en d'autres temps ! Je compte sur vous, n'est-ce pas, comme je compte sur vous pour embrasser votre mère de ma part, si elle le permet. Ecrivez-moi. Je vous lirai avec bonheur. Et n'oubliez jamais que "chanter, c'est prier deux fois !". Regina. »

Etranger aux réactions du palefrenier et de sa mère, Florent replia le papier, le glissa dans sa poche, se jurant bien que le lendemain, dès son retour de l'atelier, il irait aux écuries, parler de son ancienne cavalière à Ouragan, et donner de bonnes caresses à son ami Iris des Ténèbres.

La mère avait servi à ses hommes deux grosses pauches de soupe à bouquet d'herbes et de poireau. Dans la cuisine, on respirait maintenant le bois de la forêt et les senteurs du jardin.

— J'y serai ! Même si tu rentres tard du travail, je t'y attendrai... souffla Gus.

Comment avait-il deviné ?

11

Août 1860

Le curé avait saisi l'occasion du formidable élan suscité dans les familles de fidèles par l'achèvement des travaux de la Belle Mendiante et sa consécration, quelques mois plus tôt, par les évêques de Nancy et de Saint-Dié, pour regonfler ses troupes. Très remontés depuis l'affaire du schisme de Sion[1], qui avait profondément déchiré l'Eglise quelques années plus tôt, les deux princes mitrés avaient fait de cette cérémonie un moment fort de rassemblement du troupeau de fidèles autour de leurs pasteurs. Ils étaient d'autant plus vindicatifs que la politique extérieure de l'empire avait fait de l'Italie le nouveau champ de bataille de l'Europe. Elle menaçait maintenant les Etats pontificaux.

On sortait tout juste des terribles boucheries de Magenta et Solferino fatales aux Autrichiens, heureuses pour la France, que le traité de Turin venait d'agrandir

1. L'histoire tragique de trois prêtres victimes des convulsions politiques et religieuses du moment, les frères Baillard, à l'origine du roman *La Colline inspirée*, de Maurice Barrès, et du film *Les Chardons de la colline*, écrit par l'auteur et réalisé par Edouard Logereau (avec Bernadette Le Saché, Claude Brosset, Jacques Campain), FR3, 1983.

de deux territoires considérés alors comme stratégiques : la Savoie et Nice.

Tandis que dans le chœur, favorable aux idées sociales de l'Empereur, monseigneur Menjaud semblait s'être abîmé dans une profonde méditation, du haut de la chaire toute neuve, sous les ailes largement déployées d'un saint-esprit planant, l'évêque de Saint-Dié avait jugé utile et nécessaire de lire quelques passages de la *Lettre à un catholique* publiée par son confrère missionnaire et militant politique monseigneur Dupanloup, en réponse à la brochure *Le Pape et le Congrès*[1], qui, pour le parti impérial, contestait le pouvoir temporel du souverain pontife. « L'Europe doit au Saint-Siège sa civilisation, une partie de ses meilleures lois, et presque toutes ses sciences et ses arts... » avait-il martelé sur la tête de fidèles impressionnés par ses envolées de manches. A la brochure qui dénonçait l'immobilité passive de Rome devant les grands changements sociaux du moment, d'une voix forte mâtinée d'onction ecclésiastique, il avait répondu par la plume de l'évêque d'Orléans : « Il y a aussi la glorieuse immobilité du soleil, fixe au centre du monde, qui anime tout, qui éclaire tout, et autour duquel s'accomplissent tous les mouvements les plus splendides, autour duquel le monde marche sans que la lumière reste jamais en arrière, quoi que vous en disiez : voilà l'image du catholicisme[2]. » L'assemblée en avait été éblouie, aussi bien les Bachamois, fiers d'avoir réussi à construire leur

1. Brochure anonyme, attribuée au vicomte Arthur de La Guéronnière (1816-1875), conseiller d'Etat, sénateur, mais dont l'auteur réel serait Napoléon III (éd. Dentu et Firmin Didot, Paris 1859).

2. *Lettre à un catholique,* monseigneur Félix Dupanloup, évêque d'Orléans, Douniol et Lecoffre, Paris 1859.

Belle Mendiante malgré les bâtons lancés dans leurs roues par les irascibles voisins perchés, que les Danubriens, agacés d'une telle effervescence des bords de Meurthe, mais touchés par la remarquable élévation des lieux. Si, selon le père Dupanloup, le soleil de l'Eglise rayonnait partout sur le monde, la légèreté de la pierre dressée à Baccarat par des architectes inspirés offrait aux fidèles toute la lumière du ciel dont, sur l'autre rive de la rivière, les verriers habillaient leurs cristaux.

Mais là-bas, dans les ateliers comme au château, on avait souffert. La rigueur d'hiver avait déclenché les hostilités. Il avait neigé d'abondance jusqu'aux portes du printemps, alors que, succédant à des pluies torrentielles, les premières chutes avaient blanchi le pays dès le début novembre. Le 8 mars, dans une nuit finissante glaciale, les naseaux fusant de puissants jets de vapeur bleue, le Déqueugnard avait dû pelleter sur l'escalier puis dans le chemin pour dégager le passage vers les ateliers. Il était rentré, échevelé par une bise furieuse, crotté de glace jusqu'à la ceinture, bleu de froid.

A cause de ce temps, le prix du bois de chauffage pour les fours avait grimpé au-delà du raisonnable, forçant la compagnie à pratiquer des prix d'objets finis bien plus élevés que ceux de sa rivale Vallerysthal. On avait été obligés de renégocier l'approvisionnement avec monsieur Seillière, maire de Senones, venu en visite de voisinage et de fournisseur. La bienveillance de ce notable du massif avait abouti à un accord suivi d'une reprise du flottage. Toutefois, pour éviter une possible future situation de blocage des ateliers due à cette dépendance, on s'était tournés vers la houille.

Mais la mise au point de ce mode de chauffage des fours avait posé bien des problèmes pas encore résolus, et la qualité des verres s'en était ressentie. On bataillait sur tous les fronts, technique, commercial, social.

Pour ajouter à ce climat d'épreuves constantes, les emballeurs s'étaient mis en grève. Ils avaient repoussé les rames de papier marron, replié les cartons, posé les marteaux sur les caisses vides, croisé les bras à leur poste de travail où des montagnes de verres, carafes et vases éclatants s'étaient bientôt accumulées, au point que la direction avait renvoyé les plus fortes têtes. Mais ses tentatives pour les remplacer par des emballeurs venus des faïenceries voisines, comme de Rambervillers en faillite[1], avaient tourné court. Affaibli par le choc de la mort de son frère à Autun, puis par une grave maladie de langueur qui avait saisi sa mère, monsieur de Fontenay avait négocié de délicates conditions de reprise du travail, avec réintégration des meneurs accompagnée de sanctions compatibles avec leur situation familiale et la bonne marche des ateliers. Tous s'étaient donc remis à emballer les pièces avec une ardeur qui avait permis de faire fondre les conséquences du retard pris dans les expéditions. Mais un mal important avait été fait, qui ne serait guéri que par une stratégie de qualité plus rigoureuse encore.

Alors que les concurrents se laissaient aller parfois à mettre sur le marché des produits irréguliers ou à petits défauts, Fontenay avait donné l'ordre de n'expédier aux clients que des pièces parfaites. Le rôle des choisisseuses de bout de chaîne, ces femmes à l'œil impitoyable chargées de déceler la paille, la rayure dans le

1. Du même auteur, dans la même collection, *Le Loup de Métendal.*

cristal, ou le centrage imprécis d'une jambe, y avait gagné en prestige dans l'entreprise, et en animosité chez les verriers, tailleurs et graveurs, dont la production était impitoyablement cassée à la moindre imperfection. Tous les regardaient de travers. Pour une fois, l'union des travailleurs à chaud et à froid s'était réalisée, mais, encore et toujours, sur le dos des... femmes !

Les efforts avaient payé, mais la situation était restée difficile. Passage à la houille pour le chauffage des fours, au lieu du bois qu'il fallait faire venir d'endroits toujours plus éloignés, expérimentation des moules de fonte qui remplaceraient les moules en bois, exigence draconienne de qualité... tous ces changements avaient perturbé les habitudes et modifié les comportements de la matière sous les yeux et les doigts des verriers. Rangés en couronne autour du four, les pots, ces énormes creusets de terre réfractaire où se produisait le miraculeux mariage du sable, de la potasse, du minium et du groisil, avaient mal réagi, eux aussi, à la nouvelle nature de chauffe. Ils avaient fendu, les uns après les autres. On avait dû les remplacer dans des conditions de travail infernales. Lentement chauffé à blanc plusieurs jours durant pour ne pas éclater au contact brutal du feu central, chargé sur un fardier à grosses roues, poussé vers les portes de l'enfer par des hommes bardés de cuir, derrière de dérisoires écrans de ferraille, le pot prenait lentement sa place dans la ronde de tous les autres pots gorgés de cristal en fusion où les gamins continuaient à cueiller. Le feu ronflait comme un sauvage, projetait dans toute la halle des éclairs terribles, brûlait les mains, la panse et les yeux des hommes à la manœuvre. On poussait, on jurait, on tirait, on ajustait la trajectoire du fardier, on gueulait qu'il fallait aller

« plus à main droite, nom de Dieu ! » ou retenir la masse, « bordel de merde ! », on pleurait des larmes brûlantes, on transpirait « comme des vaches », on faisait un boulot « que même des bêtes ne voudraient pas faire ».

Du plus près qu'il avait pu, repoussé sans ménagement, à cause des risques, par des hommes au visage ravagé de coulasses noirâtres, monsieur de Fontenay avait assisté à plusieurs de ces opérations périlleuses. Il en avait nourri une admiration toujours plus grande pour ses ouvriers, dont l'engagement et le sens du travail bien fait produisaient toujours chez lui une profonde émotion. Il en avait les larmes aux yeux, pas de chaleur du four, mais de chaleur du cœur ! Dans une lettre datée du 23 août à l'un de ses correspondants industriels, il avait écrit, à propos de ses ouvriers : « Ce sont des hommes qui partagent réellement et sincèrement les peines comme les joies de leurs patrons. » Il les respectait. En retour, tous le respectaient. A sa juste place, chacun avait bien conscience de faire un métier hors du commun, de participer à une œuvre collective, de créer des objets issus d'une terre transmutée par le feu, travaillée par leurs mains, éveillée par leur souffle, des objets... sources de lumière ! Tous souffraient mais, pour en vivre chaque jour la douleur initiatique, chacun connaissait le sien privilège qui avait valu à ses ancêtres l'octroi par le duc de Lorraine du titre de « gentilhomme », et l'autorisation de porter l'épée... comme un chevalier !

Florent maîtrisait, maintenant, le soufflage du verre. Il était devenu carreur. Ses lettres de noblesse lui avaient coûté sang et eau. Des heures, des jours, des mois durant, il avait appris à façonner la boule de verre en fusion à l'aide de la mailloche, à la préformer, lui donner l'allure grossière de ce qu'elle allait devoir devenir sous son souffle, juste ce qu'il fallait, pas davantage, le temps d'un éclair pour qu'elle n'ait pas le temps de trop refroidir.

Puis il avait dû enregistrer le bon pas pour monter sur l'escabeau qui domine la trappe où l'attendait le moule ouvert par le gamin, sans perdre de vue sa paraison prise de convulsions à chaque mouvement au bout de sa canne.

Il lui avait fallu ensuite trouver la bonne position, ni trop raide, ni trop relâché, qui permet de voir le moule, d'avoir l'aisance, la juste amplitude des bras nécessaires à la bonne présentation du cristal au bois ruisselant d'eau.

Une éternité durant, le chef de place l'avait suivi comme un roquet, épiant le moindre de ses gestes, le secouant d'un grognement quand il le voyait dériver de fatigue, d'un ordre sec comme un coup de trique. Parfois, il lui avait empoigné les fesses à la brutale pour le redresser, lui imposer la bonne posture, mettre son œil en ligne dans le prolongement du moule, de la canne, de sa bouche sur le fer luisant.

Enfin, il avait appris à donner son souffle à la matière, à lui offrir la vie qui circulait dans sa poitrine, à lui confier son âme. C'est là qu'il avait le plus souffert ! D'abord, le cristal avait résisté, refusé de s'ouvrir, s'était opposé à cette intrusion d'air dans ses entrailles. Alors l'homme avait dû le forcer, comprimer ses poumons, durcir les joues, pénétrer ce ventre brûlant. Mais il lui avait fallu garder la maîtrise de cette force, laisser le temps au désir de faire son chemin dans le fer d'abord, puis dans la terre incandescente, jusqu'à obtenir son consentement. Alors le plaisir avait surgi, tel qu'il était devenu urgent de retenir le souffle, de le contenir, de l'apaiser pour que pût être atteinte l'harmonie, seule source de perfection. Au coup de brodequin sur l'escabeau, le gamin refermait les deux mâchoires du moule trempé. Alors, une vapeur chuintante se formait entre le bois et le cristal. Souffler trop vite et trop fort à ce moment-là l'aurait empêchée de s'échapper. De colère, elle aurait bloqué l'opération. Interdite de rotation, la paraison se serait alors habillée de tous les défauts du moule et aurait porté les stigmates de l'erreur de l'homme : la trace des charnières, impossible à effacer. Tout aurait été perdu ! Le chef de place gueulait : « Tu souffles là-dedans comme dans un cul ! », évacuait l'apprenti d'un coup d'épaule, lui arrachait la canne des mains, fonçait au pot cueiller une nouvelle paraison, revenait au moule : « Regarde, nom de Dieu ! Regarde bien et prends-en de la graine ! Je t'ai déjà montré, tête de lard... » Les doigts donnant au fer le rythme de rotation idéal, d'une régularité d'horloge, l'œil fixé sur le moule, d'un calme surprenant après le coup de colère, il soufflait à son tour, donnait le coup de talon, retirait la pièce d'un tendre rouge orangé, la présentait à Florent... « Voilà, mon Rouillot ! Voilà l'affaire ! »

A leurs pieds, le gamin se tassait sur la trappe, jouait à ouvrir, refermer le moule, jouait surtout à se faire oublier, pour échapper au mouvement de fureur du maître. Mais il n'en perdait pas une miette, rangeait dans sa tête tous les mots qu'il aurait bientôt, lui aussi, à transformer en gestes professionnels précis.

Florent avait souvent rentré la tête dans les épaules. Il avait laissé passer tous les orages, mimé en écoutant le chef la course des doigts sur la canne, le mouvement souple d'accompagnement des bras et des mains, gonflé sa poitrine et soufflé dans une canne virtuelle au même rythme, avec la même intensité, et dans la même posture que le vieux verrier. Puis il avait donné pour de vrai le petit coup de souffle fort, ouvert la paraison, soufflé encore, très régulier, ni trop lent pour que la matière n'ait pas le temps de refroidir, ni trop rapide pour permettre à la vapeur de s'échapper, et toujours en tournant la canne d'un mouvement régulier !

Il avait gardé de ce temps-là des souvenirs mêlés de souffrance et de plaisir intense. La première fois qu'il avait sorti une paraison de verre idéale, superbe, prête à recevoir, au banc, la jambe, puis le pied, il en avait ressenti une joie presque comparable à celle qui l'avait transporté la première fois qu'il avait entendu sa voix dans la chapelle. Presque aussi intense !

Le soir même de ce jour de premier souffle, il était allé aux pieds de la Vierge. Après s'être assuré que personne ne traînait dans les parages, il avait fermé les yeux, laissé monter en lui le besoin de sentir vibrer sa gorge, de laisser éclore sous ses paupières fermées la lumière entrevue le soir de Noël, des années plus tôt, la même que celle qui lui grillait les yeux chaque jour devant la gueule du pot, la même, mais... tellement différente ! « Mon âme magnifie Dieu, mon sauveur... » Il l'avait ainsi remerciée de lui avoir confié le don !

Quand il avait ouvert les yeux, il avait cru lire un sourire sur le visage de la Vierge. « La fatigue... avait-il dit tout haut. Ma fatigue du cristal, je vous l'offre, ma Dame ! »

Puis il avait vu apparaître, sur les épaules de la Vierge, sous ses voiles bleu et or... les traits de l'autre dame... Regina ! Alors il s'était assis au premier rang, l'avait longuement contemplée, lui avait même parlé, raconté se souffrances de jeune verrier, et décrit cette paraison si belle qu'il avait eu du mal à trouver ses mots. « Comme les autres, celle-là, vous savez, comme les autres ! Mais elle avait quand même quelque chose de plus… comment vous dire ? » A plat sur ses cuisses, les mains lui faisaient mal. Elles portaient des traces de brûlures anciennes, et les marques de l'outil. Ses longs doigts, d'une finesse d'artiste, accompagnaient ses mots de légers envols, épousaient des formes que lui seul voyait dans sa tête, et… Elle ! Il en était sûr. « C'est… comment vous dire ? J'ai su, tout à l'heure, que ce que je venais de faire était bien, qu'elle était plus belle que les autres, cette paraison, plus belle ! Pourtant… » Il s'était tu. Les yeux fermés, il avait respiré les queues d'encens d'un reste d'office et des parfums d'œillet qui sentaient… la mort. Il en avait été surpris, avait pensé à son père, l'avait entendu : « Promets… mon garçon… tu… seras… verrier ! » Pourquoi l'œillet, et la mort ? Il avait rouvert les yeux, avait dit, à voix haute : « Je suis verrier, père ! Je suis verrier ! » Le « père… » lui était venu tout naturellement. C'était la première fois ! Il s'en était étonné. Jusque-là, il lui avait donné du « papa », comme tous les enfants du peuple. Avait-il voulu prendre des distances, donner davantage de solennité à ce moment, lui montrer à son insu la blessure toujours vive de l'orange dans le feu de Noël ? Il n'en savait rien, n'avait pas cherché à creuser davantage le mystère de ce « père… » qui, en somme, lui convenait bien. « C'est ainsi ! » avait-il soupiré en regardant ses mains.

Singen Sie, mein Kind : das Licht ist in Ihrer Kehle !

La voix de la dame, sur le mystérieux sourire de la Vierge… Alors, il avait chanté, pour elle, rien que pour elle !

Ist das denn meine Straße ? O Bächlein, sprich, wohin ?

Il avait chanté pour elle seule, mais avec l'espoir secret que, là où il était, son père l'entendrait.

Ist das denn meine Straße ?

A son retour à la maison, il avait trouvé sur son lit Totor, son chat noir à chaussettes blanches. Mort.

Jeanne ne s'était aperçue de rien. Elle l'avait encore vu, le matin, tourner autour de sa gamelle. Lui avait encore donné un petit bout de beurre avant de partir. Il s'en était longuement léché les babines en clignant de l'œil.

Florent l'avait pris dans ses bras, avait fourré son nez dans la bonne odeur de fourrure, lui avait fredonné un doux chant... son dernier chant d'enfance.

Durant ses moments de bousillage, de « broye », Florent s'était mis à créer des formes nouvelles de cristal soufflé puis étiré. Il prenait certes du plaisir à travailler sur des gobelets qui sortiraient des ateliers à froid décorés de vagues élégantes, sur des flacons de cheminée en verre agate ou en cristal opaque à la douceur laiteuse, ou sur des séries de verres Harcourt qui finiraient à la table des couronnés du monde, mais il avait besoin de laisser libre cours à son imagination. Ces moments de liberté dans la halle, à la gueule du four, dissolvaient par étrange magie toutes les fatigues de la journée. Il les attendait avec impatience, les prolongeait autant qu'il le pouvait, jusqu'au moment où les manœuvres arrivaient pour recharger les pots, à la nuit tombante. Il lui arrivait de retarder ainsi de deux heures, trois heures parfois, le retour à la maison, et les retrouvailles avec la mère et son Gus, que le mariage avait ravigoté comme un jeune homme. Il aimait toujours très fort l'un et l'autre, séparément, se sentait bien avec sa mère en tête à tête, ou avec le Déqueugnard aux écuries, quand il allait donner un baiser à Iris des Ténèbres et donner des nouvelles de son ancienne cavalière à Ouragan.

Mais leur couple avait, pour lui et en lui, quelque chose de sacrilège que malgré tous ses efforts il n'avait jamais pu admettre. Il aurait pourtant tellement aimé pouvoir partager leur bonheur ! Jeanne en souffrait en silence ; le palefrenier en avait douloureusement fait son quotidien. Les soirées à la maison avaient peu à peu pris l'épaisseur d'un brouillard d'automne dans la descente du champ Fieutat, qui égarait tous les marcheurs aux confins de Badménil, pourtant si proche.

La cloche de fin de poste sonnait. Alors, d'un clin d'œil, Florent prévenait le Riflard que l'heure était venue de s'y mettre. Ils finissaient les tâches du jour, remettaient de l'ordre, chacun dans son chantier, se rejoignaient à la place de l'un ou de l'autre, cueillaient, soufflaient, travaillaient aux pinces la matière que nul plan technique coté et paraphé ne prédestinait encore.

Le Riflard ! Le meilleur complice de Florent. Celui que certains avaient baptisé « le jumeau du Rouillot » tellement, à force de se fréquenter, les deux gaillards avaient fini par se ressembler ! Même taille, même allure, mêmes gestes élégants et précis, même passion pour le travail, même effacement vis-à-vis de tous, y compris de ceux que la jalousie excitait parfois jusqu'à les brocarder sans raison. Seule différence : le Riflard était aussi blond que Florent était roux. Si blond qu'on ne lui voyait ni les cils, ni les sourcils, ni la délicate lisière des cheveux sur l'horizon transparent de ses yeux bleus. Seule la moustache se remarquait vraiment dans ce visage, que l'abus de tabac avait teintée du côté gauche d'un châtain roussâtre peu ragoûtant soigneusement entretenu par un éternel mégot. Son regard jouait en permanence sur les lieux et les autres, prenait les teintes changeantes de la mer du Nord dont il parlait comme s'il l'avait toujours connue dans une vie de marin. « Son gris-vert, sur le soir, à l'heure des rencontres animales, vaut bien tous les sourires de femme de la terre ! disait mon père », lâchait-il en regardant la lumière laiteuse filtrée par les verrières de la halle. Dans ces moments-là, les seuls d'allusion à ce père mort trop tôt – « On meurt toujours trop tôt... chuintait-il pour conclure. Sauf les salauds ! Ceux-là, ils durent, nom de Dieu ! » –, il devenait presque transparent, aérien, fragile comme le cristal sorti de ses doigts longs et effilés, aux ongles courbés en griffes de chat. Un poète... un poète ! ne pouvait s'empêcher de penser Florent en se souvenant des anciens dont l'école lui avait fait apprendre les vers. « France, mère des arts, des armes et des lois, / Tu m'as nourri longtemps du lait...[1] » lui revenait en mémoire, bousculait l'image de son propre père lui faisant répéter une fois encore la récitation avant de l'envoyer au lit. Le Riflard avait la maigreur d'un renard au sortir de l'hiver, la finesse d'une branche d'estragon, la vivacité de la truite taquinée dans sa cache de Meurthe par la main du braconnier.

« Riflard... »

Personne ne savait d'où lui venait ce nom. Son père le portait déjà. A sa mort, il l'avait reçu pour héritage,

1. « France, mère des arts, des armes et des lois », *Les Regrets*, Joachim Du Bellay (1522-1560).

avec les brodequins cloutés, la canne préférée du vieux, marquée au burin à son chiffre, et sa musette de casse-croûte. Nul n'avait jamais su d'où lui venait ce sobriquet à curieux relents de bande malfaisante, de fond de bistrot, ou de bagnard. Ceux qui voulaient faire bien disaient que l'un de ses ancêtres avait été orfèvre dans un pays du Nord, et que de mauvaises affaires l'avaient poussé à changer d'adresse. D'autres que cet ancêtre était arrivé en Lorraine les mains dans les poches, et la rage au ventre d'avoir dû quitter un pays où sa tendance à la bagarre lui avait fait trop d'ennemis. Orfèvre ruiné, ou bagarreur en fuite ? Plutôt bagarreur, car le nez cassé familial témoignait malgré lui des nombreux coups de poing reçus au cours d'échanges plutôt vifs avec les bandes exaltées de Deneuvre, Azerailles ou Bertrichamps. Son caractère de chien hargneux toujours prêt à mordre faisait tenir le Riflard, hors des ateliers, pour un gars infréquentable. Parents morts très tôt, père brûlé de l'intérieur par le feu du four, mère emportée par une fluxion de poitrine après des lessives d'hiver pour les riches dans le canal des Moulins, il logeait seul quelque part dans une chambre sous les toits de la ruelle de la Chatte, au bout du bas de la rivière. Les filles redoutaient ses méthodes brutales et le fuyaient. Pourtant, avec sa gueule d'ange massacré, il en avait ému plus d'une déjà ; certaines, plus maternelles, s'étaient même amourachées de lui. Mais toujours la relation avait tourné court avec, pour seuls souvenirs, des bleus sur le corps et à l'âme pour la femme et, pour lui, le sentiment renforcé d'un rejet qui le rendait plus cogneur encore. Elles s'étaient passé le mot. Il devait aller de plus en plus loin pour en trouver une qui acceptât de partager un moment avec lui, jusqu'à Raon-l'Etape d'un côté, Lunéville de l'autre, où il avait séduit une décoratrice de faïence veuve d'un soldat de l'Empire jamais rentré du siège de Sébastopol. Il la voyait tous les dimanches. Mais l'aventure avait mal tourné, un soir, avant la séparation de la semaine ; parce qu'elle avait échangé un regard trop appuyé avec un passant durant leur balade dans les Bosquets[1], il avait failli l'étrangler, avec ses propres cheveux acajou que, les jours de repos, elle portait libres jusqu'à la taille. Rentré fou de rage à marche forcée par les sentiers le long de la Meurthe, juste à temps pour retrouver son banc de verrier à la compagnie, il ne l'avait jamais revue.

Quant aux garçons, ils n'avaient pas envie de se faire abîmer le portrait en sa compagnie et s'arrangeaient pour passer loin des lieux où il sévissait les jours de repos. Ils évitaient même le jeu de quilles quand ils l'y apercevaient, et les terrasses de café où il lui arrivait de boire une bière ou deux, parfois davantage. En quelques années d'adolescent, le Riflard avait fait autour de lui un vide que la rancœur seule avait comblé. Il en voulait au monde entier, aux femmes, aux filles, aux vieilles mûres, aux pucelles et aux putains, au curé et à l'Empereur, aux paysans trop nantis, aux ouvriers trop esclaves, aux patrons trop injustes, aux commerçants trop riches, aux politiques trop soumis à leur avidité, tenait des discours enflammés, parlait de « coalitions d'insoumis pour le sauvetage des travailleurs dans ce monde de vauriens possédé par des bandits » ! Le bon élève qu'il avait été à l'école savait lire de temps en temps les journaux restés sulfureux, comme *Le Charivari*, dont il raillait le ramollissement sous les lois de l'Empire. Il parlait souvent d'un livre

1. Parc du château de Lunéville, le « Versailles lorrain », construit en 1702 par l'architecte Boffrand pour le duc Léopold de Lorraine.

tombé entre ses mains à la mort de ses parents d'une manière qu'il était incapable d'expliquer, *Le Livre du peuple*, d'un certain Félicité de Lamennais, en déclamait des passages après la cinquième ou sixième chope de Champigneulles par beau temps, sur la terrasse du café du Pont... celui-là, surtout, qui avait sa préférence : « Tous les hommes naissent égaux... nul, en venant au monde, n'apporte avec soi le droit de commander ! » Les plus bourrés lui répondaient en glaviotant : « Ta gueule ! » Les moins chargés rentraient la tête dans les épaules en sirotant leur canon de rouge du Montfort, attendant la fin de l'orage.

A l'usine, le Riflard se tenait à carreau, faisait son boulot comme les autres, souvent mieux qu'eux, ne rechignait pas à s'appuyer des tâches autres que les siennes en cas de besoin. On l'y appréciait. Mais l'image qu'il donnait par son comportement au-dehors agaçait monsieur de Fontenay, qui l'avait déjà menacé de mise à la porte. Menacé seulement, car le bougre était bon verrier, et la compagnie manquait d'hommes comme lui, capables de sentir la matière en fusion et de l'habiller de lumière. On avait du mal à recruter ! Le Riflard le savait. Un équilibre précaire s'était établi entre le patron soucieux de qualité, tant de cristal que de comportements, et l'ouvrier turbulent. Ils étaient plusieurs comme lui, que la direction surveillait de près, surtout après la grève des emballeurs qui avait beaucoup coûté à l'entreprise. La prudence s'imposait.

La dernière fois que le chef d'atelier avait accompagné le Riflard aux « grands bureaux », le vent du boulet l'avait secoué plus fort que d'habitude. Passé la pulsion de révolte, il s'était un peu assagi. On l'avait moins vu faire son numéro, déclamer ses textes sacrés aux terrasses, sortir les poings de ses poches pour un oui, pour un non. Même les femmes s'étaient senties un peu moins menacées, au point que certaines avaient commencé à s'abandonner à quelques échauffements du bas-ventre quand elles le voyaient passer. C'est que, sous sa tignasse blonde, avec sa souplesse de félin, sa moustache de Viking et ses regards d'ange allumé, il était bel homme !

C'est à ce moment-là qu'il avait remarqué les travaux de broye de Florent, et qu'il s'était rapproché de lui. D'abord, il l'avait observé à distance, puis côtoyé, puis il lui avait prêté la main pour des pièces plus lourdes, ou plus complexes. Florent l'avait laissé faire. Cinq ou sept ans les séparaient. Le faux ange au nez cassé avait de l'avance en métier sur lui. Il aurait pu devenir son maître. Mais...

— Si on allait aux filles, dimanche prochain !

Florent faillit lâcher sa canne.

Le Riflard partit d'un grand rire sonore aussitôt dévoré par le ronflement du four. La halle était vide. Tous les ouvreaux fermés par une tôle, sauf celui où ils cueillaient tour à tour, qui crachait son feu d'enfer.

— Qu'est-ce que tu dis ?

Florent avait bien entendu. Il se tourna vers la gueule incandescente, fit un pas en avant, comme pour aller cueillir une nouvelle paraison. Une bouffée de chaleur l'empoigna soudain.

— Je t'emmène aux filles, dimanche ! A moins que tu préfères aller à la messe...

Le Riflard se remit à rire, franchement, d'un rire de gorge énorme et gras qui collait mal à son allure d'ange. L'œil allumé, le front haut plissé, brandissant sa canne luisante dans la lueur du pot, il avait l'air d'un diable.

— Qu'est-ce que t'en dis ?

Florent n'en disait rien. Il n'avait encore jamais joué à ces jeux à deux. Ses émois, il les avait toujours vécus seul, le plus souvent sur les rives de la Meurthe.

De son père il avait reçu la passion pour les berges de cette rivière si indolente l'été sous les vernes en révérence, si furieuse l'hiver, encombrée de glaçons dérivants ou brunâtre des limons arrachés à ses rives à la fonte des neiges. Il n'y allait plus à la pêche, comme autrefois, avec lui. Mais il aimait aller se promener sur ses rives, seul, par tous les temps, en toute saison.

Ces jours-là, il partait par le chemin des ateliers à froid, empruntait la passerelle sur la retenue du port de flottage, remontait le courant sous le Tort-Fenal, s'amusait à traverser les fondrières de la Feigne dans la boucle morte qui se resserrait sous la Moncelle, guettait les chevesnes endormis dans les reculées sans remous, entre les ondulations d'algues où se cachaient les écrevisses, faisait demi-tour à l'approche des premières maisons de Lachapelle. Au passage, il faisait une halte dans la grotte de la Rochotte où, quand elle était déserte, il libérait sa voix, toujours différente, toujours la même. Que le temps fût à la grisaille brumeuse, alors elle avait le velouté des pêches de vigne. Mais que le ciel fût transparent, bleu et or comme le manteau de la Vierge, alors elle partait dans les entrailles de la terre, sèche et cristalline, franchissait les murailles de scolopendres fer de lance, s'égarait un instant dans les chevelus de racines tombés de la voûte, revenait en compagnie d'un écho vibrant de cathédrale.

Bächlein, laß dein Rauschen sein !

L'image de la dame en blanc lui apparaissait alors.

Bächlein, laß...

Il s'asseyait sur une roche, face à la lumière du jour en suspens sur la rivière, laissait monter en lui les frémissements nés dans son ventre, circuler les airs au plus secret de son corps jusqu'à sa gorge palpitante où éclosait le chant.

Räder, stellt euer Brausen ein !

Il y restait aussi longtemps que le besoin de chanter le tenaillait, que l'image de la dame habitait le vitrail de lumière sur lequel il fermait les yeux pour mieux la retenir, en sortait toujours bouleversé, titubant, égaré sur la rive d'un fleuve qui l'attirait. Il s'y serait noyé si la dame ne l'avait toujours retenu, imaginait l'abandon à ses sombres embrassements d'anguille sous les trains de grumes en flottage vers le port, se souvenait d'y avoir pensé ce jour de Noël où, ses parents partis au discours patronal, il avait tenté de retrouver aux pincettes des restes d'orange dans l'âtre. Et il se souvenait de ses larmes, dans les cendres, comme des gouttes de pluie d'été sur la poussière des chemins.

Weinen, Klagen,
Sorgen, Zagen,
Angst und Not...

Impossible de rentrer à la maison, d'y retrouver la mère et son Gus ! Impossible de faire un tour aux écuries, où un Iris des Ténèbres vieillissant attendait encore ses baisers ! Impossible de retourner à la compagnie, de traverser la cour, d'y rencontrer les compagnons de travail et de vie quotidienne ! Le lent voyage de la Meurthe le transportait toujours là d'où l'on ne revient qu'à grand-peine.

Au pont, au lieu de tourner à main droite vers les murs gris de la compagnie, il continuait tout droit, accompagnait le flot vers les Tréheux qu'il dépassait, marchait jusqu'au cap Bergoin, où il retrouvait les places de pêche de son père, les trous sombres qu'il fouillait sous le bec des brochets, le coulant où venaient respirer les vilains. Les parfums d'humus et de menthe sauvage, le romarin et le miel des genêts en fleur, les cottes retroussées de jeunes lavandières aperçues en face des Fleurantes Haies, quelque cheville de fille ou gorge de mère en promenade dans le giron d'un bourgeois père et mari suspicieux entrevue sous les frondaisons de cornouillers... Il se laissait aller à une sorte de griserie que le chant dans la grotte avait éveillée, trouvait sans l'avoir cherché un endroit où dissimuler son plaisir, se caressait jusqu'à l'extase dans la simple et primitive communion avec les phénomènes de la nature, les êtres et les choses.

Bächlein, laß dein Rauschen sein !

Puis, le cul dans l'herbe et le nez au ciel, il se laissait aller à observer jusqu'à la nuit les grands cercles des buses, sur la plaine de Malpré, dont les cris rauques déchiraient le crépuscule.

Apaisé, il rentrait, imaginant déjà les formes que la broye lui permettrait de tirer du cristal dès le lendemain.

A son retour, le regard de Jeanne trahissait sa tristesse de le voir ainsi, étranger chez lui, et sa gêne d'être si heureuse tout de même, celui du Déqueugnard une incompréhension chronique qui faisait mal. De sa grande gueule de vieux soldat, le mari de sa mère osait parfois un timide « T'es pas venu voir Iris depuis bien longtemps, mon gars ! Il se languit de toi ! Ouragan aussi ! Ils se font vieux, tu sais ! Et puis, la Sibelle... ».

Il savait ! S'asseyait à table à la place des dessins d'autrefois sur le papier d'emballage, entendait une voix d'enfant murmurer « Maman... », celle de sa mère répondre « Je suis là ! », et celle du père, « Le chant du cristal... ». Il savait surtout que lui parler des chevaux était aussi le seul appât du palefrenier capable de l'attirer encore dans les écuries vers le bonheur de respirer ensemble les parfums sucrés de la paille, de prendre à pleines mains la fleur de foin afin de lui voler toutes les senteurs de prairie au printemps, de s'emplir la poitrine des effluves capiteux de crottin, de cuir, de sueur des chevaux, mêlés à ceux de l'homme, de plonger les bras dans le seau d'avoine piquant et doux à la fois... le seul moyen de partager encore les heures secrètes d'autrefois, et les récits de campagnes sur les talons du Petit Caporal-Grand Empereur. Jamais le Déqueugnard n'avait parlé de son épopée républicaine européenne à la maison depuis son mariage... jamais ! Florent avait la douloureuse impression que la vie de son vieux complice avait soudain basculé dans un autre univers. Comme si la défense des valeurs révolutionnaires avait disparu de son horizon ! Il leur avait pourtant laissé deux doigts, dont il repliait les moignons dans la paume comme pour les cacher, et sa jeunesse. Mais, à certains moments, il sentait bien que ça lui manquait. Alors, quand le Déqueugnard lui parlait ainsi, le regardait avec une telle insistance, il promettait de l'aller voir, là-bas, derrière la chapelle.

Quelques jours durant, il ne bousillait pas. Malgré les reproches narquois du Riflard, il filait retrouver le palefrenier, dès la fin de poste, sous la charpente aux moineaux. Mais le cœur n'y était plus ! Les gestes de son vieil ami semblaient maintenant plus gauches ; ses récits tournaient court sur des horizons moins flamboyants, comme encombrés par la présence de la mère ; le souffle des chevaux n'avait plus la puissance d'hier, et leur regard était devenu plus vitreux.

Le temps avait coulé. Heureusement, le baiser sur la lèvre d'Iris des Ténèbres était toujours aussi doux, et les tapis de selle d'Ouragan, sous son nez menteur, sentaient toujours le mimosa !

— Alors, on va aux filles dimanche, le Rouillot ? insista l'ange blond.

La canne en main, prêt à la plonger dans la gueule du pot, Florent s'entendit répondre :

— On peut, ouais... on peut !

12

Novembre 1863

Mon cher Florent,

On dit que votre empereur a décidé d'être raisonnable, et de donner leur liberté aux peuples d'Afrique dont vos rois avaient fait des esclaves. Est-ce vrai ?

Regina commençait toujours ses lettres, maintenant, par une réflexion de portée générale. Puis, petit à petit, elle resserrait ses lignes autour de la vie de son correspondant, venait à lui par touches légères et répétées semées dans les anecdotes de sa vie à elle.

Florent les attendait, ces plis de papier ivoire au timbre de ce pays qu'il rêvait de connaître un jour, les caressait, les reniflait, y cherchait la transparence d'un regard azur et le parfum du mimosa, les y trouvait parfois. Il lui était même arrivé, un jour, de déposer un baiser furtif sur la signature, « Regina ». Ce jour-là, il avait attendu d'être dans sa chambre, avait porté la lettre à ses lèvres, l'y avait appuyée, les yeux fermés, en pensant très fort : Je voudrais aller vers vous, vous retrouver ! Je voudrais...

Venant de la cuisine, la rumeur d'une conversation à deux s'émaillait de bruits de vaisselle.

Monsieur Galtier est reparti en Bohême depuis trois semaines. Il avait de nouvelles techniques à découvrir dans les verreries des monts Métallifères, les Krušné hory. J'ai bien vu qu'il ne s'était pas fait prier pour cette nouvelle expédition, car il aime ce profond pays traversé par les crêtes appalachiennes de Brdy, sous les côtes de Polabi, et se perdre dans les méandres boisés entre les montagnes volcaniques de Doupov. Les aimerait-il davantage que sa femme, maintenant ? Je vous avoue, Männlein, que j'évite de me poser la question, de peur d'être attristée par la réponse. Et soyez bien certain que je ne la lui pose jamais.

Chantez-vous toujours ?

Il s'arrêta de lire, réfléchit un instant. Oui, il chantait encore ! Mais plus comme avant, et jamais en public, ni à la chapelle – qu'il ne fréquentait plus – ni ailleurs. Sa voix avait changé ; elle était plus grave, avec des confins éraillés que ses efforts dans la grotte de la Rochotte ne lui permettaient plus de corriger. La poussière de minium, peut-être, respirée tous les jours dans la halle, ou bien la crasse que l'âge adulte accumule à longueur de vie sur les qualités de l'enfance.

J'ai fait, hier, une longue randonnée à cheval, seule, jusque sur la Bastei. Arrivée peu avant midi au belvédère, j'ai mis pied à terre. Et de là-haut j'ai admiré la vallée de l'Elbe dans ses brumes bleutées. Les montagnes de Bohême, au loin, étaient si belles que j'en ai eu les larmes aux yeux. J'avais l'impression de pouvoir les toucher en tendant la main. Si proches et si lointaines à la fois ! Un peu comme vous, mon cher Florent. Mais peut-être n'était-ce que le vent qui me faisait pleurer. Il venait de l'ouest, de votre

Lorraine. Je crois bien qu'il m'a parlé de vous. Si vous aviez vu ce paysage…

Florent interrompit une nouvelle fois sa lecture. Assis sur un seau retourné, au milieu de l'allée, sous la charpente aux moineaux, il leva la tête, ferma les yeux. La bonne chaleur des écuries, le parfum musqué des chevaux, les bruits familiers des fers sur les pavés, les frottements de flanc contre le bois, souffle lent et régulier, lui faisaient du bien. « Si proches et si lointaines à la fois ! Un peu comme vous, mon cher Florent… » Les mots de Regina tournaient dans son crâne, y dansaient une sarabande joyeuse qui le transportait sur les crêtes d'un pays aux montagnes bleues voilées de brumes à senteurs de genêts en fleur. Il s'abandonna à une douce torpeur peuplée de rêves étranges et délicieux.

Un coup de pied contre le bat-flanc le fit revenir dans les écuries de la compagnie, au milieu des chevaux dont il avait proposé de s'occuper le soir pour soulager le palefrenier. Le soir seulement ! Le matin, il était au four, dans la halle, à son banc de premier souffleur, à poser des jambes paille, à les étirer à la pince, à y former des boutons, à montrer à son gamin comment donner son galbe régulier à l'amolisse, cet anneau si simple d'apparence, lieu de rencontre entre la paraison et une jambe parfaitement centrée, puis comment, à la palette, en souplesse, accompagné par le chuintement de la vapeur et le grésillement du carton surpris par les mille deux cents degrés de la matière, faisant corps avec elle, on collait au petit pied le cristal d'une rondeur absolue, sans rayures, sans ventre ni manque, sans défaut. Son heure était venue d'initier à son tour un gamin à la maîtrise de cette matière vivante, à celle aussi – et surtout – de son corps dans l'environnement si souvent dangereux de la halle. Treize ans pour arriver là, à ce banc de premier souffleur ! Il était devenu chef de place. Treize ans depuis ses premiers pas dans le sanctuaire des verriers qui avait trahi son père ! Treize ans de brûlures à cause d'une palette mal prise en main, de bottées de cul pour un mouvement mal synchronisé avec les autres porteurs de feu à la gueule du pot, de hurlées de premier souffleur agacé par la lenteur d'un gamin trop hésitant : « Alors, le Rouillot... c'est pour aujourd'hui ou pour demain ? Nom de Dieu ! »

Un autre coup de pied contre le bat-flanc le fit réagir. Il se leva, replia sa lettre, la fourra dans sa poche, redressa le seau, marcha vers Iris des Ténèbres, qui tendait le chanfrein par-dessus le portillon.

Le vieux cheval avait vieilli ; les poils de sa lèvre avaient blanchi. Il était devenu patient. A plusieurs reprises, monsieur de Fontenay avait eu l'idée de s'en séparer, de le faire partir, de le vendre. Mais toujours le Déqueugnard avait réussi à le persuader de le garder. « Il peut encore rendre des services, avait-il plaidé... Je peux encore l'atteler pour des petites courses ! » Il savait bien que le vieil Iris ne connaîtrait plus jamais l'attelage ; monsieur de Fontenay le savait bien aussi ! Mais ils avaient fait mine de se croire l'un l'autre, et Iris des Ténèbres était resté là, avec Ouragan. Ouragan... La Sibelle était morte au printemps, d'une occlusion intestinale si soudaine que personne n'avait eu le temps de réagir. On n'avait pas pu la sauver !

Florent donna son baiser au velours d'Iris, quelques flatteries d'encolure à Ouragan, son voisin. Autour d'eux, les jeunes piaffaient. Il ouvrit le coffre à avoine. Alors, soudain, au grincement du couvercle, jeunes et vieux, chevaux et juments, tous s'agitèrent. Un vent d'orage souffla dans les écuries, qui bouscula les moineaux de la charpente. « Tout doux... tout doux ! On se calme... tout doux ! » Florent avait beau le dire, et sur tous les tons : l'appel de l'avoine était le plus fort ! La lumière déclinait. Bientôt il n'y verrait plus rien. Il les servit. Demain, il nettoierait les stalles, y étendrait de la paille propre à bon parfum de moisson. Un gros travail, mais qui le changerait de son banc de verrier. Et puis, il devait bien ce coup de main au Déqueugnard !

Les pluies d'octobre avaient noyé la campagne, rafraîchi les airs au point qu'on avait dû rallumer le feu dans l'âtre en grommelant à cause des réserves qui allaient fondre si on devait commencer si tôt ! Un coup de froid trop dur derrière des journées qui, à l'approche de l'automne, avaient fait croire à l'arrivée d'un deuxième été.

Pour la première fois, un matin, le palefrenier avait tiré la patte pour gagner ses écuries. « Ça ne va pas, mon Gus ? » lui avait demandé une Jeanne inquiète. L'homme avait haussé les épaules, décroché sa houppelande de la patère, dégringolé l'escalier, disparu dans la cour derrière un rideau de pluie. Il était rentré à midi, avait tout juste desserré les dents pour avaler un bol de soupe bien chaude en murmurant : « Ça fait du bien ! »

A la fin de l'été, il avait dû se faire violence pour fendre la réserve de bois, la rentrer sous l'appentis, arracher les pommes de terre derrière le cimetière, les laver, les descendre à la cave. Florent s'y était mis avec lui. Ensemble, ils avaient trimé, à la hache, en reniflant le parfum de noisette du hêtre et du chêne fraîchement éclatés, au croc dans la terre sableuse du jardin, à la baugeotte, ce grand panier à deux poignées qu'ils avaient porté ensemble, un de chaque côté, sans un mot. Ils avaient transpiré ensemble, échangeant de temps en temps un sourire qui les troublait l'un l'autre, leur donnait envie de reprendre leurs vieilles discussions. Mais ils s'étaient contentés d'éponger la sueur de leur front d'un même geste, de renifler d'un même souffle, avant de se remettre au boulot. Les regards en disaient long sur le besoin de se confier l'un à l'autre, de partager encore la complicité et la passion pour les chevaux et le reste. Ils en étaient restés là, sur le seuil de leur affection mutuelle, encombrés par le besoin refoulé de se prendre dans les bras et de s'étreindre.

Que c'est bête, un homme ! se répétait Jeanne qui, en cottes de paysanne, le chignon fermement noué haut sur la nuque, s'était mise avec eux au bois et aux patates. Que c'est bête ! Elle se le répétait pour exorciser le mal qui la rongeait depuis qu'elle avait vu ces deux-là se frôler sans se toucher, manger en tête à tête de part et d'autre de la place du père mort, sans échanger un mot.

C'est de ma faute ! se disait-elle le jour en mirant les verres dans l'atelier à froid, en écossant des haricots, lavant les nippes de ses hommes, ou hachant les ciboulettes pour le chique qu'ils avaleraient sans les « Mmm ! Que c'est bon ! » d'autrefois.

« C'est de ma faute ! » avait-elle confié à la Vierge de la chapelle, qui lui avait répondu d'un sourire figé, énigmatique. La malheureuse n'avait pas su interpréter ce sourire autrement que par un douloureux « C'est ton affaire. Vois en toi ce que te dit ta conscience ! ».

Ce que lui disait sa conscience ? La nuit, à côté des ronflements de son vieux soldat, elle lui disait que le plaisir partagé avec le nouvel homme avait tué l'amour de son fils pour elle et son amitié pour lui. Que, s'il en était ainsi, c'était parce que ce plaisir était impur, sale, volé à la vie qu'elle avait tout entière donnée à Firmin. Alors, elle se sentait mal, se tournait et retournait dans ses draps, s'écartait du corps de l'homme endormi à son côté qu'elle percevait comme une brûlure, transpirait comme une bête au travail, se levait tôt dans la nuit pour préparer la panade et la tranche de lard froid que Florent avalerait avant son départ pour l'usine, bien avant l'aube, et sa musette de casse-croûte, la musette... du père ! Son fils avait beau protester, lui répéter qu'il était capable de se débrouiller seul... elle se levait, chaque matin, promenait dans la cuisine la même dégaine de femme épuisée par l'insomnie, son regard de chienne battue, ses gestes parfois hésitants qui inquiétaient Florent.

Pendant les travaux de bois et de patates, sous prétexte d'aller préparer le repas, choisissant toujours le bon moment de tâches à effectuer à deux, espérant les voir se rapprocher de nouveau, redevenir les complices d'autrefois, elle les avait laissés le plus souvent seuls. Rien ne s'était produit !

La lassitude de son Gus, chaque jour plus marquée, avait fini par tuer les espoirs de meilleure vie de Jeanne, que le remords, alimenté par les vieilles lunes de fautes originelles rabâchées par son entourage d'enfance, minait sans cesse. Elle voyait son mari se tasser comme un vieux sac. Il était devenu mou, ne s'emportait plus pour soutenir l'Empire, saluer ses victoires au Mexique, comme la prise de Puebla après deux mois d'un siège éprouvant, et l'entrée de l'armée française dans Mexico. Elle avait d'abord mis son apparente indifférence sur le dos des conséquences d'une colère terrible qui avait éclaté le jour où il avait appris que ce Napoléon, troisième du nom, neveu du premier, venait d'offrir le trône de ce pays d'Amérique conquis par nos soldats à l'un des ennemis irréductibles de la France, l'archiduc Maximilien d'Autriche, frère de l'empereur François-Joseph, lui-même héritier des assassins du malheureux fils unique de Napoléon Ier, le petit roi de Rome. Sa dernière colère ! Elle avait éclaté un soir d'été.

« Pourquoi est-ce que je me suis battu avec le Petit Caporal, dis, pourquoi… si c'était pour en arriver là ? » avait-il vociféré vers un interlocuteur imaginaire en donnant du poing sur la table.

Puis il avait brandi ses moignons sous le nez de sa femme, face à Florent qui baissait la tête : « Et ça… pourquoi je les ai laissés aux Cosaques ? Pourquoi ? Dis-moi… Pourquoi ? »

Sa lèvre inférieure tremblait.

« Pauvre France ! Dire que j'ai sauté de joie quand il est arrivé, ce Bonaparte ! C'est une trahison… une trahison ! »

Il était sorti en claquant la porte. On ne l'avait revu que tard dans la nuit. Il s'était couché à côté de sa femme sans le baiser habituel, sans ses mots du soir, sans la caresse qu'elle attendait pourtant. A son réveil, Jeanne s'était rendu compte qu'il n'avait pas dormi. Elle l'avait entendu lui murmurer :

« Pourquoi ils sont tous morts, à Wagram, à Eylau, Eckmühl, Ulm, Lützen, Smolensk, Austerlitz ? Ah… Austerlitz ! Pourquoi ? »

Elle lui avait pris la main, lui avait répondu :

« C'est fini, tout ça, mon Gus, fini ! »

Il avait retiré sa main.

« Non ! Ça continue, nom de Dieu ! Ça continue ! Et c'est pas près de s'arrêter, tu verras… pas près de s'arrêter ! »

De ce jour, il était devenu sombre, muet comme une tombe, s'était mis à traîner la savate, rechignant sur les tâches qu'il avait toujours accomplies avec entrain. Il lui était même arrivé de négliger les chevaux ! Monsieur de Fontenay s'en était aperçu. Retards à l'attelage, litière moins nette qu'autrefois, harnais secs et cassants par défaut de graissage, le patron avait remarqué ce qu'il ne considérait pas encore comme des négligences mais plutôt comme un coup de fatigue de vieux serviteur qui avait laissé une bonne part de son énergie sur tous les champs de bataille de l'Empire. Il observait le comportement de son palefrenier du coin de l'œil en se disant qu'il ne prendrait aucune décision à son sujet tant que le travail serait fait de manière acceptable, qu'il le fût par ce Gustave Torchis lui-même, ou par quelqu'un de ses amis, son fils d'adoption par exemple, par ailleurs excellent verrier. A plusieurs reprises toutefois, il s'était agacé du retard à atteler pour des courses matinales que le palefrenier avait dû préparer seul. Il avait élevé la voix, fait prendre note, devant lui, par son secrétaire des fautes commises par l'employé aux écuries, menacé d'en finir avec lui s'il continuait de ne plus faire son travail sérieusement. La casquette tordue dans les mains, front bas, épaules tombantes, le vieux soldat avait attendu à chaque fois la fin de l'orage, promis avec des mots d'enfant qu'il ne recommencerait plus, avait empoigné balai, fourche, seaux, s'était mis à soulever des nuages de fleur de foin en s'éloignant du lieu de la réprimande, sous les cris aigus des moineaux en chamailleries dans la charpente.

Jamais monsieur de Fontenay ne l'aurait dit ainsi... mais rien ne pouvait l'empêcher de penser – pas même sa bienveillance naturelle de bon chrétien – que le pauvre Gustave Torchis devenait… pitoyable ! Il le sentait, le voyait, en redoutait les conséquences sur la bonne organisation des écuries, mais voulait respecter encore les bons états de service dudit Gustave Torchis. Chacun sentait bien que la situation ne saurait durer encore longtemps. Mais personne n'osait le dire.

Le regard de Jeanne avait perdu son éclat. L'hiver à venir s'annonçait difficile.

Quand vous reverrai-je ? Si je vous revois un jour ! Dois-je même le souhaiter ?

Assis dans son lit, Florent orienta le papier vers la flamme de la bougie.

L'automne, ici, a embrasé la forêt des semaines durant ! Des hauteurs de la Bastei, j'ai suivi jour après jour la lente arrivée de l'hiver dans les rouges éclatants des chênes, les marrons onctueux des hêtres, et les ors si purs des mélèzes, sous le regard toujours aussi sombre des sapins alignés comme des soldats d'éternité sur la ligne de crête de Wildberg, la montagne sauvage. La nature m'a offert des émotions que les meilleures collections des meilleurs maîtres du monde, dans les plus prestigieux musées du monde, sont bien incapables d'offrir ! L'être humain est bien présomptueux de vouloir se prendre pour un créateur, alors qu'il n'est qu'un piètre copiste.

Que faisons-nous, mon cher Florent, quand nous chantons ? Ne sommes-nous pas qu'à tenter de reproduire l'harmonie naturelle, bien loin d'une perfection que sait nous révéler le chant de l'oiseau le plus humble ? Qui égale la pureté d'un trille de merle au couchant, les si touchants effets de gorge d'une hirondelle au plein soleil de midi, le bonheur simple d'un salut de chardonneret au lever du jour ? Qui ?

Chantez-vous toujours, mon cher Florent ?

Il lisait à mi-voix, aimait s'entendre ainsi sur les mots venus d'ailleurs, voix intérieure du cœur doublée de l'autre, celle que la dame lui avait appris à maîtriser, se donner l'impression de vivre plus pleinement le message d'Allemagne. « Chantez-vous toujours ? » Il ferma les yeux sur des images de bois du Fouy et de la Rappe en automne, qu'il vit soudain plus grands, plus loin, plus hauts, plus enflammés sur l'étroite vallée de la Meurthe voilée par les brumes bleutées de l'Elbe si souvent décrites dans les plis du papier ivoire. Le paysage se précisa, comme s'il le connaissait. Il prit une grande goulée de parfum de mimosa. Le visage de la femme y flottait...

Regina !

N'oubliez pas, mon cher Florent, « chanter, c'est... ».

Mon compagnon de découverte s'appelle « Himmelblitz[1] », mais je l'appelle plus simplement « Blitz ». Ce nom « Eclair » va bien à ce cheval d'un gris éclatant, nerveux, vif comme un poisson d'argent, et qui n'obéit qu'à moi ! J'étais bien et j'ai vécu de bien belles balades, en Lorraine, avec mon bel Ouragan, mais je crois être mieux encore, ici, avec mon Blitz ! Mais chut ! Vous n'en direz rien à Ouragan, qui en aurait trop de peine, n'est-ce pas ? Avec Blitz, je chevaucherais jusqu'au bout du monde ! Peut-être même viendrai-je, un jour, d'un seul galop, jusqu'à vous, puisque vous ne venez pas à moi ! Peut-être...

1. « Eclair du ciel ».

Une drôle d'impression empoigna Florent. Une vague monta de sa poitrine à sa gorge, qui s'ouvrit comme éclot une fleur. Il ferma de nouveau les yeux, laissa naître le désir de chant, un frémissement d'abord, puis une houle, un son grave qu'il contint, bouche close, lèvres fermées sur le plaisir d'une onde qui se mit à courir sous sa peau, tourner dans son ventre, serrer son cœur d'une étreinte douloureuse et douce à la fois. Il rejeta la tête en arrière, s'abandonna à sa propre voix dissimulée comme un trésor, son trésor !

Quand il ouvrit les yeux, un filet tiède coula sur ses joues.

— Je vais venir, ma Dame… murmura-t-il. Je vous le jure !

Le dimanche suivant, sous des trombes d'eau qui avaient transformé la Meurthe en un impétueux fleuve de boue, grondant sous des enchevêtrements de troncs dont les hommes du flottage n'avaient pu contrôler la dérive, Florent prenait la route sinueuse de Raon-l'Etape. Dans la voiture de louage, au cul d'un cheval poussif qu'il fallait stimuler de la chambrière au moindre raidillon, il cherchait le vide dans sa tête, n'y trouvait que le trop-plein : la sombre tristesse de sa mère, qui avait même perdu le goût à la cuisine au point de ne plus mettre sur la table que le même brouet, le même morceau de lard cuit une fois pour toutes au début de chaque semaine, à trancher jour après jour, l'inquiétante lenteur du Déqueugnard et ses yeux au fond de fosses insondables embroussaillées de sourcils fous, le travail à la halle rendu pénible par le démarrage du four à gaz trop incertain mais qui permettait de sortir des couleurs de cristal jamais encore réussies jusque-là, une mise sur le chantier des moules en fonte dont la maîtrise se révélait plus difficile que prévu, et l'incendie qui, en dévorant le grenier au-dessus de la chambre d'un four à cause d'une poutre enflammée par une cheminée trop chaude, avait failli ruiner l'entreprise, dans la nuit du samedi 12 au dimanche 13 septembre...

— A quoi tu penses, le Rouillot ?

Le Riflard le regardait sous le nez. Il puait la sueur, le renfermé, et le savon lavande acheté au caïfat à son dernier passage.

— A rien !

— Me raconte pas d'histoires ! Je vois bien que t'as la tête pleine comme un œuf !

Florent regardait défiler le paysage. Ils venaient de dépasser les Noires Terres d'après Bertrichamps.

— Oh, l'enthousiasme ! Tu fais plaisir à voir, l'ami, quand tu vas aux filles ! Franchement ! Je t'emmène pas à l'abattoir, tout de même !

Ils se traînaient sous le Clairupt.

— A ce train-là, on n'y est pas avant une heure encore ! Tu parles d'une rosse !

Ils étaient arrivés en milieu d'après-midi, à l'heure où des femmes en chapeau à cerise de celluloïd trottinaient vers l'église. Des attelages attendaient déjà devant la maison adossée à la Meurthe, toujours aussi furieusement boueuse.

— Merde, alors ! Pourvu qu'on puisse...

Ils purent.

Dans l'entrée, des képis de fantassins, des sabres de cavaliers, des chapeaux mous de marchands... Ça puait l'entrecuisse rance, l'eau de Cologne, le cuir de cavalerie. La mère maquerelle leur ouvrit les bras.

Ils virent les filles.

Au moment de se lâcher dans le ventre d'une blondasse aux seins mous qu'il avait léchés sans conviction, Florent eut une pensée fulgurante :

— Regina !

Son grognement ne surprit pas la fille, qui en avait entendu d'autres. Elle crut à une délicieuse plainte d'amour.

En se passant un coup d'éponge entre les jambes, elle lui lança :

— T'as aimé, hein ! Tu reviendras ?

Il était déjà sorti.

13

Mars 1867

« Nous devons travailler à développer la pensée de l'harmonie des nations et de leur solidarité ! » avait déclaré le polytechnicien Michel Chevalier à l'Empereur. Il avait ajouté que la future Exposition universelle de Paris devrait glorifier le travail, seul capable de créer une véritable conscience fraternelle des peuples divisés par les luttes imbéciles des hommes politiques. « L'éternelle jalousie des cabinets est le fléau de l'Europe ! » avait-il martelé sous la barbiche d'un Napoléon III médusé et convaincu. Et il avait conclu d'une voix ferme que seul le travail pourrait anéantir la « puissance de l'esprit de violence et de destruction, de tout temps visible dans le monde[1] » !

Le moment était venu, pour ce saint-simonien militant, de mettre en œuvre les théories socialisantes partagées avec son ami, l'industriel lyonnais Arlès-Dufour. Ensemble, avec le soutien du prince Napoléon, dit « Plon-Plon », lui-même fervent partisan de la démocra-

1. *Exposition universelle de Paris. Rapports du Jury international publiés sous la direction de M. Michel Chevalier*, Imprimerie administrative de Paul Dupont, Paris 1868.

tie et de l'avènement d'un mouvement ouvrier fort de son engagement dans la dynamique économique et sociale, et fier de ses savoir-faire, ils réussiraient à transformer la société. Tel était leur objectif. Ils étaient certains de l'atteindre.

Même Victor Hugo, du fond de son exil manchot de Guernesey, s'était fendu d'une préface au livret de présentation de l'événement, saluant dans cette Exposition universelle la naissance d'une nouvelle nation.

Nulle part l'entrave, partout la norme. Le collège normal, l'atelier normal, l'entrepôt normal, la boutique normale, la ferme normale, le théâtre normal, la publicité normale et à côté la liberté. La liberté du cœur humain respectée au même titre que la liberté de l'esprit humain, aimer étant aussi sacré que penser (...) la hache féconde du progrès, l'admirable renaissance des têtes de l'hydre sainte du travail (...) L'émeute des intelligences vers l'aurore (...) L'impatience du bien (...) Un peuple fouillant les flancs de la nuit et opérant, au profit du genre humain, une immense extraction de clarté. Voilà quelle sera cette nation[1].

Frappé par un tel élan en tous points semblable à celui qu'il avait voulu insuffler, autrefois, en publiant son programme politique, *L'Extinction du paupérisme*, l'Empereur avait pris sa décision : ce rendez-vous mondial de Paris serait celui des sciences et techniques, fruits du génie humain, celui aussi de leurs enfants naturels : l'industrie et le commerce ! Il rassemblerait en un même lieu les chercheurs, créateurs, financeurs, fabricants et travailleurs de tous niveaux et horizons.

1. Introduction au *Paris-Guide de l'Exposition universelle de 1867*, Librairie internationale, Paris 1867.

Inoubliable célébration de la fraternité née de l'effort commun et sans cesse renforcée par lui, il serait promesse d'harmonie et de paix durable, de bonheur pour les peuples de la terre. Restait à l'organiser !

Dès l'automne 1864, des centaines de terrassiers avaient attaqué la colline du Trocadéro. Des centaines d'autres avaient transporté la terre sur le Champ-de-Mars, où des centaines d'autres encore l'avaient étalée pour niveler la vieille plaine maraîchère de Paris devenue terrain de manœuvres fréquenté par des femmes à ombrelle échauffées par les voltiges des traîneurs de sabre en uniforme éclatant. Au total, vingt-cinq mille manœuvres avaient trimé deux années durant pour préparer le terrain, couler les fondations de béton du Palais Omnibus, le plus grand bâtiment jamais construit au monde – un anneau ovale d'un quart de lieue de long sur quatre cents mètres de large –, élever les charpentes, aménager les intérieurs destinés à recevoir tous les grands et les petits de la planète prêts à communier dans le plus pur esprit de moderne fraternité.

Le résultat était stupéfiant ! Quarante-six hectares couverts d'une verrière posée sur une dentelle de fer imaginée par un jeune ingénieur un peu fou, un certain Gustave Eiffel. L'air y circulait, libre et frais, la lumière y était délicieuse, la température très agréable. On y jouait des coudes sans impression de se gêner, on y admirait les grandes réussites du monde, on s'y retrouvait, on s'y donnait rendez-vous, on y batifolait, on s'y instruisait en s'amusant, sous l'œil d'exposants heureux de pouvoir enfin montrer leurs œuvres.

A la première approche, sur la rive droite de la Seine, Florent suffoqua.

— Tu te rends compte ! Non mais... tu te rends compte !

Malgré sa grande gueule et son besoin constant de tout commenter, le Riflard en restait bouche bée.

— Ben merde, alors !

Des hauteurs de Chaillot, ils contemplaient l'immense carapace de tortue, luisante sous le vif soleil printanier, la cohorte des piétons, voitures, cavaliers en mouvement lent sur le pont d'Iéna, tombereaux de sable et de pierres taillées, charrettes de planches et madriers, ouvriers en vareuse râpée et rentiers vernis de pied en cape, en curieux mélange, aspirés par le chantier planétaire, fleuve sur le fleuve que descendaient et remontaient des dizaines de bateaux-mouches déjà en mouvement un mois avant l'inauguration, les tours, créneaux des châteaux d'Europe centrale, coupoles, bulbes d'or des pavillons orientaux, les drapeaux et oriflammes testant le vent avant la fête solennelle d'ouverture programmée, sans poisson, pour le premier jour d'avril. La rumeur montait dans les nuages de poussière, filait vers les façades blanches de l'Ecole militaire assise sur la perspective lointaine des prés de Saint-Germain.

— Ben merde, alors ! répéta le Riflard, en alternance avec des coups de sifflet admiratifs.

— C'est là-bas, quelque part dans ce labyrinthe, qu'on doit aller monter notre fontaine, l'ami ! dit Florent. Allons-y !

D'une tape sur l'épaule, il mit fin aux manifestations de surprise de son compagnon de voyage, fit les premiers pas vers le pont défendu de part et d'autre par ses quatre guerriers de pierre, le Grec, le Gaulois, le Romain et l'Arabe. Ils posèrent le pied sur la rive gauche. Alors, le tourbillon les emporta.

Une heure plus tard, ils étaient dans le ventre de l'Omnibus, devant les caisses marquées de grandes lettres noires, *BACCARAT*, repérées sur toutes les faces d'autres lettres grasses et rouges, *HAUT*, *BAS*, couvertes d'étiquettes collées dans tous les sens, *FRAGILE... FRAGILE... FRAGILE...* Ils retroussèrent les manches. Leur délicat boulot de verrier commençait à Paris !

Déballer *Allégorie de l'Eau* et *Allégorie de la Terre*, les deux vases de Simon, ne serait pas une mince affaire. En cristal doublé rouge rubis sur blanc, la taille faisant ressortir le cristal clair d'une pureté absolue sous le rubis éclatant, et de dimensions exceptionnelles, ils étaient d'un poids qui rendait la manipulation périlleuse. La perfection de la matière et la richesse du décor en faisaient des pièces d'une valeur inestimable. Le plus bel artiste du moment, Jean-Baptiste Simon, responsable de l'atelier de gravure qu'il avait lui-même créé à la cristallerie, avait consacré dix-huit mois de sa vie au décor de ces pièces. Il y avait gravé à la roue des médaillons représentant Cupidon et Vénus chevauchant un dauphin, des rinceaux d'écrevisses, escargots, crapauds, des hippopotames apparaissant entre des bouquets de branchages délicatement ornés de fleurs, le tout traité à la manière naturaliste, d'une vérité époustouflante. Le thème marin était partout dans le cristal, des ornements figuratifs et floraux, jusqu'aux liaisons suggérées d'une légèreté et d'un symbolisme très nouveaux. Un accident sur l'une ou l'autre de ces pièces aurait été une catastrophe !

Déballer, puis monter la fontaine de cristal serait une affaire beaucoup plus délicate encore. En sortir toutes les pièces des caisses, les répartir en fonction de leur situation dans l'œuvre finale, les démailloter, puis les assembler promettait d'être une véritable épreuve !

Avec son cabochon à rondeurs de méduse culminant à sept mètres de hauteur, ses deux vasques suspendues l'une à six mètres, l'autre au niveau de deux hommes debout, son piétement d'une rare élégance malgré le poids à supporter, le tout taillé et gravé dans un cristal d'une pureté égale à celle des deux vases de Simon, cette fontaine aurait de quoi surprendre, émerveiller même. Encore fallait-il réussir le montage ! Chaque opération, chaque geste, chaque souffle des hommes chargés de ces tâches d'horloger à grande échelle promettait d'être source de risques énormes, tant pour eux que pour la fontaine elle-même, cet inestimable fruit du travail d'une escouade de verriers au regard aussi rayonnant que la matière dont ils avaient fait un monument à la gloire de tous les verriers de la terre.

« Sagesse, Force et Beauté ! avait affirmé monsieur de Fontenay en regardant partir les attelages vers la gare toute neuve, chargés des caisses calées à grand renfort de plumons et d'épaisses couvertures. Voilà ce que nous allons montrer au monde entier, humblement, à notre façon de gens simples qui savent consacrer leur vie à l'amour du travail et à l'harmonie entre les hommes ! »

Il en avait paru ému aux larmes.

« N'oublions jamais que nous autres, verriers, sommes des gentilshommes ! avait-il rappelé à ses ouvriers rassemblés en grappe à la conciergerie pour voir partir le convoi. Des gentilshommes verriers ! »

Malgré le froid vif de février qui glaçait de blanc les toits de la Grande-Rue, et suspendait aux branches de délicats cristaux de sel, on en avait senti une belle et bonne chaleur sous les vareuses.

Florent et le Riflard avaient été choisis pour leurs qualités de verriers expérimentés, la force de leur jeunesse, et leur enthousiasme à bousiller, longtemps après l'heure de fin de poste. La direction avait remarqué les formes nouvelles issues de leurs mains et de leur souffle – couleuvres dressées à la manière de cobras exotiques, crosses de fougère, serpentins mêlés –, dont elle avait déjà fait concevoir de surprenants luminaires. Estimant que leur connaissance de la matière, de ses réactions possibles à la manipulation, pourrait être utile là-bas, dans ce pavillon Baccarat sur lequel elle avait beaucoup misé pour la renommée de la compagnie, elle les avait envoyés à Paris avec mission de seconder l'équipe des monteurs chargés de l'assemblage. Ils avaient fait leurs malles et paquets sans demander leur reste.

Pâle, soudain voûtée comme une vieille, Jeanne avait regardé s'éloigner son fils avec une curieuse impression de dernière fois. Lui ne s'était pas retourné, avait franchi le portail de la conciergerie, remonté la rue de Frouard sans rien voir, ni personne, arpenté d'un pas ferme la rue vers la gare, où l'attendait déjà le Riflard. Il n'avait pas salué le Déqueugnard avant de partir.

« Paraît qu'il y a des filles plein, là-bas, et des bonnes ! »

La locomotive crachait suie et vapeur, projetait des gerbes d'escarbilles haut dans le ciel.

« On va pas s'emmerder, mon Rouillot, à Paris ! avait éructé le Riflard en lui assénant une tape sèche dans le dos. Allez, en route, mauvaise troupe ! »

Puis il avait grimpé sur le marchepied du wagon en chantant à tue-tête :

« Elle baisait sans faire de manières, la belle, la belle... Elle baisait sans faire de manières, la belle lavandière ! J'allons le long de la rivière, la belle... »

Les trois semaines à Paris passèrent comme trois jours ! Remue-ménage du Palais Omnibus, effervescence des rues parisiennes, mouvements de foules, d'animaux, de matériaux, d'ouvriers et de personnalités... le tourbillon les absorba, avec la tension de ceux qui, dans leur travail quotidien, voulaient ajouter la perfection à la perfection. Et ils y arrivèrent !

Le Riflard s'était accordé quelques récréations nocturnes, dans les quartiers chauds de la capitale, du côté de la Goutte-d'Or, vers Clichy, qu'il avait d'abord explorés seul, puis dans les parages encombrés de la villa Poissonnière. Il en était rentré au petit matin, aussi jaune que le châle des dames à grand cœur et de petite vertu, éreinté par la marche et le sport en chambre, l'œil torve, l'haleine rustique. Jamais ivre ! Il savait ce qu'il en coûtait à un « Baccarat » de se faire prendre en délicatesse avec l'alcool ! Il avait réussi, une fois, à y entraîner Florent qui, n'y ayant pas trouvé plaisir à hauteur de la somme investie, avait renoncé. Seul, ou avec d'autres monteurs en mal du pays, le Rouillot avait préféré aller manger une bonne matelote, Aux Grands Marronniers, sur le port de la Rapée, ou déguster des filets de perdreaux à la Penthièvre au Café de Paris, au coin de la rue Taitbout, qui le changeaient des panades et patates rôties aux lardons de sa mère.

Il rentrait ensuite à son hôtel, se couchait, relisait les papiers ivoire d'Allemagne qu'il avait tous emportés dans sa malle. Plus il les relisait, plus il lui semblait connaître ce pays, plus il était certain qu'il le découvrirait un jour, en sa compagnie... Regina !

Avant de souffler sa bougie et de fermer les yeux sur des images de la Bastei et de la vallée de l'Elbe voilée de brumes bleutées, il laissait vibrer sa gorge de cette douce vibration qui lui faisait monter aux paupières des larmes de cristal.

Un matin semblable à d'autres, le Riflard l'avait rejoint en traînant le brodequin. Il venait d'amputer sa semaine de salaire avec une fille « comme tu n'en verras jamais d'autre ! ». Il insistait : « Pas deux comme elle, nom de Dieu ! Pas deux ! Faut que tu la connaisses ! Si, si... que tu la connaisses ! J'y retourne demain. Je t'y emmène ! Si, si... je t'y emmène ! » Il avait été tellement convaincant que son ami s'était laissé entraîner. Peut-être aussi en avait-il envie.

Au 4, rue de la Grange-Batelière, Florent avait découvert la madone des lupanars : Alice la Provençale. Curieux napperon brodé à la nîmoise sur la tête en guise de bonnet coquin, corsage à courtes manches bouffantes découvrant les épaules dont la peau veloutée menait l'œil jusqu'au berceau de la poitrine couronné d'un feston de dentelle, la femme portait trois ou quatre jupons de fine broderie qu'elle relevait avec grâce pour croiser haut les jambes et faire mine de renouer un lacet de bottine pourtant bien ajusté. Elle avait le mollet fuselé, le genou rond bien fait, la cuisse comme un pistil délicat dans sa mystérieuse corolle de cotonnades. Ses cheveux d'ébène en cascade ondulée au fer tenus sur chaque oreille par une fleur de papier incarnat, son œil noir, sa bouche vive et fraîche à croquer, son visage parfait annonçaient un discours de reine. Florent avait été tout de suite sous le charme. Mais, dès que la Provençale avait ouvert la bouche, c'est une charretière qui avait surgi, à l'accent rauque de poissonnière des halles. Pourtant, ses manières étaient professionnelles, félines, ses postures d'une rare douceur, sa langue experte, et ses mains caressantes adaptées aux organes mâles. Ancienne entraîneuse de bals publics, elle avait la maîtrise de toutes les situations scabreuses et la connaissance de tous les types d'hommes. Des ministres la couvraient de bijoux, des ecclésiastiques l'enduisaient d'intime saint chrême, des ramoneurs faisaient leur affaire entre ses jambes comme ils la faisaient au hérisson sur les toits de Paris. Sa photo par Pierre Petit, photographe officiel de l'Exposition, avait circulé sur les chantiers dès leur ouverture. Le Riflard l'avait vue. La réputation de la Provençale avait couru les allées du Palais Omnibus ! Il avait aussitôt trouvé son rang dans la file d'attente, rue de la Grange-Batelière. Au premier retour à l'hôtel, son œil ne s'était pas éteint de plusieurs jours. Sur le chantier, il avait été incapable de parler de cristal, de fontaine, de vases ! Il avait fait, et bien, son boulot, sans un commentaire, s'était remis au travail, certes, mais le goût des humeurs secrètes de la dame sur la langue lui avait volé les mots techniques du verrier. A son deuxième retour, il délirait de bonheur organique. « Si, si… elle est bonne, tu verras ! Viens ! » Impressionné par l'enthousiasme du Riflard, Florent s'était laissé tenter. L'artisanat de Raon-l'Etape, il connaissait un peu… mais le traitement industriel parisien du plaisir valait sans doute l'expérience ! Il y avait goûté, en avait été écœuré. Il n'y était allé qu'une pauvre fois ! S'était juré qu'il n'y remettrait pas les pieds… ni le reste !

Lundi 1er avril 1867. Grande date dans l'histoire de Baccarat, ville et compagnie réunies !

Le jour n'était pas encore levé qu'ils étaient déjà tous là, ceux qui avaient travaillé à l'installation des pièces de la cristallerie à Paris : ouvriers, contremaîtres, commerciaux, cadres et dirigeants, les uns en vareuse propre, impeccable, chausses immaculées, brodequins cirés, la casquette à la main... les autres en jaquette, cravate haut nouée tenue par une épingle à perle, pince-nez au cordon, chapeau noir luisant comme une peau de phoque du Jardin des Plantes, tous au garde-à-vous devant l'espace où la lumière des lustres et candélabres s'abandonnait avec délices aux facéties des cristaux lorrains. Derrière de fines colonnes à l'antique soutenant des arcades légères et gracieuses, autour de la gigantesque fontaine à décors de feuilles d'acanthe érigée au cœur de l'espace comme un monument de clarté à la gloire des verriers de Lorraine, s'offraient aux regards des services de verres à la taille parfaite, aiguières, carafes et carafons, gobelets et flacons à parfums, sucriers délicieusement gravés à la roue, décorés d'arabesques et de feuillages entrelacés, bouquets charmants, culs de lampe et miniatures, des flacons de cheminée dont le verre agate et le cristal opale s'amusaient de reflets océaniques ou laiteux dans le halo changeant des candélabres, vases cornets par paires aux grappes de raisin suspendues à des sarments où s'enroulaient des liserons aux fleurs d'un bleu profond à cœur d'or, des alignements de coupes et vasques, des escouades de porte-cigares à bord dentelé, d'éclatantes armées de services à boire à fine jambe et boutons rubis et, pendus au plafond, des lustres dont les milliers de pampilles en cascades formaient dans le ciel du Palais Omnibus une merveilleuse voie lactée d'étoiles scintillantes.

Ils pouvaient être fiers, les Lorrains, de ce Paris de cristal dont le monde entier allait admirer la vitrine dans quelques heures, quelques heures seulement, après une éternité de travail, parfois de souffrances, au four, à la gueule brûlante du pot !

— Que c'est beau ! souffla le Riflard.

Les deux derniers soirs, avec Florent et toute l'équipe des Baccarat, il avait travaillé jusqu'à l'épuisement pour que tout fût prêt, irréprochable, parfait ! Pour un temps, un temps seulement, il avait oublié les frous-frous de dentelle et les caresses d'Alice la Provençale.

— Que c'est beau ! répondit Florent.

A l'heure dite, pas une seconde de plus, pas une de moins, une escouade de gendarmes en tenue de cérémonie, sabre à la dragonne, vida les allées du Palais Omnibus. Seuls les exposants devaient rester à l'intérieur, sur le seuil de leur pavillon, en rang d'oignons, pour accueillir les personnalités en visite d'inauguration.

Aussitôt, monsieur de Fontenay fit une ultime inspection de l'espace, vitrines et rayonnages, des pièces exposées, frotta l'une sur sa manche après l'avoir brumée d'un léger souffle, rectifia la position de l'autre, rassembla ses troupes, corrigea ici le pli d'un foulard noué à la mineur sous le menton, là le tombé d'une vareuse, fit placer tout son monde sur trois lignes dont il prit la tête aux côtés de gens dont l'étoffe d'habit, la soie de cravate et l'or de la pince fichée dans la soie disaient l'importance.

Malgré la fraîcheur de l'air, les coups de bise qui balayaient un ciel d'acier hivernal sur la verrière, tous se sentaient le cou trop large pour un col trop étroit, et les mains moites. Même les plus calmes d'ordinaire se sentaient fébriles. D'habitude si serein, monsieur de

Fontenay se passait souvent l'index entre la peau et le celluloïd pour libérer des sangs devenus soudain trop épais. Terrifié à l'idée de faire une fausse manœuvre dommageable pour l'œuvre collective, chacun l'observait du coin de l'œil, guettait ses moindres gestes, le plus furtif de ses regards. Du patron au gamin – il avait tenu à les faire représenter par un groupe dont il avait dit qu'il était « l'avenir de la compagnie » –, tous se sentaient fiers d'être d'une telle maison, heureux d'appartenir à cette famille capable de tels prodiges, et inquiets à l'idée de ne pas être à la hauteur de la mission d'ambassadeurs dont ils se sentaient investis. C'est que tous les autres, apprentis, compagnons et maîtres, restés en Lorraine, attendaient beaucoup d'eux : la reconnaissance de leurs qualités par le pays tout entier, la garantie de travailler dans une entreprise à l'avenir assuré pour des années, et peut-être plus de sous à la fin de la semaine, à condition que le patron et les actionnaires fussent contents de cette exposition parisienne capable de leur ouvrir au large les portes du monde. On leur avait expliqué que plus cette vitrine de leur talent recevrait de visites, plus elle leur gagnerait de nouveaux clients, plus on tirerait de profits de ces nouveaux marchés, à tous les niveaux et pour tout le monde, des financiers aux potiers, en passant par les verriers, tailleurs, graveurs et choisisseuses, que le sort de chacun dans l'entreprise était lié à l'impression que ferait le pavillon Baccarat à l'Exposition, que de lui dépendaient le maintien en service des six fours de la cristallerie et le travail de tous ceux qui suaient chaque jour autour de leurs pots.

On était là, sur le seuil de ce pavillon prestigieux, ruminant toutes ces pensées, conscients de l'importance du moment, happés par un tourbillon terrible et délicieux à la fois, convaincus d'avoir la chance de vivre un moment historique.

Alors que monsieur de Fontenay donnait un dernier coup d'œil circulaire aux étagères surchargées, aux vasques de la fontaine, aux lustres scintillants, à ses troupes alignées, on entendit dehors des sonneries de trompettes, un roulement de cavalcade, une grande rumeur, une formidable respiration de foule. Alors, d'instinct, on serra les rangs. Epaule contre épaule, on passerait mieux le cap de ce moment exceptionnel.

Au deuxième rang, derrière les hommes en jaquette à col de satin parfumés au cuir de Russie, Florent tendit le cou pour voir, au plus loin dans l'allée centrale, le groupe chamarré qui avançait vers eux. Le Riflard lui donna un coup de coude. Le Rouillot ne répondit pas, laissa éclore dans sa gorge, sourde et pour lui seul, la vibration montée de son ventre qui lui faisait du bien. Il murmura :

— Regina.

On avait annoncé des couronnes impériales et royales, des grands-ducs, des princesses et des princes, des ministres, des présidents de toutes les sociétés savantes et marchandes, de vrais grands, des faux aussi, des courtisanes et des courtisans, des serviteurs servis par d'autres serviteurs, eux-mêmes servis... On attendait le roi Léopold de Belgique, le tsar Alexandre, l'émir Abd el-Kader, le sultan Abdulaziz, le roi Louis II de Bavière, la reine Machin, le grand-duc Chose... On attendait du beau linge et... on vit l'Empereur, l'Impératrice, leur suite, le ban et l'arrière-ban de la cour !

Un frisson parcourut l'assemblée, un murmure, une vague discrète ressentie au plus profond des entrailles. Florent n'avait jamais connu une telle émotion. Pour l'avoir vu en gravure dans *L'Illustration*, qu'il achetait de temps en temps, il reconnut aussitôt l'homme aux cheveux courts et plaqués, à la moustache fine pointée à l'horizontale de part et d'autre d'un nez droit, fin comme une lame de sabre. Il vit la troupe s'approcher, s'attarder sur l'un ou l'autre pavillon du même cercle dans ce Palais Omnibus conçu comme un parcours de jeu de l'oie, arriver à hauteur de l'arcade Baccarat droite.

De loin, comme de près, le chef de l'Etat en imposait dans son uniforme de général de brigade. Son pantalon garance très ajusté le grandissait, faisait de lui une sorte de géant fin, élégant, aux pas délicats d'homme de ville et de salon plutôt que de champ de bataille. Son habit de drap sombre serré sur la poitrine par une rangée de boutons d'or, barré par le cordon incarnat de la Légion d'honneur, lui donnait un torse puissant en contraste avec la fragilité d'une taille étroite marquée par une ceinture d'étoffe d'or savamment plissée. Les épaulettes, le col et les poignets, d'or eux aussi, soulignaient la grâce féminine du personnage en même temps qu'ils durcissaient sa silhouette, sans toutefois réussir à faire de lui un vrai soldat. Rien ne laissait transparaître les angoisses du moment.

Depuis quelques mois, Florent s'était mis à suivre les affaires du pays dans *Le Petit Journal* de Moïse Millaud et dans *L'Illustration*. La transformation de Paris sous la baguette ravageuse du baron Haussmann avait suscité sa curiosité ; la décision de l'Empereur d'imposer au corps législatif le vote d'une loi sur le droit de grève autorisant « la cessation concertée du travail à condition qu'elle ne s'accompagne d'aucune violence » l'avait interpellé, lui qui, malgré l'humanisme de monsieur de

Fontenay et de la direction de Baccarat, partageait chaque jour les conditions de vie difficiles des ouvriers des manufactures ; la guerre éclair de la Prusse contre la Confédération germanique et la déroute des Autrichiens à Sadowa l'avaient révulsé ! Comment pouvait-on être méprisant de la vie humaine au point de la mettre au service exclusif de la production de richesses capturées par quelques-uns, ou de la conquête territoriale la plus sauvage ? Il savait que les idées libérales de Napoléon étaient combattues, parfois avec violence, par des tenants de l'Ancien Régime, que les relations avec le Parlement lui étaient difficiles, mais qu'il pouvait compter sur des hommes comme le député républicain Emile Ollivier, dont les journaux parlaient de plus en plus comme d'une valeur montante au service de l'esprit nouveau, démocratique, issu de la Révolution et du Premier Empire. « Napoléon ! On se battait pour l'Empereur et pour la liberté des peuples, mon gars, la liberté des peuples… tu m'entends ? » La voix de dragon du Déqueugnard dans les écuries de la compagnie lui revint soudain. « L'Empereur… Il m'a même pincé l'oreille à Austerlitz, au petit matin, mon gars, juste avant le lever du soleil ! »

Le cortège était arrivé à hauteur des premières colonnes de l'espace Baccarat. L'Empereur s'avança simplement, répondit au salut de monsieur de Fontenay, des personnages importants alignés à ses côtés au premier rang, échangea trois mots avec eux. Après une adresse de Jean-Baptiste Dumas, son ancien maître de l'Ecole centrale, on entendit monsieur de Fontenay répondre :

— Si j'ai eu la chance d'obtenir des résultats satisfaisants au point de vue de l'art et de la fabrication, je n'ai pas oublié non plus qu'un de mes devoirs les plus essentiels était l'amélioration du sort de la classe ouvrière dont la direction m'était confiée.

Visiblement satisfait, l'Empereur acquiesça d'un mouvement de tête, émit le souhait de visiter le pavillon. Alors, les rangs s'ouvrirent, et la fontaine apparut dans toute sa splendeur, de pied en cabochon. On vit s'allumer l'étrange regard du souverain, ses lèvres esquisser un léger sourire. Suivi par quelques hommes en jaquette et cravate haut nouée, il se dirigea droit sur l'imposant socle taillé constellé d'éclats irisés, les feuilles d'acanthe des vasques qui l'obligèrent à lever les yeux, la colonne de lumière montée jusqu'au plus haut des lustres qu'elle dépassait de plusieurs coudées. Il admira longuement l'ensemble, en silence, toucha même après avoir retiré son gant de fine peau. Autour de lui, les regards suivaient son regard qui suivait les cheminements de la lumière dans la matière. En silence. Quelque part, une musique orientale tournait sur la foule, sur les toits de mosquées, de caravansérails ou de palais indiens blottis autour de l'anneau extérieur de l'Omnibus. Puis Sa Majesté voulut voir les vitrines, toutes les vitrines, les alignements de cristaux, toucher les étoiles scintillantes des pampilles suspendues au-dessus de sa tête. Elle s'attarda devant les vases de Simon, demanda comment l'homme pouvait créer de telles merveilles à monsieur de Fontenay qui, rose de fierté, lui répondit du tac au tac :

— Le travail, sire, le travail ! Rien que le travail !

Les yeux écarquillés, tous les personnels de la compagnie retenaient leur souffle.

Au moment de quitter le pavillon, l'Empereur eut un mouvement imprévu qui affola soudain ses gardes. Il s'approcha des ouvriers, les passa en revue comme un général l'aurait fait de ses troupes avant la bataille, eut un mot pour chacun d'eux, serra des mains. A Florent, les yeux dans les yeux, il dit, en lui tendant la main :

— Merci, monsieur !

Puis il passa au Riflard, qui balbutia :

— Merci, Maj… Mons…

Emu aux larmes, Florent n'avait rien pu répondre. Le contact de cette main, fine et fraîche, fragile et solide à la fois, cette main qui avait touché l'Empereur, l'oncle, l'homme d'Austerlitz, l'avait secoué comme un éclair. Il jura qu'il ne se laverait pas de si tôt, pas avant d'avoir touché la main du Déqueugnard, qu'il retrouverait dans deux jours, à la maison.

Le Riflard passa la soirée, la nuit, la journée du lendemain dans les bordels du champ de foire, entre les campements arabes, les troupeaux de chevaux des steppes montés par des Cosaques plus vrais que nature, des temples égyptiens, des bergeries tyroliennes, des pagodes chinoises, tombeaux aztèques et bains turcs fréquentés par des belles aux formes avantageuses à peine voilées qui susurraient des mots tendres aux hommes qu'elles réussissaient presque toujours à entraîner dans leur sillage d'ylang-ylang.

Florent avait trouvé refuge dans le petit parc champêtre, à l'opposé des bords de Seine, au milieu des serres où s'ébattaient des oiseaux de toutes les formes et couleurs, des bassins et aquariums où des poissons étranges tournaient en rond sous l'œil des visiteurs, des massifs de fleurs merveilleuses qui feraient, il en était certain, de beaux motifs pour de nouvelles créations du maître graveur Jean-Baptiste Simon. Seul, sur un banc perdu dans la foule, il avait laissé monter en lui la vibration dont se nourrissait sa gorge, murmuré plusieurs fois : « Regina… Regina… »

Puis, en fin d'après-midi, il était allé du côté du pavillon russe, y avait admiré la gigantesque mosaïque réalisée, disait la notice, en quatre ans par quatre artistes aux noms écrits mais imprononçables, œuvre d'une beauté intense destinée, après sa présentation à Paris, à la cathédrale Saint-Isaac de Saint-Pétersbourg. Les bleus profonds, carmins intenses et ors soyeux l'émurent aux larmes, et la paisible extase portée par les visages de saintes et saints que de simples hommes, artistes certes mais simples hommes, avaient réussi à exprimer par la matière. Parmi eux, il crut reconnaître… le visage de la Vierge, dans la chapelle.

Und wenn sie tät die Auglein zu
Und schläft in süßer, süßer Ruh…

Le lendemain, le train reconduisait à Baccarat un Riflard puant et ronflant, et un Florent impatient de raconter son séjour, Paris, l'Exposition universelle, le Palais Omnibus, le pavillon de Baccarat, la bienveillance de monsieur de Fontenay et de tous les patrons, et… la main de l'Empereur, ce contact qu'il allait transmettre à sa mère, au Déqueugnard surtout ! Il se réjouissait du bonheur qu'il allait pouvoir ainsi offrir au vieux soldat. Bonheur ! Il en était certain. Depuis la visite impériale, il ne s'était pas lavé les mains !

Quand Florent bondit sur l'escalier, poussa la porte, fit irruption dans la cuisine, il trouva sa mère prostrée sur une chaise contre le jambage de la cheminée.

D’une pâleur de cadavre, elle leva sur lui de pauvres yeux ravagés…

Tombé foudroyé dans les écuries du château, une semaine plus tôt, le Déqueugnard était enterré… depuis trois jours !

14

Août 1869

La France tremblait encore de fureur. Le souvenir du « crime » de La Ricamarie ne s'effacerait pas de sitôt ! Pourquoi les fantassins du capitaine Gausserand avaient-ils tiré sur les mineurs en grève rassemblés au ravin du Brûlé ? Pourquoi avaient-ils tué treize pauvres bougres, seulement coupables d'avoir demandé le respect de règles élémentaires de sécurité au fond de leurs trous, dans les veines de charbon, et une plus juste rémunération de leur travail d'esclaves ? Pourquoi ?

A Baccarat comme ailleurs, on se posait la question. Et on se constatait bien incapable de réagir autrement que par la colère, une colère sourde qui assombrissait les regards et tendait la relation avec les patrons. Bien sûr, on bénéficiait d'avantages que nombre de communautés ouvrières auraient pu envier, comme une caisse d'aide en cas d'accident du travail, des écoles, des logements sains ! Mais on ne pouvait s'empêcher de ressentir dans la tête et dans les tripes la détresse de celles et ceux qui trimaient nuit et jour, suaient sang et eau, hommes, femmes et enfants, pour une aumône, dans les autres usines et manufactures du pays.

On savait que la croissance économique ne profitait qu'à quelques-uns, industriels et financiers, des bandits de grands chemins qui détournaient les fruits du travail de tous à leur seul profit et qui, pour assurer la pérennité d'un système si juteux pour eux, avaient réussi à confisquer tous les pouvoirs, du plus bas niveau communal au plus haut, parlementaire et ministériel. Ils n'étaient pas en première ligne, on ne les connaissait pas bien, mais ils savaient agir en douce, faire et défaire les cabinets, organiser les réseaux, renforcer chaque jour davantage leur pression sur les parlementaires qui accouchaient de lois souvent scélérates, toujours généreuses pour le portefeuille de leurs suzerains. Quand ils avançaient sans masque, ils prétendaient travailler au bien commun et au bonheur du peuple, tandis que, dans l'ombre, leurs sbires organisaient la saignée de la bête jusqu'à son épuisement, avant de la remplacer par une autre bête, âgée parfois de sept à dix ans seulement, femme parfois, plus docile et moins coûteuse, que pour un même travail ils payaient un bon tiers de moins que l'homme.

Après les espoirs de mieux vivre semés par l'Empire libéral, étaient venues les désillusions. On se doutait bien que l'Empereur lui-même n'était pas à la source de ces misères, lui qui avait écrit et défendu avec conviction *L'Extinction du paupérisme*, mais on savait son grand entourage peu enclin au respect des petits. La valse des ministères, les rebuffades parlementaires, les coups de gueule d'une presse de plus en plus agressive le prouvaient bien. L'exaspération était à ce point que le journaliste Henri Rochefort, petit-fils d'émigré, fils du marquis de Rochefort-Luçay et marquis lui-même, venait de lancer son hebdomadaire *La Lanterne*, baptisé ainsi par référence à l'objet destiné à « éclairer les honnêtes gens et pendre les malfaiteurs ». Dès les premiers numéros, il avait passé les cent vingt mille exemplaires, gagné condamnations et saisies à répétition, et le droit de s'exiler en Belgique pour s'éloigner des prisons françaises, qui lui tendaient leurs barreaux !

Début juin, provoquées par de faux policiers en civil afin d'effrayer les bourgeois qui, ainsi, se retourneraient vers le pouvoir et exigeraient de lui le rétablissement d'un ordre fort, les troublantes émeutes des « Blouses blanches » avaient failli mal tourner. De l'Opéra au faubourg Montmartre, entre deux charges de gardes à cheval, on avait entendu jusque sur la terrasse du café Brebant des « A bas la rousse ! », des « Vive la République ! », et de furieux « Aux armes ! ». Le peuple ouvrier de l'Est parisien avait suivi. Il en avait fait les frais !

La région lyonnaise n'avait pas été en reste, avec, en écho à celle très dure des veloutiers quelques années plus tôt, la grève des teinturiers d'Izieux, celle des chapeliers de Chazelles-sur-Lyon, celle des mineurs de Rive-de-Gier. Saint-Etienne avait durci le ton. Pour une période aussi longue que la violence de l'obstination patronale, ses mécaniciens avaient déposé les clés, les chaudronniers tombé le tablier de cuir, les plâtriers remisé les truelles.

Et puis, le monde ouvrier y revenait toujours, il y avait eu ce terrible affrontement du Brûlé, à La Ricamarie : mineurs noirs de charbon et leurs familles, tous mains nues, poitrine offerte, face à une troupe commandée par un officier sans états d'âme qui aurait sans doute fusillé sa propre mère si l'ordre lui en avait été donné. La salve avait crépité. On avait relevé treize morts, dont deux femmes et un enfant de trois ans ! « Vous nous paierez ça ! avait hurlé un homme en levant le poing, des sanglots plein la voix. Vous nous le paierez, ordures ! Je le jure ! » Dix, cent, mille poings s'étaient alors levés dans ces monts du Forez, puis par toute la France, au pays de Lens, à Paris, jusqu'en Lorraine, pourtant d'un naturel calme et toujours loyale.

Dans les palais nationaux, des Tuileries à Compiègne, où la cour jouait la détente collective, en passant par Saint-Cloud, lieu des relations intimes de la famille impériale et des soins destinés à soulager Napoléon III des douleurs provoquées par la maladie de la pierre, on mettait ces convulsions populaires sur le dos de quelques agités manipulés par les affreux de l'Internationale, on rassurait les souverains en leur racontant des histoires de peuple heureux, on jouait à faire croire à une paix sociale seulement troublée par quelques malfaisants pilotés par un étranger comploteur et vindicatif. On se croyait les plus forts. On disait la France exemplaire. On affichait sa confiance en un avenir que les nouvelles du monde altéraient pourtant chaque jour davantage. Il n'est pire aveugle que celui qui ne veut pas voir !

L'Empereur n'était pas dupe. Mais il était seul ! Endormi par l'amour sincère de l'impératrice, ébloui par la vivacité de son fils, le jeune prince impérial dont il attendait la majorité pour lui confier les affaires de l'Etat, épuisé par des années de lutte, écrasé par un héritage dont il n'avait jamais autant éprouvé le poids, terrassé par les souffrances, il ne pouvait plus grand-chose pour changer le cours des événements. Il se laissait balader dans une bulle d'étrange torpeur en attendant des jours plus calmes. Mais, autour de lui, les factions s'activaient.

Pour ajouter aux angoisses du moment, les inondations de l'automne passé avaient ruiné les dernières récoltes, de pommes de terre surtout, qui avaient pourri avant d'être arrachées. On avait faim ! Et, cerise sur le gâteau, on redoutait… le retour du choléra !

Mon cher Florent,

Les temps nouveaux me troublent à un point que je ne peux exprimer simplement.

Je vois, dans l'air, des menaces si terribles que j'en tremble parfois. Bien sûr, je suis saxonne ! Bien sûr, je souhaiterais que tous les peuples qui parlent la même langue que moi se rassemblent dans une seule nation, l'Allemagne, et travaillent ensemble à la paix en Europe ! Bien sûr, je voudrais que toutes les voix, dans toutes les langues de notre continent, ne chantent que des hymnes à la fraternité ! Mais ne peut-on pas faire cette nation et avancer vers cette fraternité, apprendre à chanter ainsi, sans passer par la guerre ? Je peux bien vous l'avouer (vous ne le répéterez pas !) : ce Bismarck me terrorise !

Malgré bien des efforts, je n'ai jamais eu de bonnes pensées pour les Prussiens, ces gens d'un Nord pourtant si proche de chez moi, mais si différent. Autant nous sommes, nous, Saxons, ouverts sur tous les horizons, prêts à accueillir ou à nous faire accueillir par tous les peuples et toutes les cultures – voyez comme j'ai aimé votre Lorraine, comme je l'aime toujours ! –, autant eux n'ont qu'une volonté depuis la nuit des temps : imposer leur loi au reste du monde. Peut-être ces attitudes tiennent-elles, pour nous, à ces grands espaces terrestres que, des hauteurs de la Bastei, nous découvrons dans la direction des quatre vents et, pour eux, à la muraille écumeuse de la mer Baltique qui les emprisonne au nord et les repousse sans cesse vers leur midi, leur seule ouverture possible sur le monde.

Florent lisait le papier ivoire. Il l'avait flairé, reniflé dans toutes ses fibres, au creux de tous ses plis, lui avait reconnu le parfum du mimosa.

Après son retour de Paris, il n'était allé que deux fois aux écuries. L'impression de vide avait été si intense qu'il s'en était enfui comme un voleur après son baiser dans le velours d'Iris des Ténèbres et la flatterie sur l'encolure d'Ouragan. Le nouveau palefrenier l'avait regardé de travers, un sourire goguenard aux lèvres. Les deux hommes n'avaient pas échangé un mot, pas un geste l'un vers l'autre. Rien que ce regard de travers que Florent avait tenté d'adoucir, de loin, sans y parvenir. L'autre avait l'air d'un bûcheron. Epais de tête et de corps, une tignasse poisseuse plaquée sur le crâne comme un casque de hussard surmonté d'une crête de coq luisante de suint, il avait une encolure de bœuf et des pattes de sanglier qu'il tirait en chaloupant des hanches, des mains-battoirs aux doigts de boudin. Et la face rouge et grêlée de ceux qui n'avaient pas échappé à la petite vérole, une bouche de carpe toujours ouverte sur un souffle rance, des oreilles décollées ornées d'anneaux de ferraille. Deux ans après son arrivée, nul ne savait encore d'où il venait, n'avait entendu le son de sa voix, n'avait pu tâter de la force ou de la mollesse de sa main. Il avait repris les deux pièces du Déqueugnard, dans le bâtiment du fond, contre le cimetière, sur le chemin des jardins, où il vivait à la sauvage. Il ne fréquentait personne, pas plus au bistrot que sur le jeu de quilles, effrayait par son allure les femmes qui n'allaient plus seules de ce côté-là et empêchaient les enfants d'aller courir vers le bois du Fouy.

La rumeur le disait rentré de Crimée après une mauvaise blessure sous les murs de Sébastopol, sans cœur désormais, d'avoir trop souffert, et sans voix d'avoir hurlé de haine contre les Russes trop cruels, de colère contre les Anglais trop couards toujours en deuxième ligne, et de douleur quand il s'était fait couper en deux par un éclat de pierre qu'un boulet avait arraché aux remparts de la ville. Elle le disait aussi d'une rare science cavalière qui avait impressionné monsieur de Fontenay.

Quelques semaines après son arrivée, un matin, on avait envoyé Ouragan vers une destination inconnue. Florent travaillait ; il ne l'avait pas vu partir. Iris des Ténèbres avait suivi son compagnon d'écurie à deux ou trois jours d'intervalle, une fin d'après-midi d'été assommée par une chaleur étouffante, sous un ciel bleu de Prusse à reflets ocre annonciateur de grêle. Florent avait eu juste le temps de courir vers lui, de lui baiser une dernière fois la lèvre, de lui murmurer quelques mots à l'oreille. Le cheval avait tourné vers lui son œil bleu transparent. Florent avait cru y lire de la détresse ; son cœur avait bondi ; il avait dû ravaler une gorgée de plomb brûlant.

Puis l'orage avait éclaté, d'une violence inouïe. En une heure sa folie de vent, d'eau et de glace avait tout haché et lessivé, les haricots sur leurs rames derrière le cimetière, les pavés et les toits de la cour et des ateliers, et… les souvenirs. La fureur du ciel venait d'ouvrir au large les portes d'un autre temps !

J'espère que vous chantez toujours, Männlein, même si, comme je le suppose, votre voix a changé ! Chanter est notre seule protection contre la malveillance des hommes. C'est aussi le seul moyen de faire circuler dans les airs des flux généreux et fraternels qui, j'en suis certaine, seront respirés un jour par les êtres perdus dans une obscurité criminelle. Le monde n'est pas que le fruit des monstres et des pervers, mon cher Florent ! Il est aussi la Lumière que nous avons le devoir de rendre plus vive et de partager avec le plus grand nombre. Ce monde est né de l'amour et grandira par l'amour ! Les peuples n'y échappent pas, n'en déplaise aux hommes de pouvoir qui ne voient l'avenir qu'à leurs bottes et sous leur cravache. Il nous faut donc chanter, mon cher Florent, chanter encore, chanter toujours ! N'oubliez pas : chanter, c'est prier deux fois ! Et chanter à deux, c'est prier... mille fois !

Florent posa le pli d'ivoire sur la table.

Dans son coin, Jeanne chevrotait des phrases dont elle seule connaissait le sens. La mort de son Gus l'avait foudroyée. Autrefois dense et nerveuse, sa chevelure était devenue si éparse qu'elle laissait par endroits paraître le cuir ; elle avait viré au gris sale et coulait en mèches filasse sur ses épaules. Aux remontrances de son fils, la mère ne répondait que par la même ritournelle, ânonnée sans même lever les yeux vers lui : « Je n'ai plus rien à faire ici ! Fichez-moi la paix... tous... tous ! »

Elle ne se soignait plus, ne s'occupait plus de la maison, n'allait plus aux ateliers. A propos de la maison, la direction avait fait savoir à Florent qu'ils devraient la quitter puisqu'il était le seul désormais à travailler pour la compagnie : les logements étaient adaptés et réservés aux familles ! Or plusieurs d'entre elles logeaient en ville, en attente d'une place à l'intérieur de la cristallerie contre un loyer modeste. Il avait donc cherché du côté de la rue des Ponts, puis de la Grande-Rue, au plus proche de l'usine, à deux pas de la Belle Mendiante enfin achevée et ouverte au culte, n'y avait trouvé que des réduits à cochons ou des annexes de palais bourgeois à des prix de location impossibles, avait finalement déniché quelques pièces sous les remparts de la romaine et féodale Deneuvre, mitoyennes avec la ferme de naissance de sa mère, où résidait encore sa dernière tante, Mathilde.

Cette proximité le rassurait. Les deux sœurs avaient perdu tout contact depuis longtemps pour des raisons inconnues de lui, vaguement liées à des problèmes d'héritage, eux-mêmes liés à des problèmes de mariage décrié. Mais il semblait que la vieillesse de l'une et la détresse de l'autre eussent fini par avoir raison des querelles anciennes. Mathilde lui avait promis de rattacher quelques fils rompus avec sa sœur. Sans garantie de réussite ! Elle avait promis d'essayer seulement… Quant à Jeanne, elle s'était contentée d'un drôle de sourire, d'un vague geste de la main, et d'un énigmatique « Deneuvre ? Ah… Deneuvre ! ».

Le déménagement des trois meubles – dont la cuisinière et la bonnetière aux objets précieux –, quatre ustensiles – dont le pot à savon et la casserole bleue à cul noir – et cinq reliques – dont le brassard de communion du père, la robe de mariée de la mère, les missels et le crucifix de porcelaine au cœur peint sur une vasque vide d'eau bénite – était prévu dans quelques jours, pendant la semaine précédant la Nativité de la Bienheureuse Vierge Marie. Ainsi installée, Jeanne pourrait en suivre les offices à l'église voisine. Son fils était rassuré.

Chanter à deux, c'est prier mille fois !

Florent reprit la lettre. Regina avait souligné la phrase. Que voulait-elle dire par ces mots ? Jeanne releva la tête.

— Qu'est-ce qu'elle te dit ?

Le ton du « elle » était glaçant. La mère avait encore assez d'énergie, quand elle le voulait, pour exprimer ses états d'âme ! Florent fit celui qui n'avait pas entendu.

— Qu'est-ce qu'elle te dit ?

— Regina me parle de chant.

— Encore ! Elle n'arrêtera donc jamais ?

Puis, tournant vers son fils un visage éteint :

— Qu'est-ce qu'elle te veut, donc ? Elle ne peut pas te foutre la paix... me foutre la paix ? Qu'est-ce qu'elle nous veut ?

Sa voix de trompette déchira les oreilles de Florent.

— Qu'est-ce qu'elle nous veut ?

Elle se dressa, prête à bondir, tendit une main vers la lettre.

— Donne !

Il la replia, la fourra dans sa poche.

— Donne ! Donne, je te dis !

— Elle est à moi, cette lettre ! A moi seul.

— Mais, avant, tu me les lisais !

— C'était avant...

— Avant quoi ? Avant quoi ?

Elle hurla à s'en faire éclater la gorge.

— Vous avez donc décidé de me tuer, tous les deux !

Ses yeux étaient exorbités. Elle se mit à trembler. Cria :

— Me tuer ! C'est ce que vous voulez ?

Elle ouvrit les bras au large, écarta son châle, présenta une poitrine décharnée...

— Alors, vas-y ! Qu'est-ce que tu attends ? Vas-y ! Un peu de courage, mon fils... tue ta mère !

Une eau glacée coula dans les veines de Florent. Jamais il n'aurait pu imaginer vivre une telle situation un jour, ni entendre de tels propos dans la bouche de cette femme. Jamais ! Une bouffée de tendresse surgit. Il osa, comme autrefois... comme avant...

— Maman... maman !

Jeanne parut foudroyée. Son élan se bloqua net. Elle resta un instant, immobile, bras écartés, châle ouvert sur sa poitrine, parut hésiter, murmura :

— Je suis...

Puis elle tourna vivement la tête vers le mur, finit par cracher :

— Merde !

La nuit était tombée depuis longtemps déjà. Un merle attardé saluait encore la fin du jour en vocalisant dans un tilleul du parc. Un autre lui répondait des lisières du Fouy, quelque part derrière le cimetière des verriers. Allongé sur son lit, les yeux grands ouverts sur un clair de lune blanchâtre, Florent tentait de mettre de l'ordre dans sa tête. Des mots en marmelade, des pensées confuses s'y bousculaient, dégoût et besoin d'elle, haine et amour...

De sa chambre, tout à l'heure, il avait entendu des bruits de vaisselle, de chaises qu'on tirait sur les dalles de la cuisine, le grincement familier de la bonnetière aux trésors. Il s'était levé, avait guetté par sa porte entrouverte, l'avait vue, sa mère, grimpée sur une chaise, qui fouillait sur le rayon du haut, derrière le crucifix de porcelaine et le carton de mariage. Que cherchait-elle ? Il avait failli entrer, lui proposer de l'aide, parler avec elle, la prendre dans ses bras, l'apaiser, la protéger... Il n'avait pas pu. Une force douloureuse l'avait retenu là, dans sa chambre où à la lueur de la chandelle il relisait maintenant, une fois encore, jusqu'au salut final, la lettre de la dame, sans rien y trouver de mauvais pour sa mère. Bien au contraire !

Demain, je me ferai conduire dans notre église, et je chanterai pour vous, mon cher Florent, et pour votre mère que j'espère en bonne santé. Vous voyez, je prierai donc deux fois ! Trois même... car je demande toujours à Notre-Dame de me permettre d'entendre encore votre voix... une fois... une fois seulement ! J'ai confiance. Je sais que cela sera. N'a-t-elle pas déjà exaucé un vœu vous concernant ?

Dans votre prochaine lettre, parlez-moi donc de votre métier, de ce cristal amoureux de la Lumière. Prenez bien soin de vous, et de votre mère.

Et... chantez, mon cher Florent !

A bientôt. Chantez !

Cela faisait des mois que le Riflard lui tannait le cuir pour aller faire un tour dans un village du Sud lorrain dont tout le monde parlait : Vittel. « Il se passe des choses, là-bas ! On y livre toutes les semaines des dizaines de services, de carafes, de gobelets... des lustres ! Et pas les plus moches ! Enfin, tu en sais quelque chose, nom de Dieu ! C'est nous qui les fabriquons ! » A chaque fois qu'il parlait de ce Vittel, son œil s'allumait. « Je te jure... il se passe quelque chose là-bas ! »

Il soulignait ses propos de gestes de plus en plus amples et nerveux. « Il paraît qu'un type un peu fou est en train d'y bâtir une ville tout entière autour d'une source miraculeuse... tu te rends compte ! Il paraît que tout Paris commence à y venir[1] ! Peut-être que les filles

1. Du même auteur, dans la même collection, *La Fontaine de Gérémoy*.

y viennent aussi ! Tu te rappelles ? » S'il se rappelait... Alice la Provençale et les autres, en costume bavarois, voiles orientaux, tenues d'amazones kirghizes...

Florent avait fini par céder. Juste après le déménagement. Sa mère installée sur la hauteur, juste à côté de sa sœur qu'elle avait accepté de revoir, il avait pris la route avec son Riflard excité par de grivoises perspectives.

Ils avaient franchi la Moselle sur le grand pont de Charmes au cul de chevaux plus nerveux que des pur-sang à la renifle de pouliches en chaleur, escaladé la côte du plateau lorrain vers Mirecourt, dont ils n'avaient vu que le relais de poste, les halles antiques et les dizaines d'enseignes des luthiers que, depuis la rue, ils avaient aperçus dans leurs ateliers, calottés de velours noir, penchés sur de mystérieux ouvrages. Puis, par une route lente et rectiligne en bordure du Madon, ils avaient abordé les rives du Petit Vair dont les jus de fumier, les résidus de brasserie et les sécrétions domestiques faisaient un égout à ciel ouvert, gras et puant. « C'est ça, ta station ? » s'était inquiété Florent en traversant la place des Dames. « Attends un peu, pour voir ! Merde ! Un peu de patience ! » Ils s'étaient renseignés, avaient découvert les immeubles neufs, alignés comme à la parade, les hôtels en construction, les rues nouvelles à peine tracées et déjà ouvertes, le pavillon des sources et ses va-et-vient de femmes à ombrelle, d'hommes en costume clair coiffés d'un canotier, de cavaliers à monocle, ses silhouettes maladives, toutes un gobelet à la main ou pendu dans un élégant étui de paille. L'air embaumait la fumée de havane, le cuir des harnais et des bottes fraîchement graissés, le patchouli et... le mimosa. Une bouffée de vieilles émotions obscurcit soudain l'horizon de Florent. Il eut un moment de curieux flottement. S'en remit.

Le Riflard exultait, bavait de commentaires et projets de nuits chaudes. Ils avaient loué une chambre au centre du vieux village, à l'hôtel des Sources, dont se lisait encore l'ancien nom sur la façade : *Hôtel des Deux Pigeons*.

Florent se promena longuement autour des roses du parc dans le sillage de messieurs en chasse, de couples au badinage, d'autres dont les enfants poussaient le cerceau et des cris de souris. Il regagna tôt sa chambre, en nez des parfums de femmes et de crottin frais, en bouche le bon goût sucré des échaudés, spécialité du pays. Après les tourments familiaux, il avait respiré la paix.

Les jeunes arbres se teintaient déjà d'un tendre vert ocré, les hirondelles jouaient les premiers rassemblements de départ, les derniers papillons voletaient leur danse claire d'une rose à l'autre. L'automne s'annonçait.

Pendant la promenade, une image avait tourné derrière les yeux de Florent. Il n'avait pas pu l'évacuer. Elle l'avait hanté toute la nuit, s'était encore imposée le lendemain matin, sous la pluie glacée du parc, puis dans la voiture du retour. Au point qu'il n'avait pas décroché un mot à son complice d'escapade. Heureusement, terrassé par la fatigue d'une nuit vraiment chaude, tassé dans un coin de la capote, le Riflard n'avait la force ni d'entendre, ni de parler : il ronflait comme un sonneur. Cette image et les remous qu'elle avait provoqués en lui seraient désormais indélébiles, il le savait : au cours du déménagement, dans la bonnetière aux trésors familiaux, il était tombé sur une boîte de carton tenue fermée par un fin cordon doré. Sa mère était déjà partie dans sa nouvelle demeure de la colline. Il était seul.

La boîte sur la table, dernier meuble à charger sur la charrette avec la bonnetière, il avait promené son regard dans cette cuisine où s'était jouée toute son enfance, sur l'araignée sans ustensiles, la pierre à eau vide, les traces au sol des pattes de cuisinière et de la caisse à bois, l'âtre froid qui puait la cendre humide et le bistre, les chenets… Il avait revu les deux rondins d'acacia en croix, le feu ronflant, l'orange de Noël couronnée de flammèches fusantes bleu et or, les flocons rendus fous contre les vitres par la bise, le visage du père, le désarroi de la mère. Il avait fermé les yeux.

Angst und Not
Sind der Christen Tränenbrot…

Puis il avait dénoué le cordon doré, ouvert la boîte. Une agréable fraîcheur s'en était aussitôt échappée. Ses doigts tremblaient. Il s'était penché, avait fait glisser le trésor sur la table vers son visage, l'avait rapproché, plus près encore, l'avait examiné, en avait humé le contenu : un paquet enveloppé dans du papier de soie, couvert de feuilles de menthe sèches et de pétales de rose que son souffle faisait frémir. Son cœur cognait dans sa poitrine. Il avait fait durer l'attente, plaisir plus vif que la découverte à venir elle-même. Enfin, du bout des doigts, du bout du temps, il avait écarté feuilles et fleurs, déplié le papier de soie. Alors lui étaient apparus… ses arabesques sur les emballages marron de la compagnie, tous ses dessins soigneusement pliés, classés par date inscrite au dos, au crayon bleu, son crayon, mais d'une autre main que la sienne : celle de sa mère !

Tous ses dessins ! Il n'en manquait pas un seul... du temps où... « Maman... »

Il en avait pleuré en silence.

Jeanne glissait maintenant sur la vie comme une moribonde. Assise derrière la fenêtre, elle passait ses jours et le plus noir de ses nuits à regarder vers les toits de la compagnie, en bas, les cheminées et leur panache changeant, les frondaisons du Grammont où naissait le jour, le ciel d'orient. Florent avait renoncé à la faire bouger.

Elle semblait indifférente à sa présence comme à son absence, aux mouvements des passants dans la rue, au flamboiement d'automne sur le bois de la Petite Rappe qui surplombait la maison, à la nourriture que lui apportait chaque jour sa sœur. Elle réservait ses seules sorties à l'église, où elle restait des heures, au premier rang, prostrée devant le *Baptême de Clovis par saint Remy* pendu dans son cadre baroque derrière le maître-autel, offert à la paroisse un siècle plus tôt par le faux duc de Lorraine, Stanislas le bienfaiteur. D'un roi des Francs de bleu et de blanc drapé, agenouillé, les mains croisées sur la poitrine en signe de soumission, de l'ample mouvement théâtral du saint faisant ruisseler l'eau sur la tête du souverain, de la lumineuse extase de la femme, juste derrière, inondée d'une lumière tombée d'un ciel tourmenté posé comme un couvercle sur un chapiteau de temple grec, ou de la discrète croix de Lorraine surgie à main droite de nulle part... nul n'aurait pu dire ce qui la fascinait le plus. Elle y restait des heures, insensible aux regards, au chaud, au froid, aux parfums d'œillets d'après funérailles, aux lambeaux bleutés d'encens de fin d'office, à l'invitation du curé à rentrer chez elle quand la pâleur cadavérique commençait à faire d'elle un personnage isolé de curieuse pietà. Le prêtre devait la secouer, la tirer, la pousser pour la sortir de son banc, qu'elle quittait à reculons en grognant comme une bête. Elle rentrait chez elle, avalait en deux coups de cuillère et trois aspirations de siphon la soupe de Mathilde, se plantait devant sa fenêtre, regardait le ciel couler sur la ville.

Seules les bousculades du Riflard réussissaient parfois à allumer encore le regard de Jeanne. Il venait à « la maison du haut », comme il l'avait baptisée, buvait un verre ou deux avec son ami en discutant de ce qu'ils allaient bien pouvoir réaliser pendant les prochaines broyes ; ils se montraient les pièces déjà faites, en soulignaient les défauts, se commentaient les beaux coups d'œil et de main qui avaient donné au cristal formes et lumière nouvelles. Ils étaient fiers de certains éléments de lustres et chandeliers, comme des coupelles « nénuphar » ou des bras en gracieux col de cygne torsadé qui avaient trouvé leur place dans le monumental *Candélabre à la tsarine*, haut de plus de deux mètres, présenté au Palais Omnibus, et des vases cornets en cristal opale blanc orné de liseron en liane fleurie d'outremer et d'or. De temps en temps, l'un ou l'autre prenait un verre, y versait un filet d'eau, humectait son doigt, le glissait lentement sur le buvant. Alors montait la musique des anges ! Alors Jeanne tournait la tête vers eux, un étrange sourire aux lèvres ! Alors le Riflard en profitait pour la malmener un peu : « Ah, vous v'là enfin avec nous, madame Jeanne ! On avait bien cru que vous ne viendriez jamais ! » Florent observait les réactions de sa mère, laissait dire et faire, une pointe de jalousie fichée dans la poitrine. Pourquoi réagissait-elle aux sorties du Riflard, jamais à ses mots et gestes à lui ?

Souvent, pourtant, il s'approchait d'elle, lui murmurait à l'oreille « Maman… maman… ». Elle ne bougeait pas d'un cheveu, n'exhalait même pas un soupir, rien qu'une mauvaise odeur qui prenait au nez dès l'entrée dans la pièce. Faute de se laver, elle puait la sueur, la vieille pisse, le rance.

Ce soir-là, après un bon verre de rouge tiré de la cruche mise à rafraîchir sous son linge humide, le Riflard lui avait lancé :

— Va falloir vous changer, madame Jeanne. On vous emmène au bal, samedi soir ! C'est la fête de Saint-Rémy ! Je vous ferai danser !

Elle avait imperceptiblement haussé les épaules.

Florent avait alors saisi ce moment pour annoncer à son complice, assez fort pour que la mère entende :

— Vous irez tous les deux. Moi, je ne serai pas là. J'ai demandé une autorisation d'absence à monsieur de Fontenay. Il me l'a accordée.

Le Riflard l'avait regardé sous le nez en fronçant les sourcils.

— Une autorisation d'absence ? Longtemps ? Pour faire quoi ?

— Un mois !

— Un mois ? Ça va pas la tête ! Tu rigoles ou quoi ? Il ne te la donnera jamais !

Le Riflard s'énervait face à un Florent très calme. Il eut soudain l'œil noir des mauvais jours.

— Tu rigoles ou quoi ? Réponds !

— C'est fait, je te dis ! Il me l'a donnée.

— Pour faire quoi ?

Florent but une grande rasade de vin, le regarda droit dans les yeux, lâcha :

— Je pars en voyage… en Allemagne !

15

22 octobre 1869

De relais de poste en auberges, les diligences avaient traversé des plaines, franchi des fleuves, escaladé des montagnes molles et sombres, d'autres plus hardies, qui avaient malmené voiture et passagers.

A l'approche de Zwickau, à cause d'une rupture de timon, il avait fallu réparer sur place, avec des moyens de fortune. Autant pour s'occuper que pour se remémorer des gestes anciens, Florent avait donné un coup de main. Il avait retroussé ses manches sous l'œil ébahi des autres voyageurs, s'était occupé des chevaux, tandis que le conducteur et son aide rafistolaient les pièces. Ils étaient arrivés à l'auberge au plein milieu de la nuit, sous une pluie fine et glacée. S'occuper des chevaux, et les noms de villes et de villages qu'il devinait sur les lèvres de ses compagnons de route lui avaient rappelé le Déqueugnard, sa passion pour les animaux d'attelage et ses récits de campagnes aux côtés de l'Empereur. Il ne comprenait rien à ce qui se disait dans la guimbarde, mais il sentait bien, de temps en temps, à leurs regards en coin et au ton véhément de ses voisins, qu'ils savaient voyager en compagnie d'un Français. Les conversations allaient bon train ; le ton enflait soudain quand la phrase butait sur un nom de lieu où la Grande Armée avait connu la défaite durant la ruineuse campagne de 1813, cinquante ans plus tôt seulement ! « Leipzig ! Leipzig... » revenait souvent, écaillé de rires. « Wittenberg... », « Dessau... » tournaient dans sa tête avec le timbre de voix du palefrenier. Les entendait-il vraiment ? Etaient-ils lancés par ces Allemands en costume de drap lourd ceinturé de cuir avec l'intention de le frapper ? Ou bien croyait-il les entendre, pour avoir trop répété avec le vieux soldat ces noms qui leur mettaient les larmes aux yeux, et imaginé, autrefois, assis sur son seau retourné sous les moineaux en chamaille dans la charpente, les montagnes, les forêts, les fleuves infinis que la mémoire de l'homme rendait infranchissables ?

Une grosse semaine après avoir quitté la Lorraine, Florent posa le pied dans une cour de relais de poste encadrée de bâtiments blancs à hauts pignons percés de fenêtres étroites à linteau gothique. Rousse d'automne, une vigne vierge courait sur une aile autour d'un grand cadran solaire sculpté à l'aplomb de la porte d'entrée, décoré de feuillages et fleurs ocre et rouges, qui tirait son trait d'ombre vers une heure du couchant déjà avancée.

Des voix, des rires de femmes, des claquements de sabots sur les pavés, des bruits de ferraille choquée tournaient autour d'un immense tilleul couronné d'or. La pluie s'était calmée. Il faisait presque tiède. L'air sentait bon le foin, la paille fraîche, le crottin et la saucisse grillée.

Un large sourire aux lèvres, une femme ronde vint droit vers lui en balançant ses bras potelés, suivie par deux chiens dont les jappements ricochaient en éclats sur les façades. Par gestes, il lui expliqua qu'il n'irait pas plus loin, qu'il désirait une assiette et une chambre au moins jusqu'au lendemain. Par gestes, elle fit comprendre qu'elle avait compris, l'invita à entrer, empoigna l'un de ses balluchons, fit un signe de tête, traversa la cour d'un pas ferme et chaloupé, se retournant plusieurs fois pour le voir la suivre. Son sillage sentait bon le laurier et la bière et la saucisse grillée. Il entra. Des visages se tournèrent vers lui. On lui lança des onomatopées qu'il prit pour des saluts. Il répondit d'un mouvement de son bras libre, main levée, sourire aux lèvres. La salle était sombre et fraîche. Un grand feu dansait dans une cheminée du fond, derrière une table de monastère si longue qu'elle touchait presque les murs de part et d'autre. L'air embaumait le chêne brûlé, le fromage de vache, le cuir et le chou blanchi. Florent en aspira une grande goulée, qui chassa aussitôt les fatigues de la journée.

D'emblée il se sentit bien, là, dans cette auberge de Bad Schandau.

— Bad Schandau... murmura-t-il. Bad Schandau !

Comme pour se prouver, par la répétition du nom, qu'il était bien là, dans cette ville où... ne l'attendait pas Regina ! Il ne l'avait pas prévenue de sa visite. Comment réagirait-elle ? N'eussent été l'heure avancée et son état – couvert de poussière, collant de sueur, il puait le carnage –, il serait déjà allé vers elle. Mais il demanda un tub, un seau d'eau, du savon et des linges de toilette, monta dans sa chambre, s'étourdit d'ablutions, se rhabilla de propre, descendit croquer des saucisses avec du chou devant la cheminée, remonta, s'effondra dans un lit profond de sainfoin et de plumes.

Quelque part un chien saluait la nuit, ou impressionnait un chat. De temps en temps, le souffle d'un cheval montait des écuries, une plainte de chouette courait sur les toits, un coup de pied sonnait contre un bat-flanc… Sibelle… Iris des Ténèbres… Ouragan !

Il ferma les yeux. Un accordéon se mit à soupirer dans la salle du bas, puis s'emballa. Pour calmer l'impatience, il laissa monter à sa gorge la vibration née dans son ventre, l'entretint aussi longtemps qu'il put. Puis, sans s'en rendre compte, il bascula dans le sommeil.

Un soleil radieux coulait à flots dans sa chambre quand il ouvrit les yeux. De la cour montaient déjà des cliquetis de harnais, des ordres aux bêtes et aux hommes, des discussions, des abois de chiens, et le ronflement sourd de tonneaux qu'on roulait sur les pavés. Florent mit le nez à la fenêtre. Couverte de malles, sa diligence s'apprêtait au départ ; à côté de son groupe de voyageurs dont l'un, couvert d'une cape verte à pompons d'or, prenait grand soin de sa boîte à musique, une charrette attelée d'un cheval à bonnet de dentelle livrait des fûts pleins ; un paysan à chapeau de feutre verdâtre les roulait jusqu'à la porte basse d'une cave, reprenait des fûts vides qu'il chargeait en poussant de vigoureux « han… han… ». La femme ronde dirigeait la manœuvre, prêtait la main, un œil sur l'homme et sa tâche, l'autre sur la maison. Elle aperçut Florent dans l'embrasement de vigne vierge, lui fit un signe de la main. Il répondit d'un bonjour timide, qui se perdit dans la rumeur.

Derrière les écuries, le miroir d'un étang reflétait une haie de vernes, comme la Meurthe en amont du port de flottage, sous les grottes de la Rochotte. Sa canne sur l'épaule, un pêcheur allait vers lui à petits pas. *Bächlein, laß dein Rauschen…* Florent contempla le spectacle en chantonnant. Une bonne odeur de pain cuit montait de la cuisine. Il eut faim. La journée promettait d'être belle ! Il se le dit, se le répéta, se donna en un tournemain une allure présentable, dévala l'escalier.

Belle journée !

Regina Galtier-Kirnitz
Lichtenhainerstraße 23
Bad Schandau

Pour l'avoir lue et relue sur les lettres d'Allemagne, Florent connaissait cette adresse par cœur. Pour l'avoir écrite aussi, quand il lui répondait. Il l'avait vérifiée une centième fois juste avant de quitter l'auberge, avait reniflé le papier ivoire pour y trouver encore des traces de mimosa, avait répété à plusieurs reprises : « Lichtenhainerstraße… Lichtenhainerstraße… » Il voulait être certain de pouvoir le prononcer correctement, une fois arrivé en ville. « Lichtenhainerstraße ! »

Pleine à craquer, la diligence disparaissait dans un nuage de poussière sur le chemin de Dresde quand il se mit en route, suivi du regard intrigué de la femme ronde plantée au milieu de sa cour, les poings sur les hanches. Un ventelet de printemps à parfum d'humus et de marais avait vite nettoyé les ocres et les ors de l'automne saxon. Deux grandes buses tournaient déjà sous des nuages ventrus ; des gamins hirsutes jetaient des pierres aux poules que surveillait un coq nerveux que surveillait un jars irascible ; l'aubergiste poussa un cri rauque ; ils détalèrent le long d'un ruisseau coiffé d'algues fleuries d'étoiles blanches jusqu'à la corne d'un bosquet où ils s'évanouirent.

« Lichtenhainerstraße ! »

Entre des collines molles couvertes de sapins et de mélèzes, l'Elbe lente ballottait d'innombrables embarcations à voiles et à rames, de pêcheurs et de commerce, pavillon claquant au sommet du mât. Dieu, que sa Meurthe lui parut petite quand il découvrit cette vallée ! Si petite ! Pourtant quelque chose dans ce pays lui rappelait le défilé de la Moncelle, sous Lachapelle, quelque chose qu'il ne parvenait pas à identifier.

Des familles de canards flottaient le long de la berge ; des cygnes allaient à grands coups de battoirs entre les touffes de roseaux. Au loin, surmontant les bulbes plantés sur une carapace de toits rouges et gris, la flèche de l'église pointait un ciel chargé. Un vent glacial s'était soudain levé, qui piquait les joues de milliers de grains de sel et asséchait la gorge. Florent boutonna sa vareuse, serra son cache-nez, remonta son col.

Après avoir rejoint la vallée par le Matheusweg, franchi le pont sur le fleuve, il montait maintenant à rive droite, vers le centre-ville dont il voyait les fumées danser sur l'horizon sombre d'un belvédère.

La Bastei... se dit-il. La Bastei ! Regina lui avait tellement décrit ce promontoire dans ses lettres qu'il le reconnut, il en était certain : la Bastei !

Il allongea le pas, dépassa les premières maisons de pêcheurs dont les filets séchaient sur des clôtures de saule tressé, entra dans la ville sous une haie de hautes façades percées de fenêtres bourgeoises. On allait et venait dans tous les sens sur le port : des cavaliers en tenue de parade, des manouvriers aux bras nus, des dames en jupe longue trottant sur des escarpins vernis, des chiens, des chats en quête de reliefs de pêche, des gens d'affaires au chapeau luisant, le portefeuille sous le coude, des bateliers à casquette, des enfants piaillants qui fouettaient rageusement la toupie. D'immenses tilleuls couronnaient un parc clôturé de fascines sur la rive. N'eussent été la population de marins d'eau douce, la langue dont il n'entendait, comme des coups de cymbales, que les accents forts, et les relents de marais activés par le vent du nord, Florent aurait pu se croire à Vittel. Comme là-bas, on s'y promenait dans des vrilles de patchouli et des senteurs de cigare. Comme là-bas, les femmes y balançaient l'ombrelle au bras de messieurs en jaquette. Comme là-bas, on y folâtrait entre les massifs des dernières fleurs de saison, un gobelet pendu au poignet dans son étui de paille.

Florent eut la curieuse impression d'être là chez lui. Malgré l'allure des maisons, l'ampleur de la rivière, l'étoffe et la coupe des vêtements qui paraissaient tirés de l'armoire d'un vieux siècle... malgré cette langue rugueuse et mélodieuse à la fois... malgré les pics rocheux qui, au loin, mordaient le ciel à pleines dents jaunâtres, les bateaux à voile bouffante en goguette sur les eaux et les façades ornées du blason de la ville... il avait l'impression d'être chez lui dans ce pays que lui avait tellement décrit Regina. Tout y était si semblable, et pourtant si différent !

Regina... Lichtenhainerstraße !

Florent quitta la rivière, tourna sans se presser autour de l'établissement thermal. Il n'avait pas prévenu la dame. Elle ne savait rien de sa visite. Avait-il bien fait d'agir ainsi ? Comment allait-elle réagir ? Et son mari, monsieur Edouard, comment réagirait-il ?

Onze coups tombèrent des bulbes de la Johanniskirche. Et si elle-même était en voyage... L'idée le blessa un instant. Il la chassa aussitôt, se rappelant ce qu'elle lui avait écrit dans le courant de l'été : elle ne bougerait pas de la saison, elle ne bougerait plus désormais, elle avait même renoncé aux balades à cheval. Mais si…

Il parcourut la Rosengasse, puis la Kirchstraße, découvrit la plaque de la rue, sa rue : *Lichtenhainerstraße.* Il avait murmuré le nom, laissa monter dans sa gorge la vibration qui lui mettait toujours les larmes aux yeux, repéra le numéro 23, fit le geste de tirer la chaîne de sonnette, laissa retomber sa main. A l'écart des grandes artères, la rue était déserte. Plaqué contre le mur pour ne pas être vu des fenêtres en surplomb, Florent attendit la fin de son trouble. Il allait empoigner la chaîne quand… il tourna soudain les talons, s'éloigna d'un pas vif, fila vers le parc thermal qu'il traversa jusqu'à un banc, en front de rivière. Il resta un long moment assis, les yeux sur l'autre rive, à l'écoute du tumulte dans son crâne.

Le vent avait forci. Il le glaçait jusqu'aux os. Le ciel s'était assombri. Il promettait la pluie, peut-être même la tempête. Les embarcations avaient réduit la voilure ; elles n'allaient plus qu'au gré d'un mouchoir de poche dans la tourmente.

Dans la tour aux bulbes, un carillon se mit à sonner un air léger que brouillaient les feuillages roux des tilleuls, déjà secs, bientôt morts. La bise en arrachait des lambeaux qui planaient un moment dans les remous, se posaient sur l'eau, commençaient leur longue descente vers la mer. Les femmes à ombrelle, messieurs à cigare et chapeau, enfants à fouet avaient disparu. Le carillon annonçait midi.

Alors Florent se releva, traversa le parc, marcha droit vers l'église qu'il dépassa, enfila la Lichtenhainerstraße sans raser les murs, s'arrêta devant le numéro 23, tira plusieurs fois la chaîne de sonnette, attendit.

Il en était à se demander quelle contenance prendre, que dire, que faire, si la dame allait le reconnaître, s'il était bien à sa place, là, dans cette rue, devant cette maison, dans ce pays, s'il avait bien fait... quand la porte s'ouvrit. Il recula d'un pas. Une bouffée de cire d'abeille, de térébenthine et de mimosa l'enveloppa. Une petite femme maigre présenta dans l'entrebâillement sa tête de poupée blonde couronnée de nattes. Ses joues étaient de pomme d'api, son regard bon, son sourire presque chaleureux. Elle lança quelques mots en allemand que Florent ne comprit pas, mais dont il crut saisir le sens. Il tremblait comme les feuilles de tilleul du parc dans le vent. La cire d'abeille, la térébenthine et le mimosa l'avaient remué jusqu'à ses fibres les plus intimes. Il bredouilla quelques mots en français, semés d'autres, rares, que la dame lui avait appris, autrefois :

— Je... je voudrais... madame Galtier... *Frau* Regina... s'il vous... *Bitte*... Je viens... *Frankreich*... Lorraine... *Lothringen*... Baccarat...

L'œil de la femme s'arrondit. Elle tendit le cou, passa la tête, l'examina de pied en cap, plusieurs fois, comme elle l'aurait fait pour une bête curieuse. Le vent sifflait, soufflait dans la rue, sec et tranchant.

— Monsieur ?

— Rousselet... Florent...

Il hésita. Mille et une questions traversaient son crâne à la vitesse de l'éclair. Devait-il préciser davantage ? Etait-il sur le seuil de la bonne maison ? Le couple Galtier demeurait-il toujours à cette adresse ? La dernière lettre, au début de l'été, n'en comportait pas...

— Männlein… Männlein !

La femme parut frappée, le dévisagea un instant, claqua soudain la porte. Comme une gifle, le bruit l'avait jeté au milieu de la chaussée. Il jeta un coup d'œil vers l'étage, vers les fenêtres encadrées de tentures et les reflets de ciel sur les vitres. Un cabriolet clopinait sur les pavés, baladant un couple emmitouflé dans des fourrures. La femme regardait droit devant. L'homme le salua d'un coup de chapeau. Florent suivit l'attelage du regard jusqu'au carrefour où l'avala un mur couvert de lierre. « Harnais fantaisie pour voiture de dame, garniture et coupe grecque… » Le pas du cheval mourait dans la rue de l'église. La voix du Déqueugnard… « Harnais fin… reculement à la russe… » Pourquoi cette voix, ici ? Un instant, il entrevit sa mère…

La porte s'ouvrit. La petite femme à tête de poupée blonde réapparut, s'effaça, de la main lui fit signe d'entrer. Pâle comme un suaire, elle avait perdu ses pommettes d'api. Son regard fuyait celui du visiteur qui, pourtant, y avait remarqué l'ombre d'une profonde angoisse, en même temps qu'une lueur étrange. Des tourbillons de poussière hantaient la rue. Florent gravit les deux marches, s'engagea dans un couloir sombre entre des meubles luisants surmontés de peintures représentant des paysages fantastiques. Au fond, l'amorce d'un escalier inondé de lumière. La femme glissa devant lui en s'excusant d'un mouvement de tête, le dépassa, l'invita à la suivre, avança vers le puits de lumière. Silence. Elle donnait l'impression de flotter, semait dans son sillage de bonnes senteurs de linges propres et d'eau de Cologne, attaqua la volée de marches, se tourna vers lui, planté au milieu du couloir, l'invita d'un sourire forcé à la rejoindre.

Florent marcha vers l'escalier. Insupportable, le bruit de ses brodequins sur le damier du sol ! Il aurait voulu retirer ses chaussures, marcher sur la pointe des pieds, se faire aussi léger que la petite femme à tête de poupée blonde. Soudain, avec le sentiment de violer un sanctuaire, il eut chaud !

— Venez !

Sur le palier s'ouvraient trois portes : une à main droite, une à main gauche, séparées dans les angles par des consoles garnies de grands vases de cristal débordants de bouquets d'immortelles, la troisième, sous une fresque d'amours en apesanteur dans des rinceaux de feuillages fleuris, juste en face. C'est celle-là que la petite femme ouvrit, que Florent franchit en quelques pas. La petite femme à nattes blondes la referma en silence derrière lui après s'être retirée. Sur le seuil d'un grand salon tendu de velours blanc, il sentit ses veines, ses artères, son cœur, sa poitrine se vider.

— Bonjour... Männlein !

La voix était douce, pure, claire comme autrefois, légèrement frémissante.

— Bonjour...

Florent vit des mains de femme se tendre vers lui.

— Venez, mon cher Florent !

Il tenta de faire un pas. Toutes ses forces l'avaient quitté. Il restait là, statue de sel, au milieu du salon blanc.

Une douce lumière pénétrait dans la pièce par les fenêtres encadrées de velours blanc, coulait sur les nuances de gris chaud et d'ivoire d'un grand tapis étalé jusque sous les pieds de la dame blanche.

— Je vous attendais ! Je savais que vous viendriez un jour. Et vous voilà !

Il s'approcha d'elle, porté par des images de rêve et de cauchemar mêlés. Ces mains tendues vers lui... ce visage livide rayonnant... ces yeux charbon ardent... cette chevelure baignée de lumière... cette voix...

— Plus près... plus près encore ! N'ayez pas peur de cette machine. Je l'ai apprivoisée. Elle n'est plus que le prolongement de moi-même. Venez !

Il vint. Si près qu'il aurait pu toucher la femme. Si près qu'il vit les fils d'argent sur ses joues. Si près qu'il se laissa pénétrer, enivrer par le mimosa. Il crut un instant que le sol allait s'ouvrir, l'aspirer, l'engloutir. Il l'espéra. Le sol n'en fit rien.

Regina lui prit la main, ferma les yeux, la porta à ses lèvres, la posa sur l'accoudoir de sa machine, la couvrit de ses deux mains si fraîches.

— Ce n'est qu'un siège roulant, mon cher Florent ! Le dernier cadeau de mon mari avant son départ, sept mois après ma chute de cheval. Allons, remettez-vous ! Voyez...

Elle désigna, sur une table basse laquée de blanc, à sa gauche, sous un petit bouquet d'immortelles épanouies dans un vase de cristal, une liasse de papier ivoire, un encrier, une plume, une écritoire.

— J'allais vous écrire !

Il vit.

— J'en suis désormais dispensée ! Je préfère ainsi... pas vous ?

Son calme avait quelque chose de surnaturel. D'un furtif passage de mouchoir qu'il avait tout de même remarqué, elle avait tamponné les fils d'argent de ses joues. Elle se mit à sourire, de son bon sourire d'autrefois.

— Mais parlez, Männlein, parlez, enfin ! Que...

Elle prit une grande inspiration, le regarda si intensément qu'il en fut transpercé de douleur.

— … que j'entende enfin votre voix !

Le ton était suppliant. Il aurait bien voulu, mais…

Comment se pouvait-il que sa dame blanche fût ainsi prisonnière d'une machine roulante ? Sa chute de cheval… pourquoi ne lui en avait-elle rien dit dans ses lettres ?

Il jeta un coup d'œil à la pièce, découvrit les tableaux pendus aux murs représentant des cascades de fleurs réelles au point qu'on eût voulu les cueillir, une bibliothèque chargée de livres havane et or, rouge et or, émeraude et or, le piano laqué de blanc, couvercle relevé, partition ouverte prête à être jouée ou venant de l'être, une table couverte de piles de livres, certains ouverts encore, et des consoles, des fauteuils, un canapé tendu de velours blanc, et partout des vases, des carafes, des cruches, des coupes à fruits en cristal blanc, jaune, incarnat, taillé, gravé, décoré à l'or bruni. Il laissait son regard explorer ce lieu qu'elle habitait comme si les objets eussent été capables de lui donner toutes les réponses aux questions qui le taraudaient. Mais, reprenant lentement ses esprits, il le savait bien : c'était surtout pour fuir le moment où il allait devoir lui parler.

— Pourquoi êtes-vous venu, mon cher Florent ?

Regina lui avait repris la main, la pressait dans la sienne. Il l'abandonna. Sa fraîcheur lui fit du bien. Tout son corps s'apaisa.

— Pourquoi ?

— Pour vous voir…

Il s'entendit répondre comme il aurait entendu un étranger, comme de l'extérieur de lui-même, d'une voix autre que sa voix normale. Il en fut surpris, en parut étonné au point que Regina se mit à rire.

— Enfin ! dit-elle… enfin… votre voix, mon cher Florent !

Après un long silence, pressant sa main plus fort encore, elle ajouta :

— Parlez encore, s'il vous plaît !

Son calme impressionnait. Elle s'adressait maintenant à lui comme s'ils s'étaient quittés la veille ! Alors que… vingt-deux ans qu'ils ne s'étaient pas vus, ni parlé, qu'ils n'avaient fait que se lire ! Le temps semblait s'être arrêté. La dame reprenait une conversation tout juste interrompue par la tombée de la nuit sur la cristallerie, ou l'heure venue de l'école. Un malaise étrange avait saisi Florent.

— Chantez-vous toujours ?

La question qu'il redoutait. Que fallait-il lui répondre ?

— Vous n'avez pas oublié : chanter, c'est prier deux fois !

Comment aurait-il pu oublier ?

Regina donna quelques tours de roues de sa machine vers une table basse entourée de fauteuils couverts de velours blanc. Une grande coupe en agate blanche y trônait, décorée de motifs antiques à l'or fin, flanquée d'anses en forme de serpents verts, contenant une pyramide de sable semée de petits galets de couleur sanguine. Florent observa le déplacement, l'habileté avec laquelle Regina menait sa machine, guidée par une poignée à hauteur de poitrine au bout d'un axe relié directement à la petite et unique roue avant. Main droite à la direction, main gauche sur la roue qu'elle tournait sans effort, elle effleura le piano, roula en silence sur le tapis, s'arrêta près de la table basse…

— Venez… venez vous asseoir, mon cher Florent.

Il s'était levé, avait voulu l'aider à circuler. Elle l'avait remercié d'un « Laissez, j'ai l'habitude ! Merci ».

Alors, il était venu s'asseoir en face d'elle. Et, pour la première fois depuis des années, leurs regards s'étaient retrouvés, l'un pour l'autre, fondus l'un en l'autre, comme autrefois quand elle prenait le petit garçon entre ses genoux, lui faisait ressentir par le cheminement de ses mains les flux d'air et de vibrations, de son ventre à sa poitrine, puis à sa gorge où naissait le chant. Ses yeux étaient toujours aussi transparents, sa peau aussi soyeuse, sa voix aussi veloutée. Elle était toujours aussi belle, plus belle même ! Et son regard... si troublant !

— C'est du sable de Lorraine !

Regina toucha la pyramide du bout de l'index, y imprima sa marque en creux, prit l'un des galets, le tendit à Florent.

— Voyez, c'est un galet de la Meurthe. Avec les autres, je l'ai choisi dans le lit de la rivière au méandre de Sainte-Catherine, sous le bois de la Côte, la veille de mon départ, avec un petit sac de sable qui, depuis, ne m'a pas quittée, jamais !

Florent tournait et retournait la pierre entre ses doigts, l'examinait comme s'il la voyait pour la première fois, alors que des galets comme celui-là, il en avait eu depuis toujours pour jouets, qu'avec ses camarades d'école il se servait des plus réguliers pour les parties de billes, qu'avec son père il en suspendait à sa ligne de pêche pour tester le fond, qu'il les foulait durant ses promenades solitaires vers le Grand Gravier...

— Ça vous étonne, n'est-ce pas ?

Ses yeux replongèrent dans ceux de la femme, s'y trouvèrent bien. Silence. Une corne meugla, au loin.

— Un bateau, sur l'Elbe. C'est toujours ainsi quand le temps se gâte, toujours. Pour se faire voir, ils se font entendre !

Florent ne broncha pas. Regina… Cette femme si souvent imaginée, dont il avait attendu les lettres des années durant, son regard, son parfum de mimosa, le contact de sa main… Rêvait-il ? Allait-il se réveiller dans sa chambre perchée sur la butte de Deneuvre, en sueur et glacé à la fois, pour plonger dans ses chausses, avaler sa panade avec du lard, puis filer à la halle où l'attendaient le Riflard et le cristal en fusion ? C'est lui qui tendit le bras, osa toucher la main de la femme, la prendre, la serrer aussi fort qu'il le pouvait sans lui faire mal. Il en avait eu tellement envie, autrefois ! La paix de cette maison, la lumière laiteuse coulée par les deux fenêtres encadrées de velours blanc, ses jeux irisés dans les cristaux taillés, la femme, ses yeux, son parfum de mimosa… Il ne voulait pas répondre, pas rompre le charme. Elle reprit :

— C'est mon mari qui a voulu partir, quitter la Lorraine. Je n'ai jamais connu ses vraies raisons. Peut-être…

Regina s'était redressée, poussa des deux mains sur les accoudoirs comme pour se lever, se laissa retomber dans sa machine, les yeux posés sur le clavier du piano. Un voile de tristesse traversa son regard, de douleur presque, qui mit Florent mal à l'aise.

— Peut-être notre relation a-t-elle été pour quelque chose dans la décision de monsieur Galtier, mon cher Florent… ou seulement sa passion pour le cristal de Bohême, et l'intérêt pour ce pays qu'il avait exploré, où…

Elle serra les poings sur les accoudoirs de sa machine.

— … où il m'avait rencontrée.

Le ton sur lequel elle avait prononcé « notre relation… » et « monsieur Galtier… » surprit Florent. Elle s'en aperçut.

— Monsieur Galtier m'a quittée, mon cher Florent. Voilà plus de deux ans déjà. C'était peu de temps après votre lettre de Paris, quand vous y êtes allé pour l'Exposition universelle. Vous souvenez-vous de cette lettre ? Vous m'y racontiez votre découverte de Paris, votre séjour là-bas. C'était votre premier grand voyage, n'est-ce pas ?

Il fit « oui » de la tête.

— Vous m'y racontiez aussi l'installation du pavillon de Baccarat, le montage de la fontaine monumentale, la présentation des vases Simon... Monsieur Galtier était pour beaucoup dans cette réussite, car c'est lui qui avait rapporté de Bohême la technique du cristal bicolore que l'on pouvait tailler ensuite, puis graver à la roue.

Son visage s'animait. Florent retrouvait la femme passionnée qui avait su lui faire partager l'émotion née de la musique. Non, il ne rêvait pas ! Il était bien là, dans cette maison de Bad Schandau qu'il avait toujours imaginée très différente. Quelles différences ? Il aurait été incapable de le dire. Simplement différente !

— Et puis, vous m'y racontiez aussi la visite de votre Empereur ! Dieu, que je l'ai lue et relue, cette lettre, comme toutes les autres d'ailleurs ! A vrai dire, elles ne sont pas nombreuses !

Elle lui adressa un clin d'œil complice. Il ne lui connaissait pas ce côté espiègle, répondit d'un sourire navré.

— Pourquoi m'écriviez-vous si peu ? Je les attendais, vos lettres, vous savez, mais vous en étiez avare !

Le reproche lui fit du bien. Du miel coula dans ses veines. Il n'avait jamais connu une telle bonne et douce impression en compagnie d'une femme. Mais plus Regina parlait, plus son accent reprenait le dessus, retrouvait parfois les pointes rugueuses de sa langue qui, dans une bouche si douce, ajoutaient encore au charme de la voix. Sa voix...

Il eut peur soudain de la fatiguer, fit le mouvement de se lever. Elle le retint par la main.

— Pourquoi m'écriviez-vous si peu, mon cher Florent ?

Pourquoi n'avait-il pas écrit plus souvent ? Il aurait pu lui raconter la mère, son regard sombre quand il dépliait le papier ivoire venu d'Allemagne, ses mots acides pendant qu'il lisait la lettre, son Gus, qu'il aimait bien mais qui n'aimait pas ces Saxons traîtres à Napoléon et à l'idéal révolutionnaire, la relation difficile avec le palefrenier jusqu'au voyage de Paris, le regret dont il traînait désormais le boulet de n'avoir pas pu lui dire à son retour qu'il avait vu l'Empereur, qu'il lui avait touché la main, combien il avait compté sur ce récit de retour de Paris pour rallumer leur vieille amitié assoupie sous les cendres familiales... Il aurait pu lui raconter tout cela, n'en avait rien fait !

Une pensée fulgura dans sa tête, qui lui mit un goût amer à la bouche : peut-être lui avait-il suffi, à l'égoïste, de recevoir ses lettres, de lire ses mots, de faire siens ses conseils, et de nourrir toutes les fibres de son cœur et de son corps des images, des impressions et des espoirs qu'elle lui adressait ! Et s'il n'avait pensé qu'à lui durant toutes ces années de séparation ? Mais comment aurait-il pu imaginer que Regina avait besoin de lui, comme lui avait besoin d'elle ? Il eut l'amère impression, là, face à elle, de chercher à se disculper. Mais qu'était-il, alors, pour elle ? Un petit garçon à la voix agréable, un passe-temps de femme désœuvrée, une promesse de chant ?

Regina l'observait, scrutait le moindre geste, le moindre frémissement de l'homme, suivait du regard ses regards incertains sur les toiles fleuries, les meubles blancs, les cristaux, le tapis, lut dans ses yeux le trouble provoqué par sa question. Alors, pour abréger sa torture, elle se remit à parler, lui fit le récit de sa vie, du jour où elle avait quitté la Lorraine et du retour au pays en compagnie de ce « monsieur Galtier » à la solitude actuelle, en passant par la chute de cheval.

Deux ans plus tôt, elle était allée en balade à cheval sur les crêtes de l'Elbsandsteingebirge. Les derniers sursauts de l'hiver au combat contre les premiers assauts du printemps la réjouissaient depuis toujours.

Dès son approche à l'écurie, au bout de la Sebnitzerstraße, son cheval Blitz avait donné des signes d'excitation inhabituels : oreilles couchées, plusieurs refus de filet, ventre gonflé sous la sangle... Il avait même fait mine de la presser contre le bat-flanc quand elle s'était engagée dans la stalle. Elle avait dû se fâcher, donner de la voix. Il s'était calmé. Elle l'avait monté, avait senti entre ses cuisses une énergie frémissante, impétueuse, qu'elle avait mise au compte des premières montées de sève du printemps. La balade avait toutefois bien commencé.

C'est à l'arrivée sur les chaumes que Blitz s'était mis à piaffer, tirer sur les rênes, vibrer de toutes ses membrures. Elle l'avait perçu prêt à exploser. Alors, elle l'avait abandonné à son plaisir, lui avait laissé la bride sur le cou, s'était couchée sur son encolure qu'elle avait saisie à pleins bras, l'avait laissé partir au triple galop sur le nez de falaises dont les dents calcinées, au loin, dévoraient l'horizon brumeux des rives de l'Elbe encombrées encore de vieilles plaques de neige. Elle aimait ces chevauchées sauvages, cet abandon à l'animal enfin libre qui lui faisait partager sa puissance et son bonheur de l'harmonie primitive avec la nature généreuse et terrible à la fois. Le visage enfoui dans la crinière, elle s'était mise à hurler au rythme du galop, son cri couvert par la fureur de la cavalcade, emporté par le vent, éparpillé sur la vallée fumante.

Puis Blitz s'était calmé, avait encore fait quelques sauts de cabri, s'était remis au pas, l'œil exorbité, poussant de puissants soupirs. Il avait secoué la tête, fait gicler des paquets de bave écumeuse qu'elle avait reçus, yeux fermés, visage offert au ciel, haletante, comme une eau lustrale.

La balade l'avait menée jusqu'à l'approche du pont sur la Bastei. Là, soudain, le cheval avait trébuché. Son antérieur avait-il heurté un rocher, rencontré une racine ? Il avait culbuté, désarçonné sa cavalière qu'il avait projetée sur le chemin. Puis sa masse s'était abattue sur elle. Quand elle avait rouvert les yeux, elle avait vu, proche de son front, à la toucher, les yeux ronds de Blitz, son chanfrein pointé de gris sur la robe alezane, sa bouche écumeuse qui l'effleurait. Son souffle sur ses joues… Elle avait eu la force de lui donner un baiser, dans le velours si doux de sa lèvre. Il avait appuyé le baiser, comme pour se faire pardonner. Elle ne souffrait pas, avait voulu se relever… mais ses jambes inertes avaient refusé de la porter. Alors Blitz avait tendu le cou, s'était mis à hennir, de toutes ses forces, aux quatre vents. Des promeneurs qui l'avaient entendu avaient découvert la blessée, organisé les secours…

Depuis, elle allait de sa chambre au salon, du salon à sa chambre, à l'aide de cette machine roulante.

— Mais j'en serai bientôt libérée, je le sens... je le sais ! martela-t-elle à coups de poing sur l'accoudoir, le regard fiché dans celui de Florent.

Des flocons commençaient à virevolter contre les vitres.

— Monsieur Galtier a mal supporté mon accident. Quelques mois plus tard, pour son travail, il a pris la route de Bohême. Un voyage prévu de longue date. Six semaines après son départ, il m'a écrit qu'il ne reviendrait pas à Bad Schandau. Sans me donner d'explications ! Qu'avait-il rencontré, là-bas, dans la Bohême profonde des alchimistes de la terre ?

Tournée vers la première danse de neige de la saison, elle conclut :

— A quoi bon tenter de tout savoir ? Il est important d'apprendre à accepter, sans pour autant se résigner. Accepter peut être aussi une preuve d'amour donnée à l'autre. J'ai accepté votre... presque silence, mon cher Florent, sans m'y être résignée !

Elle sourit. D'une étrange beauté, son visage rayonnait d'un trouble profond. Une vague de chaleur déferla dans les veines de Florent.

— C'est la vie, n'est-ce pas... c'est la vie ! Dans cette lettre, monsieur Galtier me disait simplement qu'il me laissait tout ce qui lui avait appartenu, qu'il avait acté en secret sa décision chez mon notaire avant de quitter le pays, que je ne devais pas chercher à le retrouver. Autre femme ? Nouvelle existence ? Peu importe. Voilà ! Il n'est plus là. Mais vous êtes là, vous ! Et tout est bien ainsi !

Elle le regarda intensément, lui reprit la main, l'approcha de ses lèvres, y déposa leur trace en rouge. Une lumière dorée habitait ses yeux.

— Tout est bien ainsi.

Florent lutta contre une envie folle de prendre Regina dans ses bras. Des bruits de meuble déplacé, de vaisselle… La petite femme à tête de poupée blonde, sans doute, dans la pièce voisine. Il s'y raccrocha, pria pour qu'on les dérange, attendit sa visite…

Rien ! Les bruits avaient cessé.

Alors, il annonça qu'il devait regagner l'auberge. Son ton faux le surprit lui-même. Il ne reconnut pas sa voix. Se leva. Promit qu'il reviendrait, le lendemain, si elle le lui permettait.

— Si je vous le permets ? Je vous y invite.

Elle appela la petite femme à tête de poupée blonde, lui fit commander une voiture. Il protesta, voulait rentrer à pied. Elle insista. En attendant l'arrivée de l'attelage, il fit mine d'admirer les cristaux exposés. En réalité, il ne voyait qu'elle.

Mon Dieu, qu'elle est belle !

Les roues crépitèrent sur les pavés de la rue. Il s'avança vers la sortie. Regina fit rouler sa machine jusque sur le palier, s'arrêta au nez de la première marche.

— Je vous attends !

16

27 octobre 1869

Le lendemain de sa première visite, ils avaient passé la journée ensemble, à évoquer la Lorraine, à parler cristal, à accorder leurs voix. « Chanter, c'est prier... »

Le surlendemain, puis les deux jours suivants, Regina avait loué une voiture pour emmener son visiteur à la découverte du pays, vers la forteresse de Königstein, dont la silhouette déchiquetée se découpait au loin sur un ciel d'un lumineux gris souris, et le château de Flössersteig, niché sur une crête de fougères or et émeraude sucrées de neige peinte à la diable par un peintre facétieux. Les premières envolées de flocons n'avaient duré que le temps de prévenir hommes et bêtes de l'arrivée imminente de l'hiver.

Dans un landau confortable mené de main de maître par un cocher joufflu et silencieux, ils avaient escaladé des montagnes à plateau, franchi des gorges, traversé des forêts sombres de sapins hérissées sur un édredon de mousse, longé des armées de pics et d'aiguilles rocheux reliés ici et là par des arches naturelles qu'aucun architecte, même le plus génial, n'aurait osé imaginer. Partout, Regina avait commenté à Florent le paysage, les plantes, parlé des animaux familiers de ces montagnes, raconté des histoires de loutres, hiboux, ours et loups : « Pauvre loup, que l'homme, fauve imbécile, chasse pour faire oublier le modèle de son organisation sociale, véritable défi pour nos misérables sociétés humaines, et son courage, insupportable exemple pour les parleurs de salon ! » Sa colère avait surpris Florent. Mais il l'avait comprise.

La veille de ce mercredi 27 octobre, ils avaient parcouru le sentier vers la Bastei, tout juste large pour les roues du landau qui, à chaque pas du cheval, menaçait de verser dans le précipice. Au sommet, elle l'avait envoyé admirer le panorama, seul, sur la passerelle jetée entre les dents rocheuses au-dessus d'un vide tapissé de l'or des mélèzes.

De là-haut, il avait aperçu l'ample vallée de l'Elbe, les panaches de vapeurs descendant vers Dresde, ou remontant vers la Böhmische Schweiz, lointaine dans ses brumes, et pourtant si proche qu'il avait eu l'impression de pouvoir la caresser en tendant le bras. « Böhmische Schweiz... lui avait-elle expliqué. C'est ainsi que deux artistes suisses ont baptisé ce pays, là-bas, tout comme ils ont baptisé le mien "Suisse saxonne", parce qu'ils lui trouvaient une grande ressemblance avec leur Jura ! Curieux comme l'homme éprouve toujours le besoin de s'approprier les êtres, les phénomènes et les choses en les copiant, en refusant les différences, ne trouvez-vous pas, Männlein ? » Il avait trouvé. « C'est là-bas que vit désormais monsieur Galtier », avait-elle ajouté en pointant le doigt vers la masse sombre d'une forêt fondue au loin dans un ciel paresseux. « Vit... j'espère... » avait-elle ajouté, le regard voilé. Elle s'était tournée vers Florent. « Où qu'il soit, cet homme, mon désir est qu'il soit en paix, toujours, en paix comme je le suis avec vous en ce moment ! »

Au retour, ils s'étaient arrêtés dans la Kirchstraße, à la Bierstube Kopprasch où, rompus et silencieux, ils avaient bu une bonne bière. Puis, aidé par le cocher, suivi par la femme à tête de poupée blonde qui litaniait des recommandations à chaque marche, Florent l'avait portée dans l'escalier jusqu'à son siège roulant du salon.

Ils avaient soupé en tête à tête, de part et d'autre d'un candélabre à trois flammes dansantes.

« Sagesse, Force et Beauté ! » lui avait-elle soufflé comme un secret en fin de repas.

Elle l'avait dit sur le même ton que monsieur de Fontenay, quelques années plus tôt, quand la compagnie préparait l'Exposition universelle.

Ils avaient partagé le vin de Meißen. Puis, avant de regagner la toute proche Gasthaus Gambrinus où il avait pris une chambre, il avait jugé le moment opportun pour tirer de son sac un paquet. Elle avait attendu, mains à plat sur la table, paupières closes, visage doré dans la vacillante lueur des bougies. Il s'était approché d'elle, le lui avait tendu. Elle l'avait reçu, les yeux rivés aux siens, l'avait observé sous toutes ses coutures, posé sur la table, lentement déballé, papier d'emballage de la compagnie, puis papier de soie, avait saisi l'objet, l'avait présenté aux trois flammes, avait encore murmuré « Sagesse, Force et Beauté ». Florent tremblait d'émotion.

« Je l'ai créé pour vous, rien que pour vous ! »

Entre les doigts de Regina tournait un verre d'une pure beauté. Dans les facettes taillées du cristal jouait une scintillante poussière d'étoiles d'or.

« Venez, approchez-vous, Florent. »

Il s'était approché, contre elle, tout contre.

Alors, elle l'avait pris par la taille, avait entouré le corps de l'homme de ses deux bras, l'avait serré très fort, le visage enfoui dans sa vareuse qui sentait encore le vent forestier des hauteurs. Aux soubresauts de ses épaules, il avait su qu'elle sanglotait.

« Je l'ai créé pendant mes heures de broye, avait-il expliqué pour contenir son émotion. J'ai appris les premiers gestes de taille et de gravure pour le faire entièrement moi-même. Personne d'autre ne l'a touché ! Vous et moi, rien que vous et moi... »

Elle avait levé vers lui un visage d'albâtre luisant de larmes.

« Merci, Männlein. »

Elle avait tendu les bras, lui avait pris la tête à deux mains, l'avait invité en douceur mais fermeté à se pencher vers elle, avait effleuré ses lèvres d'un baiser salé. Un éclair de chaleur l'avait foudroyé. Il était tombé à genoux devant sa dame blanche, avait posé la tête sur ses cuisses. Elle l'y avait pressée très fort, des deux mains. Il s'y était abandonné, dans les senteurs de femme et le parfum du mimosa. Ils étaient restés ainsi très longtemps, jusqu'à l'irruption de la poupée blonde, inquiète de ne plus entendre parler, ni cliqueter les couverts.

Alors, Florent s'était redressé, avait repris sa place dans la lumière dorée du candélabre, versé un filet d'eau dans le verre, y avait trempé le doigt, en avait effleuré le buvant. Et la musique était née...

« Sagesse, Force et Beauté... » avait une nouvelle fois murmuré Regina.

Le chant du cristal avait longuement tourné dans la pièce blanche, sur les cascades de fleurs peintes, la bibliothèque chargée de livres havane et or, rouge et or, émeraude et or, le piano laqué de blanc, couvercle relevé, partition ouverte prête à être jouée, la table couverte de piles de livres, certains ouverts encore, sur les consoles, les fauteuils, le canapé tendu de velours blanc, les vases, carafes, cruches, coupes à fruits en cristal blanc, jaune, incarnat, taillé, gravé, décoré à l'or bruni.

« Le chant du cristal ! »

Tandis que son doigt courait sur le verre, que la matière animée sous la caresse de l'homme exhalait la musique des anges, Florent avait entendu son père, vu son père dans la cuisine, attablé devant le verre tiré de l'armoire aux trésors, et sa mère, dans l'ombre, contre l'âtre. « Maman... Je suis là... »

Il aurait pu rester ainsi des heures, l'index sur le verre, à le faire chanter pour elle, présent et passé mêlés dans une étrange sensation d'apesanteur. La poupée blonde s'était retirée sur la pointe des pieds. Ils étaient bien, tous les deux, là, dans la lueur des trois flammes, au cœur de la nuit saxonne.

Alors, Regina s'était redressée, levée, lentement. Appuyée d'une main sur la table, l'autre tendue vers lui, elle avait avancé à minuscules pas d'enfant qui découvre la marche, avait pris son bras, lâché la table, avait désigné d'un court mouvement de tête le piano. Elle ne pesait pas plus qu'une alouette à l'envol. Ensemble, épaule contre épaule, ils avaient traversé la pièce, lui la tenant fermement, elle sans une plainte, sans un trait de douleur sur le visage, tout entière tendue vers le piano blanc et son clavier d'ivoire. Il l'avait aidée à s'y asseoir. Elle avait posé ses doigts sur les touches. L'autre musique des anges était née.

Elle avait chanté un air, celui de la première fois, quand il l'avait entendue dans la chapelle en sortant des écuries. Il en avait eu la chair de poule. Tous ses poils s'étaient hérissés. Son cœur avait raté un battement, plusieurs. Puis elle l'avait invité à chanter, comme ce soir de Noël. Il l'avait accompagnée, du bout des lèvres.

Une jeune fillette
De noble cœur
Priait en sa chambrette
Son créateur...

Autrefois fine et transparente comme du cristal, la voix d'enfant s'était muée en voix d'homme, plus grave, plus ronde, plus profonde, à la douceur d'opaline, veloutée, frémissante. A son tour, elle en avait été bouleversée. D'étranges vagues s'étaient mises à courir sur tout son corps dont elle avait oublié les cassures anciennes, et les douleurs du temps.

La fille tant consolée
De ces mots dit
Qu'elle s'estimait être
Au Paradis...

Les vibrations de la dernière note n'étaient pas encore éteintes que Regina avait déjà donné les premières mesures d'une cantate, celle de l'église de Bad Schandau, au temps de sa rencontre avec monsieur Galtier, celle qu'elle lui avait fait apprendre peu avant son départ de Lorraine, dont il avait retenu tous les mots, toutes les intonations, tous les airs, toutes les respirations...

Aus der Tiefe rufe ich, Herr, zu dir...

Florent l'avait tout de suite reconnue. Il avait compris.

Alors la voix chaude avait jailli de sa gorge. Alors Regina l'avait accompagné d'un contre-chant limpide comme l'eau de la fontaine Pâquotte sous le Revers des Haies. Alors leurs voix s'étaient mêlées dans un accord parfait qui leur avait mis les larmes aux yeux. Leurs souffles... un seul souffle ; leurs regards... un seul regard, ébloui par la lumière intense née dans leur gorge, perdu dans les trois flammes qui dansaient sur la table : « Sagesse... Force... et Beauté ! »

Derrière la porte entrouverte, appuyée au chambranle, bouleversée, la poupée blonde avait du mal à respirer en silence. Jamais elle n'avait rien entendu de si beau ! De sa vie... jamais !

Herr, höre meine Stimme...

— C'est Bach, vous vous souvenez, Flo...

Elle n'avait pu en dire davantage. Il ne l'entendait plus. Il était ailleurs, là où la parole s'efface devant l'émotion. Sur la table, les trois flammes à bout de chandelle lançaient leurs derniers feux d'étoiles sur le verre de cristal.

Elle et lui étaient restés longtemps immobiles, à goûter les ultimes vibrations des cordes, à laisser germer en eux les graines semées par la musique, mûrir les fruits de leur émoi. Puis, vive, violente presque, belle, radieuse, elle s'était redressée, avait pris appui sur le piano, s'était levée, face à lui, s'était jetée dans ses bras. Il l'avait étreinte de toutes ses forces, avait bu à pleine bouche le mimosa qu'elle lui offrait. Ils avaient échangé un long, très long baiser.

Derrière la porte, la poupée blonde reniflait en silence.

Ce matin du 27 octobre, Florent a plié ses chemises et ses chausses, serré entre deux vêtements des feuilles de tilleul, or et terre de Sienne, ramassées dans le parc thermal le long de l'Elbe, et une grande fougère rouillée cueillie à flanc de falaise sur le sentier de la Bastei. Il a fait ses malles dans la chambre de la Gasthaus Gambrinus, s'est assuré qu'il n'oubliait rien. Il était venu avec si peu !

Puis il est sorti, a voulu traverser la ville une fois encore, par la Markstraße, la Rosengasse, jusqu'au faubourg de Postelwitz, par où il était arrivé. Un froid sec avivait les ocres et les roses des façades, reprenait en écho les bruits de la ville et la plainte des vapeurs sur le fleuve. Florent serra le col de son manteau, noua plus haut son cache-nez. Froid de la rue, ou froid du cœur ?

Il revint au centre par l'avenue An der Elbe, s'arrêta sous le porche de l'église, plus fine, plus élancée que l'autre à bulbe de son pays, poussa la porte qui s'ouvrit sans bruit, remonta l'allée centrale. Au pied du chœur, il se surprit à n'avoir pas eu encore la curiosité d'y mettre les pieds depuis son arrivée, lui qui ne pouvait pas rester bien longtemps sans un dialogue secret avec son porteur de croix de Deneuvre ! Il se rendit compte seulement, là, dans cette église aux somptueux décors baroques, que tout son temps dans cette ville avait été pour Regina, que chaque heure, chaque minute, chaque seconde de sa présence ici avait été pour elle, pour elle seule ! Il en ressentit un bonheur intense, et une vive douleur. Car il allait partir ! La déchirure de la séparation le faisait déjà souffrir.

Il s'assit au premier rang, se prit la tête à deux mains, revit les images des derniers jours : le soleil dans sa chambre du relais de poste, les cliquetis de harnais, les ordres aux bêtes et aux hommes, le grondement sourd des tonneaux sur les pavés, le voyageur en cape verte à pompons d'or qui prenait grand soin de sa boîte à musique, la charrette attelée d'un cheval à bonnet de dentelle, la femme ronde à la manœuvre, son signe de la main… Il aurait payé cher pour en être encore là de son voyage !

Puis la rencontre, au 23 de la Lichtenhainerstraße : Regina, sur son siège roulant ! Puis leurs conversations, dont il tiendrait toujours au plus chaud de son cœur chaque mot, chaque silence, chaque respiration, puis leurs sorties, leurs mains unies, le chant du cristal, puis la cantate de Jean-Sébastien Bach, *Aus der Tiefe rufe ich, Herr*…. Contemplant un grand crucifix d'or couronné de roses, il chantonna « Herr, höre meine Stimme… ».

Enfin, le baiser ! Il avait encore sur les lèvres le goût de rose de son rouge, sur la langue le miel de sa bouche, dans sa poitrine son parfum de mimosa.

Bientôt, il allait devoir lui dire adieu.

Il quitta l'église, reprit un chemin qu'il avait l'impression de connaître de toute éternité, tira la sonnette. La poupée blonde nattée vint lui ouvrir, le salua d'une inclinaison du buste et d'un sourire lumineux, lui indiqua la volée de marches, derrière elle. Il prit une grande inspiration de cire d'abeille et de mimosa, se précipita.

Regina l'attendait, blanche dans son univers blanc, près du piano blanc, plus belle encore. Sa machine roulante disparaissait sous les plis de satin de sa robe. Sur ses épaules moussait une fourrure immaculée.

— Viens… tu as froid ! Viens te réchauffer !

Elle lui tendait la main, lui avait dit « tu ». Il la rejoignit, s'agenouilla, lui prit les mains, les couvrit de baisers.

— Mais oui, tu as froid ! Tiens…

Elle retira la fourrure blanche, la lui posa sur les épaules. Elle était chaude de sa bonne chaleur de femme.

— Prends, elle te fera du bien. Tu pourras la porter sous ton manteau. Ton voyage va être long, long et glacial ! Prends !

— Mais…

Elle se mit à rire.

— C'est du lapin ! D'autres les mangent. Moi je les fais survivre en portant leur peau sur la mienne. C'est ma manière à moi de les inviter à pardonner aux hommes qui les ont tués !

Ses yeux transparents le fouillaient. Il eut envie de s'y perdre, de s'y noyer, allait lui dire qu'il courait à l'auberge défaire ses paquets, qu'il restait là, près d'elle, avec elle…

— Maintenant, va ! Ta diligence ne tardera pas à se mettre en route. Va, mon Florent… *mein Männlein ! Geh, und komm bald wieder*[1].

Elle vit qu'il ne comprenait pas, le regarda encore plus intensément, poursuivit :

1. « Mon petit homme ! Va et reviens bientôt. »

— *Ab jetzt, werde ich auf Dich warten, mein Männlein...*[1]

— Que veux-tu...

— Un jour, tu comprendras... bientôt !

Elle se leva très lentement, comme la veille au soir, quitta sa machine roulante, s'agrippa à son bras, voulut aller au piano. Il la soutint dans la traversée de la pièce. Sur la table, garni d'un gros bouquet de myosotis, le verre taillé et gravé, dans la lumière grise filtrée par des stores de tulle. Où avait-elle trouvé ces fleurs, à cette saison ? Regina s'était installée au clavier. Elle posa ses doigts sur les touches, se mit à jouer, puis à chanter :

Bächlein, laß dein Rauschen sein !
Räder, stellt euer Brausen ein !

Il l'accompagna aussitôt. Leurs voix, de nouveau mêlées mais pour la dernière fois.

All ihr muntern Waldvögelein,
Groß und klein,
Endet eure Melodein !

Elle s'interrompit, se tourna vers lui, ouvrit son manteau, le prit par la taille à pleins bras, l'étreignit, resta longtemps immobile, le visage dans ses vêtements, à respirer son parfum de cuir, de drap, d'homme et de voyageur. Il avait posé ses mains sur sa tête, les doigts dans sa chevelure, en proie à un intense bonheur, si puissant par tout le corps qu'il lui faisait mal. Il eut envie d'elle.

Alors, elle ouvrit les bras, se leva, dégagea les épaules de son Männlein, y ajusta la fourrure blanche, referma le manteau, déposa un baiser sur ses lèvres.

1. « A présent, je vais t'attendre, mon petit homme... »

— Va, maintenant !

Elle recula d'un pas hésitant, le contempla des pieds à la tête. Il voulut lui prendre la main. Elle recula d'un pas encore…

— Tu es beau. Prends soin de toi, et sois heureux.

Elle se tourna vivement vers le piano, revint vers lui, souffla :

— Surtout, n'oublie jamais, mon Männlein : chanter, c'est…

Il jura qu'il n'oublierait pas… qu'il ne l'oublierait pas. Ne put en dire davantage. Une boule d'étoupe encombrait sa gorge. Il avait l'impression de saigner par tous les pores de son corps. Elle lui offrit un sourire étrange, mi-bonheur, mi-douleur.

Il descendit l'escalier sans se retourner. Dans le vestibule, pâle comme une morte, la poupée blonde à nattes lui tendit trois immortelles sèches, de sang et d'or.

— Au revoir, monsieur.

Au moment où il allait franchir le seuil, elle lança, d'une voix cassée par l'accent et le désarroi :

— Bon voyage, monsieur ! A bientôt !

Une averse de grésil crépitait sur les pavés quand il mit le nez dehors. Un violent coup de bise lui cribla le visage de gros sel. Il suffoqua, s'arc-bouta contre la furie du ciel, ne vit pas, à l'étage, le store qu'une main de femme tenait écarté.

Il rentrait en Lorraine.

17

2 novembre 1869

— Revenir le jour des Morts ? T'en as une drôle d'idée !

Le Riflard le tenait à distance de bras, le toisait, fit un pas en avant, lui donna une violente tape sur l'épaule.

— J'croyais pas que tu me manquerais à ce point, mon gars ! Pour sûr, j'croyais pas. J'ai bien cru que tu ne reviendrais jamais, nom de Dieu !

Florent fut frappé, plus par les mots de son ami que par sa tape sur l'épaule. Il lui avait donné du « mon gars » comme autrefois le Déqueugnard ! Ça lui fit tout drôle dans la poitrine. Le Riflard ne lui laissa pas le temps de se remettre. Il enchaîna à toute allure, comme s'il voulait en deux temps trois mouvements de langue rattraper les semaines perdues :

— Tu sais, ça n'a pas été tout rose, ici, pendant ton absence ! On en bave, et il paraît que ça ne fait que commencer. On parle de guerre. Qu'est-ce que tu en dis ? Tu as dû en apprendre, des choses, toi, là-bas en Allemagne… non ?

Il en avait entendu parler.

Le voyage de retour lui avait paru interminable. A deux reprises, la neige avait freiné leur avance dans une campagne assommée par l'offensive brutale de l'hiver. Personne ne l'attendait aussi tôt ! Elle avait effacé les chemins, dissimulé les ornières, confondu routes et prairies. Deux jours durant, la voiture avait sursauté sous les claquements de chambrière et les jurons du cocher. Pour rattraper le temps perdu, ils avaient dû circuler en partie de nuit, accompagnés dans la forêt de Thuringe par des loups invisibles mais dont la plainte avait terrorisé deux femmes emmitouflées jusqu'aux yeux dans des fourrures épaisses d'un coude.

Enfin, à l'approche de Würzburg, dont le ciel avait laissé paraître les clochers au lointain, ils avaient retrouvé une lumière et une température de bon automne. Le temps s'était même remis au beau dans les environs de Mannheim, et la symphonie des ors, des ocres et rouges d'incendie les avait accompagnés dans la traversée des dernières forêts avant le passage de la frontière.

A mesure qu'ils avançaient, l'allure des voyageurs avait changé, leur ton, et la couleur de leurs regards. Surtout quand ils avaient aperçu sous le paletot de Florent la fourrure blanche dans laquelle il s'enfouissait pour dormir, bercé par les cahots de la guimbarde et le parfum du mimosa. De lourds manteaux de laine vert bouteille, couvrant des tricots à grosses mailles et des culottes de velours serrées aux genoux sur des chaussettes de montagnard, ils étaient passés à des jaquettes de drap sur chemise ornée d'une cravate à perle. Un seul de ses compagnons de route, de tout le voyage, lui avait proposé de partager son pain, une saucisse, un fromage à puissant fumet qui avait retroussé les narines d'une bourgeoise en cape et chapeau noué sous le menton par une ganse violette, des pommes et une gourde de vin blanc qu'il avait tirés d'un ballot de cuir taché aux angles d'auréoles noirâtres. Ils avaient tenté deux ou trois mots, fait quelques gestes de dialogue, s'étaient vite contentés de sourires complices en face d'un vieux couple à l'œil noir. La saucisse était bonne, le pain rassis sentait le moisi, le fromage collait aux dents, le vin rabotait la gorge après s'être abandonné en bouche sur des brûlures acides. Mais il avait réchauffé le corps et le cœur.

C'est dans la dernière partie du voyage, à l'étape ultime de Landau in der Pfalz qu'il en avait appris le plus sur la situation du moment. A la table du relais de poste, des Lorrains, comme lui, bavardaient haut et fort avec des Allemands peu convaincus par les gesticulations d'un certain Bismarck. « Qu'irions-nous faire en Espagne ? » répétait l'un, « Et pour servir quelle politique de la Prusse ? » ponctuait l'autre dans une langue fidèle à celle de leurs anciens en un temps où ce pays était français.

De fait, depuis quelque temps, à cause de la révolution espagnole *Gloriosa*, qui avait chassé du trône une reine Isabelle II contrainte à l'exil, les relations de la France avec l'Allemagne s'étaient tendues de manière inquiétante.

Le général Serrano, autoproclamé régent du trône ibérique, et son chef du gouvernement, le général Prim, s'arrachaient les cheveux à tenter de trouver un roi capable d'enrayer les éruptions cutanées républicaines qu'ils considéraient comme peste et choléra réunis. L'idée leur était venue d'offrir le trône bourbonien de Madrid usé jusqu'à la corde à un proche parent du roi de Prusse, Léopold de Hohenzollern-Sigmaringen. L'axe Espagne restaurée-Allemagne unie permettrait aux grandes monarchies de damer le pion à une

France jugée depuis un siècle arrogante et révolutionnaire, cancer du vieux continent, une France dangereuse ! L'Empire français, second du nom, n'avait rien changé, bien au contraire ! Et le prince Otto von Bismarck au crâne pointu, avec le pouvoir en Prusse, avait pris la tête de la nouvelle Europe en gestation. Sa Confédération de l'Allemagne du Nord, véritable nouveau Saint Empire romain germanique, était prometteuse. Depuis la raclée qu'il avait infligée aux Autrichiens à Sadowa, rien ne semblait pouvoir l'arrêter.

Mais la France ne voyait pas d'un bon œil la Prusse s'installer à Madrid. Convaincus de l'invincibilité des régiments français équipés du nouveau fusil Chassepot – les victoires de Magenta et Solferino n'en avaient-elles pas fait la preuve ? –, les durs de l'entourage impérial ne rêvaient que de nouvelles victoires qu'ils se promettaient faciles, fort opportunes pour rassembler un peuple français redevenu turbulent. Le sang espagnol de l'impératrice Eugénie n'avait fait qu'un tour quand elle avait eu vent des intentions prussiennes. Elle avait aussitôt déclaré à son Bonaparte de mari que jamais un Prussien ne devrait s'asseoir sur le trône de son pays, qu'il en allait de son autorité à lui, et du rayonnement de la France en Europe !

Alors, dans les familles et les bistrots de chaque côté de la frontière, on s'était mis à parler d'action diplomatique française en direction de la Prusse pour la convaincre d'abandonner son projet. Et la rumeur s'était mise à courir bon train d'un proche affrontement que tous espéraient seulement… diplomatique !

Florent en avait entendu parler, là-bas, dans le Palatinat, entre une pièce de lard aux choux et deux ou trois chopes de bière. Il avait laissé dire les autres, même quand ils s'étaient tournés vers lui pour lui demander ce qu'il pouvait bien porter autour du cou : « Ce truc blanc, là, on dirait du lapin ! », et : « Pourquoi tu le flaires aussi souvent ? » Il avait laissé dire, n'avait rien répondu, s'était contenté de faire taire l'angoisse qui montait en lui à chaque fois que l'un ou l'autre parlait de guerre probable entre la France et l'Allemagne. Et ce sujet était revenu souvent dans la conversation au dernier relais de poste !

— Alors, on en cause, là-bas ?

Le Riflard le regardait sous le nez comme s'il le voyait pour la première fois.

— Ben, dis donc ! Tu m'entends ou pas ?

Il avait haussé le ton. Le silence de son ami commençait à l'énerver. Déjà qu'avant il ne parlait pas beaucoup ! Mais, maintenant ! Il se demandait ce qu'il avait bien pu faire, là-bas, au bout du bout du monde, et qui il avait rencontré, si…

— Tu l'as revue, ta chanteuse ?

Il avait baissé le ton.

— Hein… dis… tu l'as revue ?

Surpris, Florent ne réagit pas. Il empoigna sa canne, fit trois pas vers la gueule du pot. Le Riflard le suivit comme un petit chien. Assis à son banc, à sa broye lui aussi, la Puce, un autre verrier, les observait de loin.

— Alors ?

Florent plongea sa canne dans le pot, en tira une paraison, la porta jusqu'au moule qu'un gamin tenait ouvert à ses pieds.

— Tu l'as revue, oui ou merde ?

Florent abaissa sa canne vers le moule, lentement, à gestes sûrs qu'il voulait exemplaires pour le gamin.

— Bon ! Cause à mon cul, ma tête est malade ! Alors puisque c'est comme ça, et que tu fais la gueule, je me tire ! Voilà !

Florent plongea la boule de cristal dans le moule, tapa du pied ; le gamin referma le moule. Le Riflard s'éloignait en moulinant de grands gestes. Florent approcha la canne de ses lèvres, força le souffle d'un coup pour ensemencer la pâte de cristal, se mit à tourner la canne dans ses doigts d'un mouvement souple et régulier, puis donna à la matière, en douceur, son souffle qui ferait d'elle une pièce unique capable de traverser les siècles, un témoin de sa passion pour le mariage de l'air, de la terre et du feu. Toujours, quand il soufflait, il avait l'impression de se donner à la terre avec la même émotion que quand il se donnait au ventre de la femme. Douceur de ce qui rejoint l'éternel, en même temps que fugacité de l'acte sacré lui-même ! Il tapa encore du pied. Le gamin ouvrit le moule. Il apprécia la pièce d'un coup d'œil… elle était prometteuse.

Avant de sortir de la halle, le Riflard lui lança :

— Tu seras peut-être plus bavard quand t'auras envie d'aller à Raon ! Alors là, c'est moi qui…

Le ronflement du four avala ses derniers mots.

Florent s'assit à son banc de verrier. Il commençait à former sa paraison à la pince quand il vit revenir à grandes enjambées un Riflard très énervé.

— Je voulais te dire : quand t'étais là-bas, je me suis occupé de ta mère. Je l'ai emmenée à la fête… je lui ai même payé une bière ! C'est pas pour dire, mais… je le dis quand même ! Alors, maintenant…

Il parlait fort et sec, hachait ses phrases du tranchant de la main, comme s'il découpait un poulet au hachoir. Son foulard au cou s'était dénoué. Il crachait une pluie de postillons, peinait à relancer une respiration que la colère paralysait dans sa poitrine, hésita un quart de seconde, conclut :

— Alors, maintenant, tu te démerdes, tu m'entends ! Tu peux bien foutre ton camp chez les Zoulous, sur la lune… je m'en fous, tu m'entends ! Je m'en fous ! Et tu te démerdes avec ta mère !

Florent guida quelques gouttes d'eau froide sur sa pièce, juste à la limite du mors de canne, donna un petit coup. Le choc thermique fit son effet : la pièce se détacha. Il la cueillit sur une fourche de cornouiller, la mira un instant, fit la grimace… ratée ! La colère du Riflard avait tué la concentration du verrier. Il la jeta dans un tonneau. Elle s'y brisa dans un bruit sourd et clinquant à la fois. Le cristal redeviendrait groisil. Il retournerait au four pour un nouveau cycle et une nouvelle destination, réussie cette fois !

— Je te remercie d'avoir pris soin de ma mère pendant que j'étais en Saxe, mais qu'est-ce que tu veux savoir, enfin ? Je n'ai pas de comptes à te rendre, enfin… à personne ! Tu me fais chier, tu sais ! Vraiment, tu me fais chier !

La colère avait gagné Florent. Il s'était redressé, faisait face à son complice d'hier, tenait sa canne à la verticale, comme une lance de chevalier avant la charge. De son banc, la Puce observait la scène. Le gamin s'était assis par terre, près de la trappe du moule. Il espérait bien que le coup de gueule des deux hommes lui donnerait l'occasion de filer.

La riposte calma subitement les ardeurs du Riflard, qui ne s'y attendait pas. Il n'avait encore jamais vu Florent en colère, flotta un moment, se ressaisit, tendit la main vers lui.

— Laisse… tu me fais chier, je te dis ! éclata Florent. Fous-moi la paix ! Tu veux savoir si je l'ai revue ? Oui, je l'ai revue, plusieurs fois, et j'étais bien avec elle, mieux qu'ici avec un type qui se prend pour un flic ! Voilà ! T'es content ? Maintenant, dégage… ça suffit ! Je t'ai assez vu pour aujourd'hui !

Le Riflard avait pris sans broncher l'averse qui, en un éclair, avait fait de lui une marionnette sans maître. Sonné, bras ballants, il regardait par terre, semblait compter les lames de parquet jusqu'au gamin, toujours assis près de la trappe du moule.

— Allez, tu peux y aller, toi ! Il a plus besoin de toi, à c't'heure… dit-il au gamin en donnant un coup de menton vers un Florent toujours cramponné à sa canne.

Le gamin fila sans demander son reste. La nuit avait déjà noirci les vitres sur la ville. La Puce avait repoussé la tôle sur la gueule incandescente de son pot. Il avait rangé ses outils, donnait un coup de balai au poste de travail en jetant de fréquents coups d'œil vers les deux gars, là-bas, en train de s'engueuler.

Le Riflard s'affaissa sur une caisse. Il eut l'air soudain très las.

— Tu m'en veux ? Dis… tu m'en veux ?

Florent ne savait pas au juste s'il lui en voulait. Depuis son retour d'Allemagne, il ne savait plus grand-chose. Il avait repris le travail en traînant les pieds. La fatigue du voyage ! se répétait-il pour se rassurer. La fatigue du voyage !

Mais il savait bien qu'il se racontait des histoires. Elle était évacuée depuis un moment déjà, la fatigue du voyage, qu'il renâclait encore à prendre le chemin de la halle au cœur de la nuit, par la descente raide de Deneuvre sous la tour des Voués, la rue des Ponts jetée sur une Meurthe invisible dont les grondements roulaient contre les murs de la Belle Mendiante, la musette du père balancée à son épaule. Ses changements d'humeur l'effrayaient lui-même. Il peinait à se reconnaître dans ses réactions parfois brutales, se surprenait à malmener le gamin comme il avait été malmené autrefois, certes, bien qu'il se fût juré de ne jamais en user ainsi, s'en voulait d'envoyer promener sa mère qui, pourtant, depuis son retour, faisait preuve d'une chaleur nouvelle envers lui. Un changement spectaculaire !

Le soir de son arrivée, il l'avait trouvée bien arrangée. Soignée comme autrefois ; sa chevelure coulait sur ses épaules couvertes d'un châle de cachemire bleu nuit à grands ramages. Et elle souriait, d'un bon sourire qui allumait ses yeux d'une lumière nouvelle. La maison sentait bon le savon frais et la tisane de tilleul. Un feu bourgeois ronflait dans la cuisinière. Le heurchot dansait au milieu de la table, à côté d'une miche entamée couverte à moitié d'un torchon écru.

Dès qu'il avait poussé la porte, elle avait marché vers lui, bras ouverts, en répétant doucement : « Te revoilà, mon fils ! Te revoilà... Viens ! »

Il était venu, avait laissé tomber par terre ses balluchons, s'était blotti contre elle, l'avait baisée sur le front, longuement, ses lèvres collées à la peau de cette femme qui fleurait bon l'enfance. En avait été ému aux larmes. Il avait murmuré : « Maman... » Il avait cru l'entendre répondre : « Je suis là ! » Son cœur avait bondi.

Il avait retrouvé sa chambre, son lit bien fait, des draps sans un pli qui sentaient bon le serpolet, son plumon rouge gonflé comme un ventre de cardinal ; sur la table de nuit, un petit vase de cristal contenant un modeste bouquet d'immortelles. Il avait dû y regarder à deux fois pour s'assurer qu'il ne rêvait pas ! Puis il avait regagné la cuisine. Jeanne avait déjà tiré du buffet, pour lui, une pièce de lard et un fromage, planté au milieu de la table la cruche de vin, posé devant lui trois cougneux, ces gâteaux traditionnels du pays, aux extrémités en forme de croissant, réservés d'habitude aux petits desserts de fin d'année. « Tiens, mange, mon fils, avait-elle dit en les posant devant lui, mange ! Ils sont peut-être un peu rassis, mais je les ai faits pour toi voilà quelques jours, en priant pour que tu reviennes. Je ne savais pas quand... mais je me doutais bien que tu ne tarderais pas. »

Après le lard, le pain et le fromage, avec un bon verre de vin, il avait mangé les cougneux, en avait proposé un morceau à sa mère, qui l'avait croqué en le regardant dans le blanc des yeux. Puis il lui avait tendu son verre. Elle y avait bu, ses lèvres posées là où il avait posé les siennes, sans le quitter du regard.

Quel miracle s'était-il donc produit ?

Il avait dormi comme une souche jusqu'au lendemain matin, avait trouvé sur la table à son réveil la miche, son bol, un pain de beurre. La soupe balbutiait sur la cuisinière. Il faisait bon. Il était bien.

Il avait mangé sa panade enrichie d'une noix de beurre, en goûtant chaque bouchée comme il l'eût fait d'un mets précieux. Pourtant, c'était bien la même soupe, le même pain, le même beurre qu'autrefois, un autrefois si proche mais déjà si lointain !

Jeanne l'avait regardé, devançant ses gestes, prévenant ses besoins, prête à faire davantage si elle pouvait. Elle semblait plus heureuse que jamais.

Par quel miracle était-elle redevenue cette mère qu'il croyait avoir perdue ?

« Maman... »

Elle avait tourné la tête.

« Je suis là ! »

Alors, il s'était levé, l'avait prise dans ses bras.

« Merci... Je t'aime. »

Surpris par sa propre audace, il lui avait fait à toute vitesse une bise claquante sur le front, avait giclé dehors. Un froid glacial l'avait saisi. D'un saut de puce dans la rue, il avait bondi jusqu'à la porte de tante Mathilde.

« J'en sais rien, avait répondu la tante à ses questions en rafale. J'en sais rien ! Mais ce que je sais, c'est qu'elle t'a attendu tous les jours, toutes les nuits, qu'elle a bien cru ne jamais te revoir ! » Elle l'avait regardé sèchement... « Elle a aussi attendu une lettre de toi ! Mais elle n'a jamais rien reçu ! Tu lui as écrit, au moins... et ta lettre s'est perdue ! La poste, avec l'Allemagne, par les temps qui courent... je m'en doutais ! » Florent l'avait laissée dire. Que répondre ? Comment ? Par un mensonge ajouté au mensonge ? Il avait préféré se taire, laisser couler entre elle et lui l'incertitude qui le rapprochait de sa mère. « Alors, comment ça s'est passé, là-bas ? Tu y étais bien pour ton travail, n'est-ce pas ? C'est pour apprendre à faire des autres modèles de cristaux que tu y es allé... c'est bien ça ? »

Florent s'était mis à regarder par la fenêtre les nuages accrochés au bulbe de Saint-Rémy, et les pierres massives des anciens remparts qu'il s'était mis à compter, comme ça, dans sa tête. « Tiens, bois donc un verre de vin de noix, ça te fera du bien et ça te rendra peut-être plus bavard ! » Il avait réagi en prétextant l'heure, le déjeuner qu'il venait d'avaler, promettant qu'il reviendrait. « Assieds-toi, et pour ça, tais-toi ! Tu ferais mieux de me parler des cristaux que tu as découverts dans ce pays de sauvages ! Etaient-ils beaux, au moins, plus beaux que les nôtres, ou moins beaux ? Attention à ce que tu vas dire, hein ! »

Le vin de noix glougloutait doucement. Tante Mathilde avait posé la bouteille, s'était assise en face de Florent, avait choqué son verre contre le sien. « A ton retour, mon Rouillot ! C'est bien comme ça qu'ils t'appellent en bas… hein ? » Il avait dû lui répondre en buvant son vin de noix qu'on l'appelait bien ainsi, « en bas », mais n'avait plus rien dit à propos des cristaux qu'il aurait découverts dans « ce pays de sauvages ». Une fois encore, ajouter un mensonge au mensonge… pourquoi ? « En tout cas, ta mère est heureuse comme si tu venais de naître une deuxième fois ! C'est pourtant pas Notre-Dame du Mont-Carmel, tu sais, à gauche du chœur dans notre église, qui l'aura exaucée, cette fois ! Et pour cause : je ne l'ai pas vue y mettre les pieds depuis que tu es parti ! Va y comprendre quelque chose, toi ! Heureusement que j'y vais, moi, et que je prie pour deux ! »

Le flot de paroles de tante Mathilde saoulait Florent bien plus que le vin de noix. « Tu lui as rapporté quelque chose de là-bas ? Je sais pas, moi… un loup à se mettre au cou en hiver, un renard… paraît qu'il y en a de très beaux, même des argentés ! C'est dire ! » Elle n'avait pas attendu la réponse. Avait rempoigné la bouteille. Il s'en était senti fort aise, avait descendu un deuxième verre de vin de noix, puis un troisième, puis un quatrième, qui l'avaient propulsé sur un nuage blanc. De là, il n'entendait plus rien, ne voyait plus que les pierres des remparts qu'il s'était remis à compter dans un curieux désordre.

A sa sortie de chez tante Mathilde, il avait eu l'impression que la chaussée se dérobait sous ses pieds.

La fatigue du voyage… la fatigue du voyage ! Il n'en savait pas davantage sur le miracle qui avait transformé sa mère. La vieille tante n'en savait pas plus sur son voyage. Le silence avait conjuré les mensonges. Le vin de noix aidant, il s'était senti bien !

Mais le retour à la halle avait été plus laborieux.

— Tu m'en veux ? Réponds-moi, nom de Dieu !

Le Riflard s'excitait. Il avait pris la colère de son ami en pleine poire. En lui déferlaient de violents remous. Il aurait donné chemise et brodequins pour entendre maintenant la voix de son ami.

— Non, je ne t'en veux pas ! Mais arrête de me poser des questions. Est-ce que je t'en pose, moi ?

Poussées par des hommes en blaude bleue collée par la sueur, tachée de sang par la poussière de minium, les charrettes de rechargement du four couinaient sur le parquet. Il était temps d'évacuer les lieux.

— Viens ! On va boire un verre !

Le Riflard passait d'un pied sur l'autre. Florent l'empoigna par la peau du dos.

— Ouste ! Direction le bout du pont !

Le ciel venait de crever. Un jet de pierre de la halle au bistrot ! Pourtant, ils étaient arrivés trempés.

Le cheveu dégoulinant, des coulasses de crasse lui rayant le visage d'étranges cicatrices, le Riflard se posa des deux coudes sur la table. En face de lui, Florent s'épongeait dans un grand mouchoir à carreaux. Ni l'un ni l'autre n'osait reprendre la parole.

— Tu parles d'un temps ! lâcha enfin le Riflard.

— C'est bon pour les champignons ! rétorqua Florent.

Ils commandèrent des bières, se regardèrent en silence.

— Dis-moi, mon Rouillot, tu m'en veux ?

— Pourquoi je t'en voudrais ? Tu me poses des questions... je ne te réponds pas. Alors tu ne m'en poses plus ! C'est simple, non ?

Le Riflard leva les mains en signe d'impuissance et de résignation, empoigna sa chope, descendit un grand flot de bière d'une gorgée, s'essuya la moustache d'un revers de manche en reniflant.

— C'est comme tu veux, mon Rouillot... comme tu veux !

La déception lui donnait un air triste et un regard ténébreux qui le rendait presque beau. Il s'efforça de sourire, d'un pauvre sourire navré de gosse pris en faute, perdu sans pardon. Florent en profita pour l'interroger à son tour :

— Et toi... Si je t'en posais, moi, des questions ?

— Tu peux ! Vas-y ! Je répondrai, moi, tu peux être sûr !

— A toutes ?

Le Riflard marqua un temps d'arrêt, scruta le visage de son vis-à-vis, n'y remarqua rien d'autre qu'une sorte d'amusement cruel. Il n'avait pas le choix, se soumit au jeu :

— A toutes !

— Alors... pourquoi m'as-tu dit que tout n'avait pas été rose, ici, en mon absence ?

Le Riflard but un coup, s'essuya la moustache, réfléchit, se lâcha :

— On en a chié, c'est vrai ! On a marché à cinq fours, plus le four d'essai au charbon, qui ne chauffait pas comme on aurait voulu, tantôt trop, tantôt pas assez, jamais comme il aurait fallu ! Puis le four H, tu sais celui des lustres et candélabres, s'est mis à casser beaucoup de pots sans raison. Même les potiers n'y comprenaient plus rien ! Et puis, les potiers, on en a plus assez, avec tous ces essais et toute cette casse...

Il avala la dernière goutte de bière, reposa sa chope. Florent en commanda une deuxième.

— A cause de ça, on a travaillé les uns sur les autres, fallait voir comme ça valsait dans tous les sens, au four ! T'avais pas intérêt à sortir du mauvais côté ! On en cherche, des nouveaux potiers, mais il paraît qu'on a du mal à en trouver. Et puis...

Il n'attendit pas la retombée de mousse dans la nouvelle chope, but un bon coup. Sa moustache gouttait de l'écume. Il l'épongea d'un coup de langue.

— On dit que monsieur de Fontenay va partir ! Sa santé... sa famille à Autun... Tu parles d'une tuile !

En un éclair, Florent tenta d'imaginer la cristallerie sans monsieur de Fontenay. Un seul mot lui vint aux lèvres :

— Catastrophe !

— Hein ?

— Je dis que ce serait une catastrophe. Mais ce n'est pas pour demain... j'espère !

— Va savoir !

— Et puis quoi encore ?

— Comment ça, « quoi encore » ?

— Qu'est-ce qui n'était pas rose en mon absence ?

— C'est déjà pas mal ! Tu ne trouves pas ?

— Ma mère...

Le Riflard prit un air ahuri.

— Quoi, ta mère ?

— Qu'est-ce que tu lui as fait ?

Le Riflard émit un souffle de baudruche crevée. Il se dégonfla soudain, tomba les épaules, rentra le menton, se mit à tourner la chope dans ses mains. Des traces de mousse dessinaient des marbrures sur le fond de bière.

— Rien !

— Alors, pourquoi tu m'as dit, tout à l'heure : « Tu te démerdes avec ta mère » ? Pourquoi ? Tu l'as emmenée à la fête... et ensuite ?

Le visage du Riflard se décomposa. Soudain, il n'eut plus d'yeux, ni de joues, ni de lèvres, rien que des trous... crâne de cadavre sous une chevelure tossée de chien mouillé !

— Rien... je te jure... rien !

D'un signe, Florent avait fait venir deux nouvelles bières.

— Tu m'as dit que tu répondrais à toutes mes questions ! Un mensonge de plus, ma Rifle... un de plus ?

Le « Ma Rifle » fouetta le gaillard qui se redressa, prit une grande inspiration, ouvrit la bouche, prêt à répondre. Mais la baudruche creva de nouveau. Il s'affaissa, la tête entre les mains noires de crasse et de ferraille. Florent poussa la chope sous son nez.

— Alors ?

Alors le Riflard releva la tête. Une terrible douleur tordait son visage.

— J'ai...

— Tu as ?

— J'ai... jamais eu de mère, moi... jamais... jamais... Il s'effondra.

Florent vit la bave de ses sanglots couler en fil visqueux dans la bière intacte. Il tendit le bras, prit la main du Riflard, la garda au chaud dans la sienne.

Tout autour, on buvait. On les observait. A petits coups de menton, on poussait vers eux de curieux sourires.

18

Mars 1870

On en était à se demander si le monde n'était pas devenu fou ! Tandis que le continent américain approchait les deux millions d'esclaves importés d'Afrique en cinquante ans, l'Allemagne commençait à imposer un nouveau visage à l'Europe. Son union douanière Zollverein inquiétait toujours plus industriels et commerçants, ses exploits militaires effrayaient les peuples ! Et Bismarck, ministre-président du roi de Prusse, affichait chaque jour davantage sa décision de créer le nouvel empire germanique.

Aux prises avec des convulsions douloureuses, l'Italie n'était pas en reste. Epuisés par des années de guerre, des milliers de ses pauvres commençaient à fuir vers la France, les Etats-Unis d'Amérique surtout, qui recrutaient à tout-va pour le massacre des bisons en vue d'affamer les tribus indiennes jugées trop gênantes par des bandits à chapeau mou armés jusqu'aux dents. Sept millions de ces animaux avaient déjà été exterminés, avec des milliers de femmes, d'enfants et d'hommes couronnés de plumes ! Les criminels « chantres de la liberté » couraient vers l'or comme des dératés, rêvaient de planter leur bannière étoilée face au mal nommé, l'océan Pacifique, attiraient la lie de toute la planète. Malfrats d'Europe, proscrits, repris de justice en cavale affluaient dans une nouvelle York croqueuse de ciel, s'appropriaient les meilleures terres, toujours plus loin vers l'ouest, les arrosaient de sang, d'alcool, les ensemençaient de haine et de désir de meurtre. Ils feraient bientôt un peuple de maîtres blancs et de serfs noirs, d'adorateurs du veau d'or, de saigneurs avides de soumettre le monde à leurs seules lois du profit pour quelques-uns sur le dos de tous. L'idéal de La Fayette avait été poignardé. Ils n'en avaient cure !

A une portée de regard du Sinaï, creusé par Ferdinand de Lesseps, inauguré en grande pompe en novembre de l'année précédente, le canal de Suez devait rapprocher la lointaine Asie de l'Europe, favoriser la circulation des marchandises et... des armées – la France venant d'entamer la conquête de ce qu'elle appellerait bientôt « l'Indochine » –, permettre une sorte de complicité, au moins d'affaires, avec une grande Allemagne en convulsive gestation. L'impératrice Eugénie n'avait-elle pas coupé le ruban en présence du prince héritier de Prusse et de l'empereur d'Autriche ?

En ces temps troublés, dominées de plus en plus par des aspirations républicaines, les opinions et les têtes tournaient plus vite que les vents d'hiver. Les Français donnaient, chaque jour davantage, des signes d'écœurement, face à cet empire de riches assis sur un peuple de pauvres, ces princes et courtisans batifolant dans les jardins de Compiègne, ces banquiers oisifs crachant leurs déchets de cigare au visage des miséreux, tandis que des enfants à peine sevrés trimaient dans les manufactures et dans les mines. En arrivant à la tête du gouvernement, le libéral Emile Ollivier avait promis des réformes justes et généreuses. Aurait-il le temps de les lancer ?

La grève des ouvriers métallurgistes plomba pour longtemps la vie sociale ; l'arrestation de Rochefort déclencha des émeutes et érigea des barricades dans un Paris pris d'un subit coup de chaud ; l'assassinat du journaliste Victor Noir par Pierre Bonaparte, cousin de l'Empereur, mit le feu aux poudres. Ses funérailles parisiennes, le 12 janvier, rassemblèrent une telle foule, silencieuse mais sous pression, que le pouvoir eut peur. Ce qui ne l'empêcha pas de faire acquitter le meurtrier quelques semaines plus tard par la Haute Cour de justice réunie à Tours, au prétexte du manque de preuves. Chez les lettrés, on se répétait en boucle les vers de La Fontaine : « Selon que vous serez puissant ou misérable, les jugements de cour vous rendront blanc ou noir. » Chez les incultes, on serrait les poings en attendant l'heure d'en jouer. Au milieu du peuple en colère, Louise Michel avait défilé derrière le cercueil, un couteau caché sous son manteau. Elle s'était armée pour la première fois. Quant à Rochefort, après avoir écrit, dans *La Lanterne* : « La France compte trente-six millions de sujets, sans compter les sujets de mécontentement ! », il avait conclu le tragique épisode Victor Noir en affirmant : « J'ai eu la faiblesse de croire qu'un Bonaparte pouvait être autre chose qu'un assassin ! »

Le monde… L'Amérique, avec ses allures de bagne tenu par des bandits ! L'Europe, avec ses coliques chroniques ! L'Allemagne, avec ses rêves de grandeur ! La France, qui sentait la poudre…

Ce n'était pas seulement une impression : le monde était bel et bien devenu fou !

— Je pars demain !

Florent s'attendait à une réaction brutale du Riflard. Elle se produisit :

— Tu pars où, encore ?

Le gaillard se rebiffait. Il avait appuyé sur le « encore » comme il l'aurait fait sur un « Ta Gueule ! ». Même ton, même regard, même nervosité dans le geste pour donner le coup de balai au poste de travail en fin de broye avant de quitter la halle.

— En Allemagne !

— En Allemagne ! Pourquoi pas ? Avec ce qui se passe en ce moment ! T'es complètement cinglé, mon Rouillot, complètement cinglé !

Florent ne broncha pas. Il prit la musette de son père, la mit en bandoulière, noua son cache-nez, donna un coup de tête vers la sortie.

— Alors, on y va ?

Le Riflard remonta son col, tira sa blague à tabac du sac d'où émergeait un goulot, lui emboîta le pas. Il dut allonger la foulée pour le suivre.

— Et si tu ne pouvais pas revenir… hein ! Imagine…

Florent marchait devant, descendit l'escalier, dépassa d'autres verriers qui avaient aussi travaillé pour eux-mêmes après leurs heures, les salua d'un geste de la main. L'autre courait derrière.

— Hein… si tu peux pas revenir ?

Ils traversèrent la rue, passèrent le pont sur la Meurthe, grosse des neiges fondues. Devant la Belle Mendiante, Florent s'arrêta. Dans son élan, le Riflard le dépassa, fit volte-face, lança :

— Hein… suppose que tu ne puisses pas revenir !

— Et pourquoi je ne pourrais pas revenir ? Dis-moi… pourquoi ?

Les premières notes de l'angélus ébranlèrent le clocher. Florent prit son ami par l'épaule, lui lança, d'une voix forte pour couvrir le vacarme des cloches :

— T'en fais pas, je serai bientôt là ! Mais il faut que j'y aille, justement, avant...

— Avant quoi ?

— Avant leurs conneries !

Le Riflard hocha la tête comme s'il comprenait. Peut-être avait-il compris. Il lança un regard vers la crête, le bulbe de l'autre église, les toits de Deneuvre découpés sur un ciel laiteux de crépuscule. Sur la place, la nuit les avait déjà engloutis. Il osa :

— Et avec quels sous ?

Florent lui lâcha l'épaule, reprit sa marche.

— T'occupe, ma Rifle ! C'est pas tes affaires ! Mets pas ton nez là-dedans !

Il hésita, faillit lui dire que Regina lui avait donné l'argent nécessaire. Elle tenait à lui ! Une poussée de fierté doublée d'une pointe de honte l'en empêcha.

— N'empêche... ta mère...

Le Riflard ravala le mot derrière un juron.

— Nom de Dieu... va ! Nom de Dieu !

Florent avait fait le chemin aussi vite que l'avaient permis les diligences les plus rapides, sautant de l'une dans l'autre, de l'autre dans la suivante, croquant un quignon ici, avalant une omelette là, dormant dans les cahots de la voiture sans rien voir au-dehors, sans rien entendre au-dedans.

Il avait retrouvé Bad Schandau, ses lambeaux de neige suspendus aux flancs de la Bastei, son fleuve roulant des eaux terreuses sous des bateaux à vapeur engourdis par l'hiver, sa Gasthaus Gambrinus, où il avait jeté ses paquets avant de se lancer vers la Lichtenhainerstraße !

Devant le 23, il jeta un coup d'œil vers les fenêtres de l'étage, aperçut les rideaux de velours blanc, tira la sonnette. Son cœur cognait à tout rompre. Sa bouche était sèche. Il ne voyait que la poignée de la porte, n'entendait que les pas sur les carreaux du vestibule, et son cœur, encore son cœur, tambour fou dans ses oreilles.

La poupée blonde poussa un cri pointu de souris. Il crut qu'elle allait défaillir, s'avança, lui tendit les bras. Elle se ressaisit, porta les mains à sa bouche pour en contenir les exclamations de surprise, lui fit signe d'entrer, vite, très vite. Puis elle se mit à courir dans l'escalier.

Regina se tenait debout, devant une fenêtre.

Du seuil, Florent vit sa silhouette dans la lumière, le halo de ses cheveux, l'argent de sa robe. Une bouffée de mimosa lui gonfla la poitrine. Il se précipita, s'arrêta net derrière la femme, suffoquant, posa ses mains sur le satin blanc des hanches, fourra son visage dans la chevelure d'or.

— Je savais que tu reviendrais !

Sa voix !

Regina avait parlé sans se retourner. Elle avait saisi les mains posées sur ses hanches, les avait doucement tirées vers elle, les avait croisées sur son ventre, dans la chaleur des siennes.

De son corps tout entier, Florent caressait le corps de la femme, en épousait toutes les douceurs, en respirait tous les parfums.

Alors seulement, elle se retourna. Il la vit. Elle était plus belle que jamais, si belle ! Elle lui tendit les bras. Il l'étreignit à l'étouffer. Elle gémissait doucement. Ils partagèrent le miel d'un baiser.

La poupée à nattes blondes s'était retirée en silence, les larmes aux yeux.

Florent, ce soir-là, reprit ses bagages à la Gasthaus Gambrinus. La patronne lui fit comprendre qu'il allait rater une table mémorable de Quarkkaülchen qu'elle lui expliqua être des galettes sucrées aux pommes de terre et fromage, en accompagnement d'une épaule de porc marinée et grillée, le fameux Mutzbraten, dont les effluves couraient par toute l'auberge, spécialité de la maison, le tout arrosé, bien sûr, du bon vin de Meißen.

Son empressement à vider les lieux, ses excuses et salutations répétées eurent bientôt raison de l'insistance de l'hôtesse. Ses balluchons à l'épaule, il regagna le 23, Lichtenhainerstraße, où la poupée à nattes blondes l'installa dans une chambre voisine de celle de la dame. Elle y avait installé un tub, apporté deux grands brocs, un d'eau chaude, l'autre d'eau froide, un pain de savon et des serviettes dont il renifla le parfum de mimosa. Il se rendit compte… qu'il puait le fauve !

Ils soupèrent comme le dernier soir, six mois plus tôt, se séparèrent sans un mot dans le couloir. Malgré les fatigues du voyage, Florent ne put fermer l'œil de la nuit. Dormir dans cette maison, à côté de la dame, lui était au-delà de toute volonté et de tout épuisement. Il se leva à plusieurs reprises, observa de sa fenêtre, à la lueur des becs de gaz, les tas de neige dans la rue, le filet d'eau qui en coulait, décrivait des arabesques sur le trottoir, rejoignait le caniveau, où il se perdait. Il se recoucha, ferma les yeux, appela le sommeil, ne trouva dans sa tête que les images de Regina, dans son cœur le désir de lui dire ce qu'il n'avait pas encore pu ou su lui avouer, dans son ventre l'envie folle de la rejoindre, de la prendre dans ses bras, de la caresser, de l'aimer.

Au petit matin, fébrile, il s'aspergea d'eau fraîche, mit de l'ordre dans ses cheveux, s'installa dans un fauteuil devant la fenêtre, suivit la lente montée de la lumière dans le ciel que des lueurs de printemps semblaient vouloir animer. Il attendit ainsi le signal de la poupée blonde aux joues de pommes d'api.

Ce jour-là, ils ne mirent pas le nez dehors.

Le matin, épaule contre épaule sur le canapé tendu de velours blanc, ils parlèrent, se prenant les mains, parlèrent encore, s'éloignaient dans des silences si denses qu'ils en émergeaient bien vite de peur de s'y perdre, se flairaient le cou, se reprenaient les mains, se caressaient la nuque, échangeaient des baisers effleurés. Des cris d'enfants, dans la rue, des bégaiements de roues sur les pavés, au loin la corne de quelque vapeur, et le soleil qui ruisselait à pleins flots sur le tapis.

Dans un angle de la pièce derrière le piano, couverte d'un voile blanc qui la laissait deviner en la dissimulant, la machine roulante. Regina vit qu'il l'avait vue, devança sa question :

— Je n'en ai plus besoin ! Tu as vu, en octobre dernier, que je pouvais me tenir debout. Tout l'hiver je m'y suis forcée. Chaque jour ! Et je n'ai fait que progresser, pas à pas. Dur… très dur ! Mais nous n'avons dans la vie que les résultats que nous méritons, n'est-ce pas ? Oui, chaque jour, j'ai marché autour de cette table, m'obligeant à le faire sans appui, en allongeant de plus en plus le pas, en regardant droit devant… droit devant, dans… ta direction !

Elle laissa aux derniers mots le temps de produire leur effet, poursuivit :

— Sans toi, je crois que je n'aurais pas eu le courage de faire tout ce travail sur moi.

Elle le regarda. Il écoutait, les yeux en balade dans les ramages gris chaud et ivoire du tapis inondé de soleil. Elle se reprit :

— Sans toi, je suis sûre que je n'aurais rien fait de tout cela ! Je me serais résignée à vieillir dans un corps étranger à mon esprit. Cruelle expérience que celle-là ! Devoir vivre dans une machine indifférente à sa volonté ! Le fauteuil roulant, je pouvais encore le mouvoir en poussant les roues de mes deux mains, le guider à la poignée, mais mes jambes, inertes, insensibles, encombrantes, mortes et pourtant douloureuses, très douloureuses... objets inutiles !

Elle soupira.

— Depuis octobre, chaque pas nouveau m'a coûté une vraie souffrance, comme si mes chairs se déchiraient, comme si on m'écartelait, une torture, une vraie torture, mais pour quel résultat ! Tu es là !

Quelque part dans la maison, une pendule bredouilla onze heures, la même qui lui avait égrené chaque heure de la nuit. Regina s'interrompit, suivit du regard le regard de Florent. Il avait remarqué des pigeons sur le toit d'en face. Entre deux vols en escadrille, les oiseaux se chauffaient au soleil sous un triangle de ciel bleu outremer.

— Ils sont libres, eux ! Libres comme l'air qui les porte !

— Oui, libres !

Il avait répondu d'un air détaché, absent, à cette remarque. La liberté... Puis, se tournant vers elle :

— Pourquoi as-tu fait tout cela ? Pourquoi t'es-tu imposé de telles souffrances ?

— Je te l'ai dit : pour toi ! Pour venir vers toi, aller là où tu es, là où je suis bien !

Le tintement métallique de la pendule répéta l'heure.

Regina se leva.

Sa voix avait perdu son timbre de cristal. Un voile d'émotion l'avait couverte. Elle contourna la table sans s'y appuyer, marcha d'un pas lent mais assuré jusqu'au piano, s'assit sur le tabouret, leva le couvercle, posa ses doigts sur le clavier, fit sonner les premières notes d'une mélodie aérienne qu'il ne connaissait pas encore, fragiles, d'une blancheur immaculée, pétales de rose dans la brise de printemps.

Il s'en laissa transporter, ferma les yeux, n'entendit plus que cette mélodie offerte au jour dans la maison aux senteurs de cire d'abeille, qui s'élevait vers le ciel, s'en éloignait, comme désireuse de prolonger le plaisir de l'attente, revenait à pas doux sur une terre qu'elle caressait sans s'y poser, reprenait son envol, portée par les fragrances du mimosa. Il ne vit plus, dans sa tête, que cette femme d'hier, au plus sacré de la chapelle, cette silhouette blanche aperçue dans la pénombre.

Il frissonna, s'abandonna au délicieux sentiment de se dissoudre dans un espace ouvert à l'infini, de n'être plus que par cette magie de la musique. Il ouvrit les yeux. Les mains de femme voletaient sur le clavier, les doigts effleuraient l'ivoire, légers d'abord, puis plus appuyés, nerveux, comme impatients de libérer toute la puissance de l'Esprit, puis à la légèreté de plume d'alouette. Il frissonnait. La chair de poule le couvrait des pieds à la tête. Il n'eut plus qu'une envie, irrésistible, qu'un besoin absolu : l'entendre, elle !

Alors, elle se mit à chanter…

Jesus, bleibet meine Freude
Meines Herzens Trost und Saft,

Jesus wehret allem Leide
Er ist meines Lebens Kraft[1]...

La voix de Regina avait recouvré toute son ampleur, sa transparence, sa divine fragilité et sa force. Elle habitait le salon blanc comme autrefois la chapelle de la cristallerie.

La voix de femme !

Florent crut étouffer de bonheur. Il éclata en sanglots.

Darum laß ich Jesum nicht
Aus dem Herzen und Gesicht[2]...

Le piano s'était tu depuis un long moment déjà quand il osa lever les yeux vers Regina.

Elle n'avait pas bougé. Toujours assise au piano, tournée vers lui, les mains sur les genoux. Belle, divinement belle !

Elle pleurait en silence.

Quelque part sur la rivière un vapeur s'impatientait. La rumeur de la ville, en bas... c'était jour de marché. La place débordait de paysans, camelots, badauds, frimeurs à pipe sculptée et bigotes ligotées jusqu'au menton, affriolées en secret par les promesses de printemps. La rumeur de la ville !

1. « Jésus reste ma joie, / La sève et la consolation de mon cœur, / Jésus est le rempart à toute souffrance, / Il est la force de ma vie... », Jean-Sébastien Bach, *Herz und Mund und Tat und Leben* (cantate BWV 147, exécutée pour la première fois le 2 juillet 1723, en la Thomaskirche de Leipzig).

2. « C'est pourquoi Jésus ne quittera jamais / Ni mon cœur ni mon visage... », *ibid.*

Des coups timides contre la porte, frôlements d'oiseau... La poupée blonde aux joues de pomme d'api demandait l'entrée. Regina répondit d'un murmure. La femme passa la tête. A son air bouleversé, ils virent qu'elle avait entendu. Elle fit trois pas vers eux, jeta un regard au piano ouvert, vint à leur rencontre, posa une main sur son cœur, inclina le buste, murmura :

— *Herzlichen Dank !*[1]

Puis elle glissa sans bruit vers la sortie.

Alors, Regina répéta les premières notes de la mélodie aérienne, d'une blancheur immaculée, laissa s'éteindre les vibrations du piano dans les vases, carafes, cruches, coupes à fruits en cristal blanc, jaune, incarnat, taillé, gravé, décoré à l'or bruni, chuchota, comme si elle s'adressait au piano seul, juste assez fort pour n'être entendue que de lui :

— Florent...

Il se redressa.

— Oui...

— Männlein...

— Oui...

— Je crois bien que...

Il ne respirait plus.

— Je t'aime !

Ils dînèrent en tête à tête. De légumes, de poisson du fleuve, de pommes cuites à la cannelle et au beurre, arrosés de vin blanc. Avant d'y tremper les lèvres, les yeux dans les yeux, ils avaient choqué les verres, en se souriant.

1. « Merci, du fond du cœur ! »

Puis chacun se retira dans sa chambre.

« Va, et repose-toi, Männlein, lui avait-elle dit sur le palier. A tes traits tirés, je vois que tu en as besoin. Le voyage a été long, n'est-ce pas ? Celui qui t'a mené vers moi, et… l'autre ! »

Elle lui avait offert ses lèvres.

« Moi aussi, d'ailleurs… A tout à l'heure ! »

Florent jeta un coup d'œil par la fenêtre. Des fiacres, des cabriolets, des cavaliers se croisaient dans la rue, frôlaient des piétons, disparaissaient à l'angle du marché dont la place s'était vidée. Seuls quelques camelots tardaient encore à démonter leur étal autour du parvis de l'église. Sur les toits filaient les traînées grisailles crachées par quelque vapeur enroué en laborieuse remontée du fleuve.

Il eut envie de sortir, d'aller s'aérer, prendre à pleine poitrine le vent vif de la vallée, escalader le chemin étroit de la Bastei jusqu'au belvédère, se prouver par la présence de l'infini panorama à ses pieds qu'il était bien là, dans ce pays de Saxe dont elle lui parlait autrefois, dont il avait si souvent rêvé.

Pourquoi était-il là ? Qu'y était-il venu faire ? « L'autre voyage… » Qu'avait-elle voulu dire ?

Il s'allongea sur le lit, tenta de faire le vide dans sa tête, fixait le plafond. « L'autre voyage… » Son esprit brouillé renonça à trouver quelque réponse à cette question. Pourquoi s'interroger, d'ailleurs ? N'était-il pas plus naturel de se laisser porter par le présent, de laisser éclore les émotions, s'exprimer les sentiments ? N'était-ce pas cela, d'abord, la vie ?

La pensée de sa mère, là-bas, en Lorraine, l'effleura. Il la chassa d'un mouvement de tête sur l'oreiller, ferma les yeux, s'imagina Regina, si près de lui, de l'autre côté de la cloison. Silence. « Je t'aime. » Les mots lui échappèrent. Il les avait entendus pour la première fois, venait de les prononcer aussi pour la première fois, en frissonna.

Et s'il la rejoignait, là, maintenant, dans sa chambre ? Il se leva, colla l'oreille à la cloison, aurait voulu entendre ses froissements d'étoffe, la caresse de son pas sur le parquet, son souffle. Silence.

Que faisait-elle ? Lisait-elle un livre qu'il aimerait lire ? Il ne lisait pas, n'avait jamais eu de livres à lui. Le monde ouvrier se méfiait des livres. Dans ce monde, le sien, un livre n'était qu'invitation à la paresse, occupation de fainéant, promesse de perversion ! Il en avait toujours souffert en secret, s'était rabattu sur *Les Trois Mousquetaires* de l'école, dont il se souvenait pour avoir pris en affection le pauvre cheval d'un certain d'Artagnan… « un bidet du Béarn, âgé de douze ou quatorze ans, jaune de robe, sans crins à la queue… », qui marchait « la tête plus bas que les genoux »… Il avait dévoré l'histoire de ces hommes intrépides opposés à Richelieu, « le diable rouge » abhorré par les Lorrains depuis leur extermination qu'il avait ordonnée, aurait aimé lire d'autres livres, se laisser conter d'autres histoires, apprendre, apprendre encore, apprendre toujours ! Mais il avait dû se contenter des articles des journaux, et encore !

Il retourna à la fenêtre, observa la rue, les façades, le ciel. L'envie de la rejoindre le dévorait. Lisait-elle ? Elle en possédait, de ces livres. Il les avait vus, dans le salon, alignés comme à la parade dans leur habit de cuir rouge timbré d'or. Il se jura de les lire un jour ! Comme il aimerait se plonger dans ces pages qu'elle avait touchées, respirées, qui lui avaient procuré du plaisir !

Il se recoucha, inspira profondément plusieurs fois, voulut calmer les ardeurs d'un corps en effervescence. Son cœur battait la chamade.

Le vin blanc, se dit-il, le vin blanc !

Dans sa tête tournaient encore les notes et les mots chantés en fin de matinée ; il aurait voulu se dissoudre à nouveau dans cet espace infini que lui avaient ouvert le piano et la voix, mais de telles vagues le bousculaient ! Il tenta encore de vider sa tête, respira lentement, plus profondément, ouvrit les mains. Son corps se détendit.

La maison tout entière semblait assoupie.

En bas la porte du fourneau couina. La poupée blonde aux joues de pomme d'api entretenait la flamme. Une femme veillait.

Il ne dormit pas, se laissa gagner par une douce torpeur.

Du côté de l'église, le ciel avait viré au mauve. Florent en avait suivi du regard le lent glissement vers la nuit tombée d'orient. La lueur des becs de gaz teintait déjà la chambre d'ocre quand il entendit une porte s'ouvrir. Il se redressa, passa la main dans ses cheveux, rajusta ses vêtements, sortit. Les immortelles éclairaient la pénombre du palier. Le piano s'était remis à jouer, à voix basse, comme une divine confession.

Regina lui ouvrit les bras. Il s'y blottit, y respira le mimosa, et son parfum de femme, aurait pu y passer ainsi son temps d'éternité. Puis, comme si elle avait deviné ses pensées de l'après-midi, elle le mena par la main vers les livres, le guida dans les titres, tous français : *Zadig*, de Voltaire, les *Essais*, de Montaigne, les *Odes*, de Ronsard, *La Princesse de Clèves*, de Madame de La Fayette, tira de sa bibliothèque *Les Contemplations*, de Victor Hugo, ouvrit le livre à une page marquée d'un ruban violet, se mit à lire :

— « J'ai cueilli cette fleur pour toi sur la colline / Dans l'âpre escarpement qui sur le flot s'incline… »

Ils étaient debout, l'un contre l'autre. Elle leva les yeux vers lui, poursuivit :

— J'ai cueilli cette fleur pour toi, mon bien-aimé…

Puis, avant qu'il ait pu réagir, elle lui mit le livre dans les mains, se dirigea vers le piano, s'y installa, joua quelques notes, chanta sur un air de Wagner :

Mignonne, allons voir si la rose,
Qui ce matin avait déclose
Sa robe de pourpre au soleil…

Le livre sur le cœur, bras croisés, Florent goûta les frissons qui couraient sur sa peau.

Cueillez, cueillez votre jeunesse.
Comme à cette fleur la vieillesse
Fera ternir votre beauté.

Après le souper, au moment de se séparer, Regina prit Florent par la main, le guida vers sa chambre.

Au petit matin, elle lui annonça sa décision d'aller partager sa vie, en Lorraine. Elle vendrait tous ses biens de Saxe.

— Me le permettras-tu ?

Il crut rêver !

19

Février 1871

La France renonce en faveur de l'empire allemand à tous ses droits et titres sur les territoires situés à l'est de la frontière ci-après désignée...

Suivait, bas de page, une carte en bistre, ocre, rosâtre et verdâtre, sinistre. Elle montrait une ligne de croix grasses qui, courant de Briey à Bâle, en passant par Ars-sur-Moselle, Château-Salins, Saales et la ligne de crêtes du massif des Vosges, faisait basculer chez le roi de Prusse l'Alsace et une grande partie de la Lorraine.

Florent ne pouvait détacher ses yeux du document. Ribambelle de cimetières plantés par des étrangers sur le sol de son pays, cette ligne de croix le révoltait.

Il s'en était fallu de peu qu'il allât prendre les armes quand, le 13 août de l'année précédente, après les revers militaires de Forbach et Froeschwiller, il avait vu des bandes de zouaves, de cavaliers et autres turcos hagards traverser Baccarat, bientôt suivis par des cavaliers prussiens conquérants qui remontaient la Meurthe vers Raon-l'Etape. On avait appris, quelques semaines plus tard, que l'ennemi avait poussé ses lances jusque sous les murs de Rambervillers, où il s'était heurté à la résistance héroïque d'une garde nationale improvisée, armée de sabres d'Austerlitz, de faux, de fourches paysannes et de quelques fusils Chassepot récupérés dans les débris d'une troupe en déroute. Baccarat, ville et manufacture, avait souffert des désastres de cette guerre éclair, le vainqueur ne s'étant pas privé de réquisitionner vivres, équipements et chevaux. Malgré une courageuse attitude, le maire, monsieur Godard, administrateur de la cristallerie, avait dû satisfaire à toutes ses exigences. Quelques jours plus tard, les ressources locales déjà fort entamées, le valeureux homme avait été arrêté par les Prussiens au prétexte qu'il mettait de la mauvaise volonté à les servir, gardé à vue, révoqué, remplacé par son premier adjoint, puis conduit avec cinq otages à Nancy, où ils allaient être jugés, peut-être exécutés.

Désigné par l'occupant seul responsable désormais des destinées municipales et industrielles, obligé de répondre personnellement de tout mouvement d'hostilité, Eugène de Fontenay avait fait front, lui aussi, avec un courage et une dignité qui avaient fait l'admiration de tout le personnel et de la population. Surtout quand, en décembre, tous les moyens locaux ayant été épuisés, les Prussiens avaient imposé de nouvelles exigences à satisfaire immédiatement, faute de quoi la cristallerie serait incendiée ! Malgré les risques, il avait alors pris la route de Nancy, demandé audience au comte Renard, préfet nommé par le vainqueur, obtenu de lui un sursis qui avait sauvé l'entreprise, ses personnels et la ville.

Florent avait rongé son frein, puis songé à s'engager dans la lutte contre l'occupant. Mais les contraintes du travail l'en avaient dissuadé. Un travail qui, à sa manière, participait à la défense nationale en permettant à monsieur de Fontenay de donner le change à l'ennemi ! Peut-être aussi la perspective d'utiliser des armes, lui qui ne savait pas s'en servir – il avait eu le bonheur de tirer le bon numéro à la conscription –, lui qui n'aurait pas fait de mal à une mouche. Et puis – pourquoi se raconter des histoires ? –, il se l'était bien dit sans en être très fier, c'était surtout la peur de voir l'affaire mal tourner qui l'avait retenu, de se faire blesser ou occire, de ne plus revoir Regina. Il avait eu un peu honte de rentrer ainsi dans sa coquille en attendant la fin des événements. Le Déqueugnard, lui, n'aurait pas hésité une seconde ! Il en était certain. N'est pas héros qui veut !

Comme lui, le Riflard avait fait le dos rond. Ensemble, ils avaient travaillé en évitant de parler de la guerre, s'étaient chauffé le cuir au four tous les matins, s'étaient remis à la broye tous les après-midi. Et ils avaient bousillé des formes nouvelles de vases, de verres, de *millefiori*, ces boules de cristal ornées de baguettes d'émaux de multiples couleurs à usage de presse-papier, qui faisaient fureur partout en Europe avant le conflit.

Mein lieber Männlein[1],

Que le temps me semble long et vide sans ta présence ! Il coule si lentement que j'ai l'impression d'avoir cessé de vivre. Même les eaux de l'Elbe me semblent immobiles. Hier, je me suis fait mener sur les quais dans ma machine roulante (depuis ton départ, j'ai de nouveau peine à marcher !). Les bateliers, les pêcheurs me semblaient lents, les vapeurs sur le fleuve, les curistes, comme si tout s'était

1. « Mon petit homme aimé ».

ralenti, prêt à s'arrêter, à finir. Je suis rentrée épuisée à la maison, vidée de toute énergie, alors que j'y étais allée pour reprendre des forces ! Etrange, n'est-ce pas ?

Chaque fois qu'il relisait cette lettre arrivée quelques semaines après son retour d'Allemagne, Florent se sentait pris d'une bougeotte telle qu'il donnait partout de la tête et des membres en désordre, à tort et à travers, au risque de se mettre parfois en difficulté, à la maison comme en ville. Il avait changé, était devenu nerveux, s'irritait pour rien et contre tout. Ses proches avaient de la peine à le reconnaître. Il ne retrouvait son calme qu'au travail, à la gueule du pot, devant le gamin penché sur la fosse du moule, à son banc de verrier. La lettre de Regina ne le quittait pas.

« Si ça continue, on va te mener à Maréville ! lui répétait sa mère. Là-bas au moins, tu seras avec les fous ! Calme-toi donc ! Tiens, mange, ça te fera du bien ! »

Jeanne s'était remise à un rythme de vie presque normal. Elle s'occupait de son ménage, faisait rôtir des pommes de terre au lard, comme autrefois, fabriquait son savon, avait décidé d'apprendre la broderie avec sa sœur qui maîtrisait tambour, aiguilles, perles et paillettes à la perfection, à la manière des voisines lunévilleuses dont les chefs-d'œuvre fleurissaient sur les robes des courtisanes les plus huppées d'Europe. Et, deux fois par semaine, elle allait en ville aider les religieuses de l'école à l'entretien de leur maison, sa manière à elle de rendre à la « Bonne Mère » ce qu'elle lui avait offert jadis en réponse à ses prières. Elle s'amusait parfois de l'excitation de son fils, allant même jusqu'à le provoquer : « J'espère que tu seras plus calme quand elle sera là ! », avant d'ajouter, toujours, sur un ton mi-figue, mi-raisin : « Si elle vient... si elle vient ! Parce que, avec cette guerre... une Prussienne ici ! » Florent se contentait de répliquer : « Pas prussienne..., saxonne ! Rien à voir, petite mère ! Rien à voir ! »

Il avait pris l'habitude de l'appeler « petite mère ». Elle ne s'en était pas offusquée. Au contraire, elle semblait y prendre un vague plaisir, comme si cette sorte de distance voulue par lui la soulageait d'un poids trop lourd à porter. « Petite mère... »

Après tout... pourquoi pas ?

Quand il avait quitté la maison du 23, Lichtenhainerstraße, au pied de l'escalier, sous le regard humide de la poupée blonde aux joues de pomme d'api, Regina lui avait tendu un paquet. « Prends, lui avait-elle dit. Surtout, n'ouvre pas de tout le voyage ! Seulement quand tu seras arrivé là-bas, en Lorraine. Promets-moi ! » Il avait promis, avait glissé le paquet dans ses bagages, sans même tenter d'en deviner le contenu au poids, ou au bruit. « Tu m'as promis ! »

Le paquet lui avait brûlé les doigts durant tout le voyage. Il avait failli l'ouvrir à la première halte, puis à la deuxième. A la troisième, enfin, prêt à dénouer le cordonnet qui le tenait fermé, il s'était fait une raison : il ne l'ouvrirait qu'une fois arrivé dans sa chambre, à Deneuvre ! Il l'avait calé au fond de son sac serré contre lui dans la diligence, avait tenu bon. « Tu en fais, des mystères ! » lui avait dit sa mère, quand il s'était enfermé dans sa chambre pour déballer ses affaires de voyage. Le ton était celui de la curiosité, empreint d'une pointe de jalousie.

Il avait dénoué le cordonnet, ouvert le papier, le carton, découvert un coffret de cuir rouge grand comme la main. Le fermoir avait sauté. Alors, dans un capitonnage de satin blanc, sous un pli de papier ivoire, lui étaient apparus des bijoux, des dizaines de bijoux, colliers, bracelets, broches, boucles d'oreilles, sautoirs et bagues ornées de pierres étincelantes. Il avait eu un mouvement de recul, le même que lorsque, par maladresse, il se brûlait à la paraison devant le four ou à son banc.

« Nom de Dieu ! avait-il lâché... nom de Dieu ! »

Il avait pris les bijoux, l'un après l'autre, les avait examinés. De l'or ! tous, et... du cristal : cabochons sertis sur chatons finement décorés, poires pendues à des ras-de-cou de velours noir, navettes montées sur paniers à petites griffes en forme de feuillage, cœur taillé avec chaînette d'anneaux plats comme ceux des gourmettes qu'il ajustait autrefois aux chevaux, mais d'une miraculeuse délicatesse. De l'or, et du cristal taillé à la diamant par de très habiles tailleurs, monté sur bagues et broches par des perceurs d'oreilles de génie ! Du cristal, en diamant !

Il avait tenté de passer une bague à l'un de ses doigts, n'avait pu que la pousser jusqu'à la racine de l'ongle... si petite ! Pour un annulaire fin de princesse !

La nuit était tombée depuis longtemps qu'il en était encore à contempler les bijoux étalés sur le plumon rouge. La flamme de sa chandelle avait animé le cristal taillé de reflets d'or et d'éclairs bleutés. Alors, il avait lu le pli.

Lieber Männlein,

Tu es dans ta chambre, à côté de la mienne. Tu te reposes. Ton voyage a été long et éreintant, je le sais. Alors, je vais et je viens sur la pointe des pieds pour ne pas troubler ton repos et rassembler ce que tu découvriras une fois rentré à Baccarat.

Car je viens de prendre une décision importante : bientôt, si tu me le permets, je te rejoindrai. C'est moi qui ferai le prochain voyage, pour n'en plus faire d'autre ensuite. Je viendrai partager ta vie en Lorraine. J'ai décidé de ne plus te quitter. Si tu me le permets...

Mais comme je veux que cette décision ne te cause aucun souci d'ordre matériel, je te confie tous ces bijoux qui m'ont été offerts autrefois par monsieur Galtier et que je n'ai jamais portés. Je ne suis pas femme à me décorer comme un sapin de Noël ! Il le savait. Mais, de chaque séjour en Bohême, il me rapportait tout de même un bijou. Le précieux est en soi, n'est-ce pas... pas sur soi, dans des pendeloques ou guirlandes, même en or !

En me les offrant, monsieur Galtier croyait me rendre plus heureuse. Il aura atteint son objectif, mais un peu plus tard que prévu. Et sans lui ! Car je te les donne pour notre installation dans ton pays. Vends-les au meilleur prix que tu pourras, et que l'argent ainsi gagné nous serve à nous établir ensemble. Si tu le permets, lieber Männlein, seulement si tu le permets !

Florent avait lu le papier, l'avait relu, replié, remis dans le coffret avec les bijoux. Le parfum du mimosa flottait dans la chambre avec la bonne odeur de cire de la chandelle. Que faire ? Il avait ouvert l'enveloppe du plumon, y avait glissé le coffret, en dessous, au plus épais, s'était assuré qu'une fois l'enveloppe refermée il était impossible de le détecter, avait rejoint sa mère. « Alors ? » avait-elle lancé, les sourcils en point d'interrogation. Il avait répondu « Rien ! », lui avait donné un baiser sur le front, était retourné dans sa chambre, s'était couché, n'avait pas dormi. Toute la nuit, sa main avait cherché le coffret dans le plumon, l'avait trouvé. Puis comme si rien ne s'était passé depuis des semaines, après avoir avalé sa panade, il avait pris le chemin de la halle sous les étoiles, fouetté par un froid sec et tranchant, vif comme une truite de la Meurthe.

Le lendemain après-midi, profitant de l'absence de Jeanne partie donner son coup de main aux sœurs de l'école, il avait décloué une lame de parquet sous le lit, avait caché entre les solives le coffret de cuir rouge, replacé puis recloué la lame, vérifié que rien n'était visible, puis il était allé marcher jusqu'aux grottes glacées de la Rochotte. La bise l'avait coupé en deux ; les plaques de glace accrochées à la berge l'avaient aveuglé d'éclairs de diamant sous le soleil sec d'hiver ; les remous derrière la digue du flottage l'avaient renvoyé à ses tourments.

Arrivé sous les stalactites de la Rochotte, il avait tenté d'éveiller en lui les frissons du chant, de faire vibrer sa gorge. Rien n'était venu. Sa voix était restée en fond de poitrine, creuse, éteinte, incapable de franchir la barrière des lèvres.

Le froid… le froid !

Il était rentré frigorifié, la tête dans le col, le nez glacé par une bise obstinée à débarrasser les branches des vernes du givre qu'elle y avait semé durant la nuit.

La fièvre l'avait pris le soir même. Le grog de sa mère, à l'eau-de-vie de mirabelle, sucré au miel, l'avait fait transpirer comme un bœuf. Le lendemain, il avait dû garder le lit, puis les jours suivants. Il toussait, crachait, grelottait, suait à tremper la literie en deux heures, faisait un bruit de soufflet de forge à chaque respiration. Jeanne avait voulu faire venir le médecin de la cristallerie : « Tu y as droit, nom d'un chien ! Je ne vais pas te laisser comme ça ! » Deux jours durant, elle avait vécu aux lisières de la panique. Il lui avait tenu tête. Alors, elle avait explosé : « Voilà ce que tu as rapporté de ce pays de brutes ! » Elle avait filé vers la cuisine en maugréant : « avant d'en ramener autre chose ! Si c'est pas malheureux ! »

Du fond de son lit, il l'avait entendue, n'avait pas prêté plus d'attention à cette sortie, même si les mots de sa mère lui avaient fait mal. A son chevet, le Riflard lui avait glissé : « Laisse tomber, va ! C'est parce qu'elle est malheureuse qu'elle dit ça ! Laisse ! » Il avait laissé tomber, s'était remis.

Quatre jours plus tard, pâle comme un fond de soupière, il avait repris son poste au four.

Un dégel brutal avait ramolli terres et gens. Puis la pluie s'était abattue sur le pays, transformant les rues en patinoires. La douceur humide avait fait pousser les petits-gris dans les sapins des Bingottes. Florent y était allé avec le Riflard. Ils en avaient rapporté des pleins paniers qu'ils avaient nettoyés avec Jeanne, tous les trois autour de la table, en se racontant les histoires de vols, de pillages de fermes, et de viols de femmes perpétrés par les Prussiens aux alentours. Les journaux n'étaient pas avares de détails. La population tremblait. En raclant les pieds des petits-gris, Jeanne ponctuait le récit de soupirs. Elle s'était mise à répéter : « Ah, ces gens-là… rien de bon ! » Florent faisait mine de ne pas entendre, relançait la conversation sur les balbutiements du four H, la fragilité des pots qui retardait l'exécution des commandes, les risques que faisait courir cette guerre sur le marché du cristal. Il avait aussi mis sur la table le départ annoncé de monsieur de Fontenay.

« Ça, c'est pas bon pour nous ! avait lâché le Riflard en lançant un champignon dans la cuvette.

— Il est fatigué, ce brave homme, avait complété Jeanne. Il a bien mérité de se reposer, depuis le temps qu'il travaille dur ! Surtout maintenant, avec ces sauvages de Prussiens qui le persécutent ! On le regrettera, allez... on le regrettera ! »

Florent avait acquiescé d'un mouvement de menton, aussi bien pour la sauvagerie des Prussiens que pour les regrets de voir partir bientôt monsieur de Fontenay.

Une heure plus tard, ils avaient dégusté ensemble une omelette aux champignons et lardons tellement bonne que les deux hommes s'étaient chamaillés en sauçant la poêle avec de la mie de pain.

« Regardez-moi ces deux enfants ! » s'était exclamée Jeanne en leur resservant du vin.

Son œil s'était allumé. Ce soir-là, après avoir vidé son sac sur les « sauvages », elle avait paru bien.

« Regardez-moi ça ! »

Ils en avaient ri ensemble, comme des fêtards en fin de soirée.

Jeanne n'avait jamais reparlé de son Gus, ni de Firmin, la Forge, que toutes et tous avaient oublié, aussi bien à la maison qu'à l'usine.

Le temps... les événements !

De l'index, Florent suivit une dernière fois la ligne de croix grasses qui courait de Briey à Bâle, en passant par Ars-sur-Moselle, Château-Salins, Saales et la ligne de crêtes du massif des Vosges. Il replia la carte. Cette frontière absurde et criminelle que les vainqueurs imposaient aux vaincus, depuis la galerie des Glaces de Versailles... Regina pourrait-elle la traverser ? Que serait-elle, cette frontière ? Un mur infranchissable, construit entre deux familles d'un même peuple, ou bien une simple ligne sur le papier signifiant la séparation entre le nouvel empire allemand, deuxième du nom, et la nouvelle République française, troisième dans l'ordre démocratique depuis la Grande Révolution ?

Nul n'en savait rien encore.

A Deneuvre, tout serait bientôt prêt pour accueillir la dame blanche. Tante Mathilde était morte en décembre, d'une fluxion de poitrine. En une semaine. Sentant sa fin proche, elle avait refusé la visite du médecin, demandé le curé. Elle avait reçu le sacrement des malades dans un état proche de l'extase puis, comme les oiseaux, s'était cachée pour mourir. Nul n'avait eu le droit de la visiter, pas plus sa sœur que des voisines pourtant plus proches d'elle que la famille. Seule une vieille femme, militante comme elle du fleurissement du maître-autel, avait pu l'accompagner. C'est elle qui, en coup de vent, était venue prévenir Jeanne :

« C'est fait ! Elle est partie, not' Mathilde. Faut l'ensevelir maintenant, la faire belle pour son arrivée chez le Seigneur. Venez donc m'aider ! »

Un éclatant soleil d'hiver faisait luire les toits et réveillait la crête boisée de la Moncelle.

« Je vous plains ! avait ajouté la vieille sur un drôle de ton.

— Pas un temps pour mourir ! » avait murmuré Jeanne en empoignant le premier châle à sa portée.

Ensemble, après le constat de la mort et la délivrance du permis d'inhumer, elles avaient lavé, coiffé, habillé tante Mathilde, « plus belle morte que vivante ! » avait dit la vieille en joignant les mains du cadavre sur les grains noirs d'un chapelet.

« C'est curieux comme la mort embellit, des fois ! » avait-elle ajouté.

Jeanne n'avait rien répondu, s'était contentée d'arranger les plis du drap mortuaire, réguliers, tous de même largeur, et de disposer au pied du lit, sur une petite table, le crucifix de cuivre avec une bougie allumée et le bol d'eau bénite. Puis elle était allée au jardin, cueillir une branche de buis, pour les aspersions.

A son retour, la vieille lui avait tendu une lettre.

« Tiens, la Jeanne, j'ai trouvé ça sous son oreiller ! »

Jeanne l'avait prise. Froissée, l'enveloppe avait été ouverte. Sans doute la vieille avait-elle attendu d'être seule pour jeter un coup d'œil au document. Bientôt, tout Deneuvre saurait…

Sur l'enveloppe, tante Mathilde avait écrit, de sa belle écriture calligraphiée : *A ma sœur Jeanne.*

Passant d'un pied sur l'autre, la vieille avait rajusté ici un pli du drap, centré là le crucifix, dérangé les grains du chapelet entre les doigts de la morte pour les replacer aussitôt. Jeanne avait fourré la lettre dans sa poche. La vieille avait fini par soupirer :

« Bon, je vais prévenir monsieur le curé, et voir avec lui pour l'enterrement. »

Elle avait jeté un dernier regard à la gisante.

« T'auras pas de fleurs, ma pauvre Mathilde ! A cette saison ! Si c'est pas malheureux ! »

Sur le pas de la porte, elle s'était retournée.

« Ah, si… peut-être… des roses de Noël ! J'en ai dans mon jardin ! Elles seront pour toi ! Voilà ! »

Elle avait disparu, laissant derrière elle des remugles de vieille sueur et de pisse.

Alors Jeanne avait tiré la lettre de sa poche, l'avait lue. Quelques mots seulement, en belles rondes, à l'encre bleue de l'école.

Ma chère Jeanne,

Quand j'aurai gagné le ciel, tu iras chez le notaire de Lunéville. Il a des choses à te dire.

Je t'embrasse. Florent aussi.

Priez pour moi.

Ta sœur, Mathilde

Ils étaient allés à Lunéville dans une patache brinquebalante, mère et fils, épaule contre épaule, les genoux coincés entre ceux d'ouvriers débraillés qui parlaient fort de travail à prendre chez Keller et Guérin, les fameux céramistes de la ville.

Cassé en deux dans sa redingote par des courbettes d'Ancien Régime, le notaire les avait reçus avec une onction ecclésiastique mielleuse et collante, agacés par des préambules festonnés, des effets de pince-nez et de manche, des mots latins ponctués de glavioteux clappements de langue. Sa calvitie glissait sous une calotte noire et luisante. Son plastron affichait les menus de plusieurs semaines. L'étude puait le moisi, le tabac froid et le chien mouillé.

Il avait fini par leur annoncer que tante Mathilde léguait tous ses biens meubles et immeubles à sa sœur : une vigne sur le haut de la Maxatte à Glonville, un verger au Nacourt, sur le finage de Fontenoy-la-Joûte, une maison à usage d'habitation, et quelques jours[1] de terre sur le territoire de Deneuvre, dont la précision de localisation lui avait pris le temps d'une homélie.

Ils en étaient rentrés muets. Une bonne semaine avait été nécessaire à la reprise progressive de la parole,

1. Mesure de surface agricole très usitée en Lorraine, le jour varie entre vingt et trente-trois ares.

aucun des deux n'osant avouer à l'autre ses projets bâtis sur les bases de la nouvelle fortune familiale.

Un dimanche matin, avant le départ de sa mère pour la messe, Florent avait pris les devants. Sa proposition osée l'effrayait lui-même. Il s'était préparé à une réaction nerveuse, voire violente.

« Si nous quittions ce logement pour nous installer chez tante Mathilde… On pourrait vendre la vigne et le verger. Avec l'argent, on transformerait la maison. Tu pourrais occuper le haut… tu y aurais plus chaud, l'hiver, et une belle vue sur la vallée. Et nous… »

Prête à sortir, elle avait fait volte-face, transpercé son fils d'un regard effilé.

« Nous ? Qui, nous ? »

Florent avait senti le sol se dérober sous ses pieds.

« Regina… Regina et moi ! Nous pourrions occuper le bas… »

Avant qu'elle ait pu réagir, il avait ajouté :

« Nous pourrions ainsi prendre soin de toi ! »

Elle avait haussé les épaules, lâché un « Pfffffft », conclu d'un regard noir. Puis elle avait traversé la place vers la vieille église qui sonnait à tout-va l'heure de la messe.

Alors Florent avait bu un grand verre de vin de noix de tante Mathilde. La partie s'annonçait difficile !

Le lendemain, au retour du travail, le Riflard sur ses talons, alors qu'il accrochait la musette de son père à la patère, il avait entendu :

« Pourquoi pas ? »

Surpris, il s'était retourné vers sa mère occupée à éplucher des pommes sur la pierre à eau. En bout de table, une boule de pâte et un bol d'œufs battus avec la crème fraîche, la migaine si appréciée en Lorraine. Elle préparait une tarte. Un bon feu ronflait dans la cuisinière. Elle lui tournait le dos. Se demandant s'il devait avancer ou reculer, le Riflard était resté sur le seuil.

« Pourquoi pas… quoi ? »

Jeanne continuait à éplucher ses pommes, toujours face à la fenêtre caressée par des flocons folâtres.

« Ce que tu m'as dit hier ! Pourquoi pas ? »

Les flocons dansaient devant les vitres comme des phalènes attirées par la lumière du heurchot.

« Maman… »

Alors, elle s'était retournée, avait souri à son fils.

« Je suis là ! »

Sur le pas de la porte, accroupi, le Riflard avait renoué en silence les lacets de ses brodequins.

Florent replia la carte. Il se leva, ouvrit l'armoire aux trésors, en sortit le verre de cristal et la bouteille de vin de noix de tante Mathilde, les posa sur la table.

— Elle devrait être là après-demain au plus tard !

— Tu crois ? Aussi vite ?

Florent donna un délicat coup de torchon au verre, le mira longuement, le reposa sur la table, y versa une bonne rasade de vin de noix.

— Oui ! Elle vient par le train. Dresde, Leipzig, Eisenach…

Il prenait un plaisir évident à énumérer tous ces noms qui le rapprochaient déjà d'elle. Jeanne semblait goûter ce moment avec lui.

— … Francfort, Karlsruhe, Wissembourg, Saverne, Sarrebourg, Lunéville… oui, elle sera là après-demain !

Il leva le verre, le tendit à sa mère.

— Maman… à toi d'abord !

Jeanne but une gorgée, puis une autre, tendit le verre à son fils. Il but à son tour, posant ses lèvres là où sa mère avait posé les siennes.

— Maman...

— Oui.

Il hésita un instant.

— Merci !

20

Mai 1878

« Ce n'est plus une mode, c'est de l'engouement, c'est de la folie ! » écrit Ernest Chesneau dans *Le Monde illustré*. Une vague irrésistible venait de déferler sur l'Europe occidentale : les japonaiseries !

Tout ce qui évoquait, rappelait, saluait le Japon nouveau tout juste sorti du monde féodal était devenu l'objet d'un engouement proche de l'hystérie collective. Là-bas, du côté du soleil levant, dans l'ancienne Edo rebaptisée Tokyo pour affirmer avec force l'avènement d'une ère nouvelle, une société dite « moderne » était née au forceps. Imitation du mouvement révolutionnaire qui avait transformé la France un siècle plus tôt et bouleversé l'Europe, ou évolution naturelle des sociétés humaines vers davantage de démocratie ? Bien malin qui aurait prétendu pouvoir répondre à cette question.

Développement industriel, dynamisme commercial, créativité, nouvelle gestion d'un pays épuisé par une éternité de servage, promesses de répartition de ses richesses, ce Japon nouveau donnait au monde l'image d'un pays tout entier tourné vers un avenir dont l'Europe constipée, toujours mobilisée contre une

France en devenir républicain, n'avait pu faire qu'une mauvaise reproduction du passé.

Aussi, au lieu de faire l'effort d'aller eux-mêmes vers la démocratie qu'ils prétendaient incarner alors même qu'ils se prosternaient devant des souverains de pacotille, les Européens s'étaient mis à admirer ce Japon en gestation.

Admirer, imiter un prétendu meilleur que soi invite toujours à s'affranchir du travail sur soi.

La bonne conscience à bon marché suffit toujours au paresseux !

En cette fin de siècle tourmentée, le mouvement japonisant avait donc déferlé sur l'Occident avec une force inouïe. N'ayant pas eu d'autre choix que de l'accompagner, la manufacture de Baccarat avait alors subtilement marié son savoir-faire séculaire avec les nouvelles exigences du marché, créant des pièces d'une grande hardiesse technique et d'une esthétique... révolutionnaire ! Avec d'autant plus d'enthousiasme que la nouvelle Exposition universelle de Paris venait d'ouvrir ses portes. Or, des patrons aux emballeurs, en passant par les verriers, tailleurs, graveurs et employés administratifs, chacun se souvenait de l'effet de celle de 1867 sur le carnet de commandes de l'entreprise et, par conséquence directe, sur son confort salarial, donc familial. On se devait de réussir la nouvelle ! Les présentations de Baccarat 1878 seraient au moins aussi prestigieuses que celles de 1867. Il en allait de la notoriété de la Maison, et de l'assurance de sa pérennité sur un marché mouvant. Ils étaient près de deux mille désormais, après la récession provoquée par la misérable guerre de 1870, deux mille ouvriers à faire danser autour des sept fours en activité permanente le ballet magique des paraisons incandescentes. Mais sans monsieur de Fontenay !

Tous se sentaient orphelins depuis le départ pour la Bourgogne de l'ancien directeur, qui avait rendu son tablier après trente années de bons et loyaux services. Le sage industriel s'était retiré à Autun, berceau de sa famille. Lui, le pourfendeur des maladies professionnelles qu'il avait combattues avec toutes les ressources techniques et médicales du moment, le pionnier de l'école pour tous envers et contre l'ancien maire et le curé de Baccarat, « la petite coterie qui se fait gloire d'être l'ennemie de l'établissement[1] », le promoteur de l'éducation des filles à l'égal de celle des garçons, le créateur d'une caisse de retraite et de prévoyance, d'une filière de formation des apprentis, l'homme respectueux des coutumes et qualités locales qu'il défendait contre « l'esprit des Parisiens, mauvais esprit que je redoute extrêmement[2]... », malgré la pression de quelques administrateurs désireux d'embaucher des gens venus d'ailleurs, lui, l'humaniste convaincu et verrier remarquable, avait laissé un grand vide à la manufacture. Mais, si chacun en souffrait, tous savaient qu'il avait bien mérité de vivre maintenant une vieillesse paisible dans sa bonne ville natale d'Autun, auprès de son épouse Marthe et de sa fille Jeanne-Marie, à quelques tours de roue de son fils Henri, ingénieur des Arts et Manufactures installé à Dijon, mais loin de son autre fils, Joseph, qui avait fait le choix du scolasticat des Jésuites sur l'île de Jersey.

1. Jean Achereiner, *Eugène de Fontenay (1810-1884), vie et œuvre d'un verrier novateur doublé d'un homme de cœur* (lettre d'Eugène de Fontenay datée de 1859).

2. *Ibid.* (lettre d'Eugène de Fontenay au conseil d'administration, juillet 1860).

Plusieurs chantiers avaient donc travaillé tout l'hiver pour ce rendez-vous international de l'Exposition universelle de 1878 sous la houlette du nouveau directeur, Paul Michaut, un homme de la même inspiration sociale que monsieur de Fontenay.

Malmené par les Prussiens, emprisonné par eux, devenu maire de la ville dès 1871, Paul Michaut venait d'être élu député. A la tête de la circonscription de Lunéville, il allierait, dans l'intérêt de la cristallerie, de ses productions et de ses personnels, les talents de l'administrateur, du tribun, du parlementaire très au fait des arcanes de la politique, du financier subtil et du patron animé par une philosophie que d'aucuns n'hésitaient pas à qualifier d'« humaniste ».

Sous sa direction, et dans l'air du temps, les verriers avaient créé des pièces japonisantes d'une beauté à couper le souffle, comme des vases en cristal bicolore, moulés à la presse, au fond satiné doublé d'un ambre brillant offrant un décor grimpant de branches, baies et fleurs, rehaussés d'une frise végétale au pied, à la grecque au col. De pures merveilles ! D'admirables pièges à lumière habillés d'or et d'argent qui, dès les premières heures d'ouverture du pavillon, sur le Champ-de-Mars, avaient déjà fait sensation.

Mais la plus forte impression sur le public avait été produite par le monumental kiosque de cristal. Pièce maîtresse de la présentation lorraine à Paris, ce kiosque, temple en forme de rotonde, abritait un *Mercure volant* en bronze argenté, réalisé d'après une sculpture de Giambologna, artiste aimé des Médicis à la fin du XVIe siècle. Pour la circonstance, les verriers avaient eu droit à une information complète sur ce sculpteur. Ils en avaient été flattés, s'en étaient sentis reconnus par leurs patrons comme des hommes à part entière, capables d'apprécier les œuvres d'art des temps anciens, des maillons de la chaîne du beau qui courait sur le chemin sinueux des grandes périodes de l'humanité depuis la nuit des temps jusqu'à eux.

Haut de plus de quatre mètres, d'un diamètre de plus de cinq, ce temple de cristal frappait par ses dimensions impressionnantes et la hardiesse de sa conception. Entouré d'une balustrade surmontée de vasques, il élevait ses colonnes à chapiteau d'or au centre d'un jardin semé de plantes rares jusqu'à une coupole finement ouvragée portant, sur des arcs très hardis, une simple boule, symbole et preuve éclatante de perfection.

Que le cristal permît une telle prouesse avait rendu muets les visiteurs jusqu'à une polémique vigoureuse lancée par la presse. Pour les uns, ce monument insultait le monde des tailleurs de pierre, seuls autorisés jusque-là à prendre de tels risques techniques et esthétiques ! Pour les autres, ce coup de génie marquait l'entrée des verriers de Baccarat dans l'univers fermé des créateurs dont on se souviendrait longtemps ! Cet avis était bien celui du roi du Portugal, Louis Ier, qui avait aussitôt décidé de s'en porter acquéreur. Au grand dam de quelques intrigants parisiens, jaloux du talent des verriers lorrains.

Florent avait été du montage du pavillon de la cristallerie, comme pour l'Exposition universelle de 1867. Avec le Riflard et une bonne dizaine de verriers, monteurs et manutentionnaires. Mais les deux hommes y étaient allés sans enthousiasme. Sur le quai de la gare, au moment du départ, ils avaient eu plus envie de rebrousser chemin que de monter dans les wagons.

Un printemps précoce gonflait déjà les bourgeons de lilas ; depuis plusieurs jours, la terrasse du café du bout du pont était prise d'assaut, comme au plein cœur de l'été ; les rives de la Meurthe accueillaient des ribambelles de pêcheurs en chemise ouverte, manches retroussées, canotier sur la tempe.

« Quand faut y aller... avait lâché Florent sur le marchepied.

— Faut y aller ! » avait conclu le Riflard en soupirant, le poing serré sur la main courante.

Les autres avaient sauté dans le compartiment en riant, se poussant de l'épaule, se lançant déjà des projets osés de vie parisienne. Le Riflard avait jeté sa petite valise dans le filet, s'était affalé sur la banquette de bois verni, avait poussé un soupir de soufflet de forge, serré sa musette contre lui, fermé les yeux, ne les avait rouverts qu'à l'approche de Paris, sous les hauts murs des Grands Moulins de Pantin, quand la machine s'était mise à couiner sur les aiguillages en faisant d'inquiétants sauts de cabri.

De toute la durée du séjour, la Rifle n'avait pas quitté son Rouillot. Du matin au soir, sur le chantier, il avait travaillé avec lui à l'assemblage du kiosque, ce temple élevé à la gloire du génie humain, des verriers lorrains, de tous les ouvriers de la terre, toujours à son côté, devançant ses besoins de coups de main, acceptant les siens avant même qu'il eût eu le temps de les manifester. Et du soir au matin il l'avait accompagné partout, au milieu du grand bazar de l'Exposition, entre les chantiers étalés des pavillons étrangers, sous la grande halle des machines, dans les allées encombrées du nouveau palais construit tout exprès sur la colline de Chaillot, une monumentale rotonde à colonnes flanquée de deux minarets élancés et dominée par une statue d'un certain sculpteur Thomas, dont on leur avait dit qu'elle représentait l'Air. La malheureuse était si haut perchée que, du bas, elle aurait aussi bien pu paraître un éléphant, un éphèbe grec, ou un ornement géométrique pointé comme une provocation humaine vers la Voie lactée. Ils rentraient à l'hôtel ensemble, fourbus, s'endormaient en pensant à la maison de Deneuvre, et à celles qu'ils y avaient laissées.

Pas un jour le Riflard n'avait manifesté l'envie de prendre la poudre d'escampette pour aller traîner du côté des quartiers chauds, vers la Goutte-d'Or, Clichy, qu'il avait explorés onze ans plus tôt, ou dans les parages encombrés de la villa Poissonnière ! Il semblait qu'il eût oublié le 4, rue de la Grange-Batelière, et la madone des lupanars : Alice la Provençale.

Un soir, il avait même proposé à Florent d'aller voir chez les facteurs d'instruments de musique s'ils y trouvaient les luthiers de Mirecourt. Florent avait été frappé par sa proposition. Alors, le Riflard s'était contenté de lui dire, d'un air mystérieux : « Ça t'en bouche un coin, hein ! », et d'éclater de rire. Ils y étaient allés, avaient remarqué la parade des instruments au ventre galbé, à la taille fine, aux joues rouges d'un feu intérieur allumé par les « feseurs d'instruments » au sujet desquels un membre du jury, un certain monsieur Thibouville-Lamy, avait dit que « faire mieux à plus bas prix n'était pas possible ! ». Florent avait vu s'arrondir l'œil du Riflard, entendu ses ronronnements de chat heureux, s'en était encore surpris, mais en secret. Que pouvait-il bien se passer dans la tête ou le cœur de son ami ?

Ils avaient assisté de loin à l'inauguration, entendu les discours ronflants évoquer en même temps, dans une subtile bouillie d'innovations, le téléphone, le réfrigérateur, le marteau-pilon et l'automobile à grande vitesse d'un certain Amédée Bollée, une statue de la Liberté en instance de départ pour les Etats-Unis d'Amérique, et la preuve éclatante de la renaissance de la France après la tourmente de fin d'empire ! Puis, en compagnie des huiles et du personnel de la cristallerie, ils avaient reçu des visiteurs étrangers en cravate à perle, queue-de-pie et haut-de-forme, aperçu le maréchal de Mac-Mahon, président de la République, interloqué par la beauté et la hardiesse du kiosque de cristal, ébloui par l'élégance et l'éclat des vases traditionnels et japonisants. Une agréable chaleur de fierté leur avait rosi les joues. Ils s'en étaient sentis heureux !

Une fois le cortège des pingouins englouti par d'autres pavillons, ils étaient allés voir l'automobile, la machine à air froid qui pouvait produire jusqu'à quatorze tonnes de glace par jour, la machine à écrire, l'autre à coudre d'un certain Benjamin Peugeot, le moteur à explosion, le téléphone de Bell et, de plus près, la fameuse bougie électrique de Jablochkov qui, depuis plusieurs jours, transformait l'avenue de l'Opéra en fleuve de lumière. L'après-midi, pour cinq centimes, ils avaient visité la tête de la gigantesque future états-unienne statue de la Liberté du sculpteur Bartholdi, si creuse que les mauvaises langues prétendaient que « la liberté n'a pas de cervelle » ! Puis, chemin faisant, ils s'étaient désaltérés aux fontaines Wallace plantées sur tous les itinéraires, de l'Ecole militaire au Trocadéro, en passant par les jardins et le pont sur la Seine. Ils y avaient bu l'eau fraîche, l'œil sur les quatre cariatides caressées par des mains baladeuses sous le regard coquinement réprobateur de femmes en dentelles que la chaleur et la marche couvraient d'un velours de buée. Ils en avaient lu les noms dans le bronze : *Simplicité, Bonté, Sobriété, Charité.*

« C'est bien des histoires de curé, ça ! » avait remarqué le Riflard avant de boire une nouvelle goulée d'eau fraîche dans ses mains en coupe.

Le menton dégoulinant, il avait conclu :

« Ça vaut pas *Liberté-Egalité-Fraternité*... hein, mon Rouillot ! Qu'est-ce que t'en dis ? »

L'œil attiré par la rotonde et les minarets du palais du Trocadéro, Florent n'en avait rien dit.

Ils avaient fini la journée dans la salle de concert du Trocadéro, à admirer les fresques représentant *La France sous les traits de l'Harmonie accueillant les Nations*... d'un côté : Perse, Serbie, Roumanie et Russie, de l'autre : Grande-Bretagne, en face : Italie et Espagne et, à main droite : le Japon. Le grand orgue de Cavaillé-Coll les avait laissés ébaubis, ses quatre mille soixante-dix tuyaux, dont les plus grands de trente-deux pieds, ses soixante-six jeux manœuvrés à l'aide de soixante-douze registres, ses vingt et une pédales de combinaison et ses soixante et onze tuyaux de montre garnissant la façade en étain brillant ! Ils ne comprenaient rien à ce qu'ils voyaient, s'en tenaient à la lecture des cartons de présentation dont ils ne retenaient que la démesure des nombres. Ebaubis !

« C'est bien comme notre kiosque, avait murmuré le Riflard. On se sent tout petit au pied de ça, nom de Dieu ! »

Le soir, devant une absinthe, sur une terrasse du boulevard Montmartre, ils avaient peu parlé. Accoudés à la table, tandis que le liquide coulait goutte à goutte sur le sucre, que le verre s'emplissait des voiles aériens de la fée verte, ils avaient ruminé les images du jour en observant le défilé des femmes à faux-cul au bras d'hommes en jaquette luisante, et les embarras de voitures en transit entre l'Opéra et la porte Saint-Denis, où le bleu des cigares estompait le fard criard des filles.

A la deuxième absinthe, ils s'étaient sentis bien, lavés des fatigues de la journée. Ils avaient causé de tout et de rien. Puis ils avaient eu faim. Alors, sans changer de place, ils avaient dévoré des filets de perdreaux à la Penthièvre à la manière du Café de Paris, arrosés d'un vin du Beaujolais qui leur avait fait l'âme très légère. A la dernière gorgée, ils s'étaient aperçus que le ciel avait viré au noir d'encre. Aux premiers éclairs, ils avaient décampé. Ils étaient arrivés trempés à l'hôtel.

Le lendemain, dans le train, ils avaient dormi comme des souches jusqu'à l'étape de Nancy. Puis la pluie les avait suivis dans la lente remontée de la Meurthe.

— C'est maintenant que tu rentres !

Florent posa son sac, se tourna vers Regina.

— C'est maintenant que tu rentres ! Je ne suis pas venue du bout du monde pour te rejoindre et me retrouver seule dans ce pays qui n'est pas le mien. Où étais-tu ? Avec qui ? Pourquoi es-tu resté si longtemps ? Dis-moi !

Venant de l'étage, des craquements de plancher, des bribes de conversation. De la rue, le pas d'un cheval, lent, usé par l'âge et la pente, et le grondement de roues de tombereau sur les pavés. Le Riflard était monté saluer Jeanne.

Une main appuyée sur la table garnie d'un gros bouquet de pivoines roses, Regina s'approcha en claudiquant. Toute la pièce embaumait leur parfum, avec des filets dorés de mimosa. Florent se pencha, huma les fleurs. En quelques secondes, la fatigue du voyage s'était évaporée.

— Alors, tu me réponds !

Il se retourna. Elle était tout contre lui, faisait son œil d'acier, mâchoires serrées, nez pincé.

Mon Dieu, qu'elle est belle !

— Tu es belle !

Elle tomba dans ses bras, soudain abandonnée. Il la serra très fort, si fort qu'elle crut étouffer. Mais étouffer là, d'amour pour son Männlein, lui aurait été le plus ardent des bonheurs.

— Je t'aime tellement !

Elle avait murmuré dans son cou qui sentait la sueur d'homme, le rance des compartiments de train, la fumée de charbon. Puis elle se mit à rire, de son bon rire de gorge, ample, vif et clair comme le cristal. Il rit avec elle.

De sa pratique du théâtre, autrefois, en Saxe, elle avait gardé de beaux restes, en jouait de temps en temps, pour le plaisir, la taquinerie, la provocation aussi. Dans ces moments-là, lui qui n'avait jamais posé les pieds sur une scène tentait de lui donner la réplique, souvent par le regard seul, un geste, une mimique, une attitude. Elle l'observait avec attention, renforçait son jeu. Ils finissaient toujours enlacés. Alors, en lui tendant ses lèvres, elle lui assurait qu'il aurait été bon dans cette discipline, aussi bon que dans le chant, aussi bon que dans… l'amour ! Elle le disait avec une fraîcheur simple, une candeur, une lumière dans le regard telles que le plaisir intense se goûtait déjà dans ces instants de complicité.

Le tombereau était passé. Ils étaient devenus silencieux. Elle le regarda droit dans les yeux, le prit par la taille, le serra très fort à son tour, quémanda un baiser. Le plancher de l'étage devint muet. Ou bien ils ne l'entendaient plus. La rue... déserte. Ou bien charrettes, tombereaux, chevaux fatigués, brouettes couinantes de laveuses, retour du canal, ne les concernaient plus. Ils étaient bien, là, seuls, dans la soie des pivoines et du mimosa, à boire leur bel amour à sa source sacrée.

— Viens... viens, ma belle... viens...

Il l'entraîna dans la chambre.

Il n'avait pas fallu bien longtemps après son arrivée pour que Regina trouvât ses marques dans ce pays qu'elle avait découvert autrefois dans les malles de monsieur Galtier.

En quelques jours, elle avait fait le tour de la ville en effervescence d'après guerre, de la chapelle de la cristallerie aux rives de la Meurthe qu'elle avait parcourues au bras de son Männlein en grimaçant parfois à cause de la douleur nichée dans ses hanches, en passant par la butte de cette Deneuvre perchée où s'épanouirait désormais sa vie. Les regards en coin de quelques familles, les mots vachards de deux ou trois pochetrons, tous traumatisés par les exactions des Prussiens occupants, le peu d'empressement d'une administration municipale marquée par les contraintes et menaces imposées par les vainqueurs à lui donner ses lettres de créance bachamoises ne l'avaient pas inquiétée. Ses affaires réglées à Bad Schandau, maison et meubles vendus, à l'exception du piano, des tentures de velours blanc et du fauteuil roulant qu'elle avait fait transporter à Deneuvre, elle avait offert ses plus beaux cristaux puis dit adieu à la poupée à nattes blondes et joues de pomme d'api, qui avait contenu ses larmes le temps de l'étreinte.

Le voyage en train lui avait paru d'une insupportable éternité, le passage de la nouvelle frontière d'une facilité inquiétante, les dernières lieues avant Baccarat aussi épuisantes qu'un tour du monde.

Maintenant, depuis sept ans, elle était là, dans ce pays qu'elle avait aussitôt aimé au moins autant que le sien parce qu'elle en aimait un homme, dans cette maison qu'elle avait fait transformer pour en faire la sienne, la leur. Son argent lui avait permis de faire abattre des cloisons pour donner davantage d'espace et permettre l'installation du piano, d'aménager un chauffage par poêle de faïence dont la chaleur se diffusait dans trois pièces à la fois, de faire installer un cabinet de toilette qu'elle avait fait reproduire à l'identique à l'étage, pour Jeanne.

Elle aurait voulu faire davantage pour la mère de Florent, mais elle s'était heurtée à un refus sec et poli :

« Merci, madame, je n'ai besoin de rien ! La présence de mon fils me suffira ! »

Ensemble, Männlein et elle avaient réussi à la convaincre pour le cabinet de toilette, mais « Rien d'autre, mon gamin ! Dis-le-lui... rien d'autre ! ». Jeanne avait ajouté, du bout des lèvres :

« J'ai toujours aimé la vie simple, moi. Tu me comprends, toi... n'est-ce pas ? »

Il la comprenait.

« Maman... »

Elle avait répondu, du tac au tac :

« Je suis là ! »

Il l'avait embrassée.

Depuis, Regina vivait en bonne entente, belle complicité presque avec cette femme du haut qu'elle avait su apprivoiser. Mais, à la réflexion, laquelle des deux avait réussi à apprivoiser l'autre ?

La nuit avait déjà couvert l'église à bulbe, les remparts de la ville, le chemin d'argent de la rivière en fond de vallée tracé par la lune, quand ils émergèrent de leur bonheur. Ils avaient envie de rester encore longtemps, elle dans les embruns de sueur d'homme, de train et de charbon, lui dans les senteurs de mimosa. Mais...

— Il faut que je monte dire bonjour à ma mère, tout de même !

Regina se mit à miauler.

— Si, si, je t'assure ! Je dois monter ! Tu viens avec moi ?

Elle miaula plus fort encore en se blottissant contre lui, lui lécha le cou, laissa courir sa main sur le torse, le ventre, entre les cuisses de l'homme qui s'ouvrirent, se refermèrent, l'emprisonnèrent. Il s'abandonna un instant encore, goûta cette nouvelle montée du désir invoqué par la femme...

Au moment où elle sentit qu'il allait se lever, se rhabiller, monter, elle se pencha, ouvrit le tiroir de sa table de nuit, en tira un pli qu'elle lui tendit. Il portait un cachet d'Allemagne, Dresde...

— Vas-y, ouvre !

Il l'ouvrit. Au symbole d'un notaire, la lettre était en langue allemande. Elle la traduisit. En quelques phrases, on lui annonçait la mort de monsieur Galtier, en Moravie, quelque part dans un village au nom imprononçable, Stráni-Květná.

Elle s'abandonna sur son épaule, murmura :

— C'est ainsi... des années déjà... c'est ainsi !

L'angélus tomba du clocher. Florent flotta un moment. Il revit le visage de cet homme par qui il avait connu la femme dont il partageait maintenant la vie. Puis l'image s'estompa.

— En ton absence, j'ai eu le temps de réfléchir, mon Männlein ! Et j'ai eu une idée.

Les yeux de Regina brillaient de bonheur et de fierté en mélange.

— Si... si... une idée que je crois belle...

— Tout à l'heure, ma Fräulein[1], si tu veux !

— Comment as-tu dit ?

— Ma Fräulein !

Du bout des doigts, elle lui envoya un baiser.

— Mon idée...

— Tout à l'heure...

Elle fit une moue de regret.

— Elle te plaira !

1. Petite femme.

21

Juin 1879

Le Riflard ne passait pas deux jours sans venir à la maison. Il arrivait en soirée, une fois un peu pomponné après le travail, tirait la sonnette, attendait qu'on vînt lui ouvrir. Le plus souvent, c'était Regina qui l'invitait à entrer dans le vestibule, puis dans la première pièce devenue salon blanc où le piano, les tentures et le tapis l'impressionnaient à l'égal d'un palais national. Lui qui n'avait jamais connu que deux pièces à tout faire dans une cité d'ouvriers, il hésitait à poser le pied sur le tapis, tordait sa casquette en bredouillant des excuses, rougissait comme un gamin.

Regina s'en amusait, le faisait asseoir, lui proposait une boisson à partager avec Florent, faisait durer son plaisir de montrer à cet homme qu'il en valait bien d'autres, davantage même que certains ! De plus, elle voyait bien que sa gêne s'alliait au plaisir nouveau d'être admis dans un intérieur d'un autre monde, si proche et pourtant si différent du sien. Florent les rejoignait. Alors, le Riflard respirait, se mettait à parler, du travail et de la ville, à raconter n'importe quoi, tout et rien, pour le seul bonheur de meubler le temps et l'espace. Au bout d'un moment, il se levait, faisait signe d'un coup de casquette tordue qu'il était attendu en haut, demandait à sortir, quittait la pièce sur la pointe des pieds. On entendait son pas dans l'escalier, les coups à la porte, les grincements du plancher, puis le ronron des voix.

« J'ai jamais eu de mère, moi… jamais ! »

Florent se souvenait du jour où son ami lui avait lâché ces mots auxquels il ne s'attendait pas. L'intérêt du Riflard pour sa mère, en son absence, l'avait surpris. Il connaissait le gaillard ! Mais il avait pris ce « jamais eu de mère… moi… » en pleine poire, comme un coup de poing. Et le choc lui avait fait comprendre toute la détresse de cet homme, « ma Rifle », comme il l'avait appelé spontanément ce soir-là. Ils en étaient à la troisième bière, au bistrot, après son retour d'Allemagne.

Depuis, non seulement il ne s'étonnait plus de le voir rappliquer à la maison chaque soir ou presque, mais il l'attendait ! Ils l'attendaient, tous les deux, car Regina avait compris, elle aussi, sans que quiconque ait eu besoin de lui expliquer.

Jeanne, surtout, l'attendait. Elle avait trouvé en lui une sorte de fils de substitution. Florent avait choisi de donner sa vie à une autre femme, de vivre avec elle, pour elle, cette autre femme qui l'avait fait vibrer dès sa première rencontre par la voix, par le chant.

Alors elle s'était inclinée, effacée, avait reporté son affection de mère sur le Riflard qui en avait bien besoin, la lui avait offerte. Sans réfléchir ! D'un mouvement profond et naturel. Elle s'était simplement abandonnée au possible désir de la Vierge de la chapelle. Ce glissement lent et progressif de l'amour lui paraissait être dans l'ordre naturel des choses, après le miracle qui l'avait comblée. Passé les mouvements de révolte contre ce qu'elle avait d'abord reçu comme une insupportable ingratitude de son fils, il lui avait semblé en être la suite heureuse. Après la résignation, elle en était maintenant, et pour toujours, au consentement : Florent vivait avec cette autre femme un vrai bonheur né de la transparence de sa voix, signe qu'il était né par Elle, la Vierge... et c'était bien ainsi ! « Chanter, c'est prier deux fois ! »

Alors elle les écouterait prier, en attendant chaque soir le Riflard qui viendrait lui parler de sa journée de travail, de la manufacture, de la ville, de lui !

C'est lui qui lui avait raconté par le menu leur expédition de Paris : le kiosque, Mac-Mahon, le Trocadéro, l'absinthe, et l'orage du dernier jour sur le boulevard. Il l'avait fait avec passion et couleur dans les mots. Elle l'avait écouté avec ferveur. Il en serait désormais ainsi, le plus longtemps possible, aussi longtemps en tout cas que Dieu la laisserait vivre dans cette maison l'étrange proximité avec cette autre femme qu'elle avait fini par admettre, peut-être même aimer. Car : « Aimer s'apprend, avait-elle affirmé au Riflard un soir de discussion enflammée. Tu peux me croire : aimer s'apprend ! »

Il la croyait, maintenant. Il en était sûr !

Ce soir-là, au retour d'une expédition à Raon-l'Etape – il n'y allait plus que trois ou quatre fois par an, au prétexte de rendre visite à une vieille tante –, il avait rapporté le journal *Le Mémorial des Vosges*. Florent y mit le nez, puis Regina. L'école républicaine en gestation y tenait la manchette.

Jules Ferry venait de mettre le feu aux poudres avec sa loi qui interdisait désormais aux membres des congrégations religieuses non autorisées le droit d'enseigner. Or, elles détenaient ce droit de toute éternité, s'en étaient même fait un devoir depuis la décision de Charles X et de son ministre Martignac, en 1828, de créer la fameuse lettre d'obédience qui, par privilège royal, autorisait tout religieux à enseigner, qu'il fût cultivé et savant ou bête à manger du foin. Florent grogna de contentement.

— Quoi ? demanda Regina.

— Rien... c'est l'école !

— Quoi l'école ?

— C'est la République, maintenant, qui s'en occupe... c'est bien ! Et, au moins, elle sera pour toutes et tous, filles et garçons !

Il avait insisté sur « toutes... » et « filles... », poursuivi sa lecture. Regina s'assit au piano, posa les doigts sur le clavier. Quelques notes s'envolèrent.

Soudain, Florent se mit à lire à haute voix quelques lignes d'un article déniché entre une réclame pour la Calmitine, *élixir souverain contre les douleurs articulaires, les rhumatismes, les misères des goutteux*, et un éloge vibrant du Charbon de Belloc, ce charbon *souverain depuis 1847 contre les gastroentéralgies et le vertige* ! On y faisait aussi une présentation rigoureuse et complète des bienfaits des eaux de Vittel. Soutenu par d'éminents médecins, Ambroise Bouloumié, patron de la toute jeune station thermale, fils de son fondateur Louis, y exposait les réussites obtenues dans le traitement des maladies de foie et de reins, et dans des cas difficiles de douleurs récalcitrantes.

Or, même si elle marchait désormais presque normalement, sans canne ni le recours à sa machine roulante reléguée dans un coin du salon derrière le piano comme un témoin désuet de sa volonté, Regina souffrait toujours des hanches.

Elle l'écouta avec attention, ponctuant chacune de ses phrases d'un puissant accord plaqué. Elle referma le couvercle. Les cordes vibraient encore. Tourna la tête vers lui. Il avait posé le journal, sorti papier et crayon, s'était installé en bout de table. Elle ouvrit le journal, chercha l'article sur Vittel, le trouva, lut.

— Est-ce loin d'ici ?

Elle lui lança un regard intéressé par-dessus *Le Mémorial des Vosges*.

— Quoi ?

Florent avait répondu sans lever le nez de ses dessins d'arabesques sur du papier d'emballage. Depuis leur installation dans cette maison, il s'y était remis, en avait même proposé à la cristallerie, qui les avait fait graver sur des vases. De temps en temps, il montait les soumettre à sa mère, qui ne manquait pas de les comparer à ceux de son enfance gardés précieusement dans l'armoire aux souvenirs avec le verre de son père. Son geste n'avait rien d'anodin. Elle le savait. Lui aussi.

— Cette station de Vittel dont parle le journal…

Il tourna la tête vers elle. La lampe à pétrole lui alluma le regard de curieux reflets dorés.

— Pas très loin ! A quelques heures de voiture seulement. Pourquoi ?

— Crois-tu que je pourrais essayer ?

Le plus difficile fut d'obtenir l'autorisation de s'absenter de l'usine.

— Trois semaines ? sursauta le sous-directeur.

— Trois semaines ! affirma Florent. Plus un jour de voyage aller, et un jour de voyage retour.

— Vous n'y allez pas de main morte, l'ami ! ajouta le sous-directeur sur un ton qui n'annonçait rien de bon.

Florent ne répondit rien.

Alors le sous-directeur le fixa d'un air soupçonneux. Son col de celluloïd frémissait sur la cravate piquée d'une perle de cristal.

— Vous n'allez pas nous quitter, au moins…

Florent le regarda sans ciller. Malgré la prestance de l'interlocuteur, et son autorité naturelle renforcée par une position de commandement, debout derrière le bureau, un poing en appui sur le cuir du sous-main, l'autre dans la poche, ce n'était pas le moment de faiblir ! Il laissa s'écouler quelques secondes, le temps nécessaire pour faire douter le sous-directeur.

— Vous n'allez pas nous quitter, au moins ? Nous avons besoin de vous ! Vous le savez, Rousselet ! Notre carnet de commandes est plein ! Nous avons besoin de tous nos bons éléments ! Vous en êtes. Alors…

Florent sentit qu'il pouvait emporter la décision. C'était lui qui tenait la rampe dans cet échange. Eux avaient besoin de lui… lui avait besoin d'eux, mais peut-être davantage eux que lui !

— Bien sûr, que je reste ici ! Où voudriez-vous que j'aille ? A Saint-Louis ? A Portieux ?

Portieux ! L'ancienne verrerie vosgienne, considérée depuis toujours comme une rivale. Le sous-directeur ne put réprimer une grimace de contrariété. Florent appuya ses mots :

— Mais j'ai vraiment besoin de ces trois semaines et deux jours ! C'est pour des raisons de… santé.

— Ah bon… je vois !

Le sous-directeur avait vu. Il accorda l'autorisation d'absence. Mais, rien que pour garder la main, il ajouta :

— Attention, hein ! Pas un jour de plus, sinon…

Il en resta là.

Penchés sur les murailles antiques, lourds de fleurs, les rosiers embaumaient la côte au-delà de la tour des Voués. Florent allongea le pas. Pour une fois, il n'avait pas broyé après sa journée de travail. Le Riflard pouvait bien y rester seul. Même s'il était sûr qu'il serait bientôt pendu à la sonnette de la maison. Il avait hâte de donner la bonne nouvelle à Regina.

Le soir même, ils rédigeaient pour l'hôtel des Sources, à Vittel, une lettre de réservation.

Deux semaines plus tard, en plein midi, ils traversaient Mirecourt dans une patache grinçante sous un soleil de plomb.

L'atmosphère de la station thermale leur plut d'emblée.

Même ambiance feutrée, même distinction dans les comportements, mêmes sièges d'osier laqués blanc, mêmes phrases musicales entendues l'après-midi autour du kiosque, au milieu d'une assemblée d'élégantes et d'élégants abandonnés à la douceur de vivre, le gobelet d'eau aux lèvres : Vittel rappelait à Regina sa bonne ville de Bad Schandau. N'eussent été le côté paysan du vieux village dont les fermes s'alignaient encore le long du Petit Vair, la rivière nauséabonde qui le traversait de part en part, les tas de fumier devant les maisons, les cochons, poulets et chiens en vadrouille dans les rues, et le néoclassicisme à la française des immeubles tout neufs du centre thermal, elle aurait pu se croire dans son pays. « C'est curieux, avait-elle confié à Florent dès la première heure de leur séjour, c'est très différent de Bad... Regarde, ce village, ces hôtels à fronton grec et colonnes romaines... rien à voir avec chez moi ! Mais pourtant, je crois être là-bas ! A quoi cela tient-il ? »

Il ne savait pas davantage qu'elle à quoi tenait cette impression d'être à Bad Schandau en même temps qu'à Vittel, ne cherchait pas à savoir, surtout quand il croyait sentir dans sa remarque répétée une pointe de nostalgie, se contentait de la douceur de vivre qu'il goûtait en sa compagnie, qu'il partageait avec elle dans ce pays dont les crêtes vallonnées moutonnaient à l'infini sous un ciel pervenche.

Une curieuse impression le suivait tout de même : partout où il guidait Regina, cramponnée à son bras, partout où il respirait son parfum mimosa mêlé au patchouli des autres femmes, au cigare des hommes, au cuir des cavaliers, il ne reconnaissait pas les lieux où, pourtant, il avait traîné quelques années plus tôt avec le Riflard ! C'était comme s'il posait les pieds pour la première fois dans ces allées de parc où ils avaient couru la gueuse, comme s'il découvrait ces rues, ces restaurants, auberges, cafés à terrasse où ils avaient chassé le jupon, où il s'arrêtait maintenant avec elle pour boire une bonne bière en regardant défiler la belle société.

Dès le jour de leur arrivée, ils étaient allés prendre rendez-vous avec le docteur Patézon, le médecin le plus réputé de la station. Ils étaient entrés dans son cabinet pour des soins à Regina seule, en étaient ressortis avec un programme de cure pour les deux.

Florent avait un peu regimbé, affirmé qu'il ne souffrait de rien, se sentait en pleine forme. Mais elle y avait tenu, avait même menacé de rentrer tout de suite à Deneuvre s'il n'acceptait pas de l'accompagner jusqu'à la buvette et au centre de soins. Le médecin avait appuyé l'insistance de Regina en affirmant : « Nul n'est plus malade que celui qui s'ignore ! » Il avait ajouté, avec des regards en coin à la femme : « Une cure de prévention ne pourra faire que du bien, elle lavera l'organisme de toutes ses impuretés et garantira une bonne santé pour plusieurs mois ! » Puis il avait questionné Florent sur son métier. Quand il avait entendu « verrier à la cristallerie de Baccarat », il avait répondu, du tac au tac : « Bravo, vous en faites un beau travail ! Il suffit de voir les verres, cruches et carafes qui trônent sur nos tables d'hôtel les plus prestigieuses, ici, à Vittel... du Baccarat ! et les lustres qui éclairent nos salons les plus huppés... du Baccarat ! Bravo, vous faites un beau métier... d'artiste ! »

Florent s'était senti gonfler de fierté. Puis le médecin avait soupiré, « Ah... ah... verrier... », s'était gratté le front. « Mais la chaleur du four n'est pas bonne pour l'organisme ! Quant à la poussière... » Il avait pris un air inquiétant et mystérieux. « Dites-moi, pour fabriquer du cristal, vous utilisez bien du minium de plomb, n'est-ce pas ? » Florent avait confirmé. Il savait que, dès lors que ce sujet serait abordé, il n'aurait d'autre issue que de se laisser inscrire sur la liste des buveurs. Il le savait aussi, qu'on mourait tôt, là-bas, dans la vallée de la Meurthe, autour du four, qu'ils étaient nombreux, les verriers, à disparaître avant la quarantaine, à l'atteindre péniblement, malades, pour disparaître peu de temps après, malgré tous les moyens mis en œuvre par l'entreprise pour prévenir et guérir. « Vous savez ce qu'entraîne la fréquentation quotidienne de ce produit ? » avait martelé le médecin. Bien sûr qu'il savait, Florent... trop bien, même ! Les mots du docteur Patézon, les regards de Regina... Il avait fini par accepter.

En sortant du cabinet médical, ils étaient allés prendre leurs marques de « buveurs » à la Grande Source, retirer leurs gobelets, noter les horaires de douches.

Au-delà des Seize Mutins, les vallonnements de They tremblaient de chaleur. Les colonnes de mercure d'août s'étaient abattues en juin sur une nature encore en pleine effervescence printanière. La première nichée d'hirondelles fendait déjà le ciel sur une campagne assoupie, le Petit Vair promenait plus d'immondices entre les rives du village que de truites, et les rues neuves de la station s'animaient comme au cœur de la plus belle saison.

Matin et soir, les allées du parc débordaient de promeneurs en marche lente vers la fraîcheur des tilleuls, la douceur divinement parfumée de la roseraie, les allées profondes de la Vauviard, la forêt qu'ils atteignaient en tournant l'ombrelle et fumant le cigare. Des enfants piaillaient en poussant le cerceau, jouant à la poursuivette, se cramponnaient aux basques de leurs parents, chignaient pour une pomme d'amour qui leur avait été refusée à l'étal du confiseur encombré de guêpes. Un printemps doux coulait sur la campagne, préparait un été de balades et d'excursions-découvertes pour tous les buveurs étrangers dont beaucoup poivraient les rencontres d'un accent parisien soigneusement forcé.

Regina eut envie de se promener, Florent, de l'accompagner. Ils ne s'en privèrent pas, prirent en marche la ribambelle d'excursions organisées par la station thermale dans le pays ! Bientôt, le site de la ville morte de La Mothe[1] n'eut plus de secrets pour eux, ni les rues et places de la ville ancienne de Neufchâteau courbée sur la « Meuse endormeuse[2] », ni les rives du Madon, à Mirecourt, où se côtoyaient les feseurs de violons et autres instruments à cordes qu'ils rencontrèrent dans des ateliers embaumés à l'épicéa, au vernis

1. Ville lorraine rasée par les Français en 1645. Du même auteur, *Les Dernières Violettes de La Mothe*, roman historique, éd. Eska, Paris 1997.

2. Charles Péguy, *Le Mystère de Jeanne d'Arc* (« Adieu, Meuse endormeuse et douce à mon enfance, / Qui demeures aux prés, où tu coules tout bas... »).

frais, à la térébenthine. Tantôt ils suivaient le groupe, main dans la main, commentaire dans commentaire, tantôt le précédaient d'un bon pas quand ils avaient repéré un objet de visite plus passionnant que les autres, pour être les premiers, à meilleure vue. Bonheur de partager ces moments de belle complicité sur les chemins d'un pays que Regina apprenait à aimer comme le sien ? Effets des eaux de Vittel, et des soins, douches et massages au centre thermal ? Elle ne souffrait plus des hanches, marchait presque normalement, au même rythme que les autres, du même pas que Florent. N'eût été une charmante claudication posée sur sa hanche comme un léger accent sur une phrase bien balancée, nul n'aurait pu imaginer que, quelque temps plus tôt, cette femme ne se déplaçait qu'en machine roulante.

Un matin, à l'entrée du pavillon des douches, ils remarquèrent une affiche. Elle annonçait un concert, le samedi soir, en l'église Saint-Rémy, *avec l'autorisation exceptionnelle et bienveillante de monsieur l'abbé Chapiat, curé de la paroisse.* L'ensemble Novum Organum, de Paris, y interpréterait... des cantates de Jean-Sébastien Bach !

Regina prit la main de Florent.

— Tu as vu ?

Ils n'en revenaient pas... ni l'un, ni l'autre !

— On y va ?

Ils n'avaient pas hésité une seconde. Samedi soir : leur dernier jour de cure. Ils rentraient le lendemain à Deneuvre. Une telle coïncidence ne pouvait être le fruit du seul hasard !

— Je ne crois pas au hasard, mon Männlein ! Pour moi, ce que les autres appellent « hasard », c'est le diable ou le bon Dieu en balade. Et là, je sais : c'est le bon Dieu !

Elle parlait comme pour elle seule, les yeux fichés dans ceux de Florent. Autour d'eux, le flot des buveurs s'écoulait dans des senteurs de patchouli, de violette, de lavande, de havane. Elle serra très fort la main de son « petit homme », la secoua un peu, comme pour le tirer d'un songe.

— Alors ?

— Quoi, alors ?

— Hasard, ou...

— Je crois plutôt au miracle... enfin ce que certains appellent « miracle », ma mère par exemple. Ne suis-je pas, moi-même, le fruit d'un miracle ?

Regina rit d'un rire cristallin, tout en retenue, mais clair et transparent. Une femme qui passait la frôla, marqua le pas, la regarda intensément, laissa son visage s'étonner, puis souffrir, puis se réjouir du bonheur de l'autre, s'abandonna au flot dans un grand froissement de soie.

Le ciel d'un noir d'encre avait refroidi les ardeurs mélomanes des buveurs. Quelques dizaines d'entre eux seulement avaient osé parcourir en voitures couvertes, cabriolets et phaétons, la distance d'un quart de lieue séparant le site thermal du village blotti autour de son église.

Depuis deux jours, une chaleur lourde et collante s'était épaissie sur le pays, qui souffrait d'un terrifiant manque d'eau. Même les sources, au débit pourtant fidèle et régulier, commençaient à donner des signes d'essoufflement. Aux deux vasques de la Grande Source les coulants mollissaient sous l'œil inquiet de la gardienne des lieux, en chignon noir et manches bouffantes, assise derrière son comptoir central, encadrée par les règlements intérieurs de l'établissement.

De leur hôtel des Sources, ancienne auberge des Deux Pigeons, Regina et Florent n'avaient que quelques pas à faire pour gagner le porche de l'église Saint-Rémy, de l'autre côté de la place des Dames, ainsi nommée en souvenir de vieilles obligations de la paroisse envers les dames chanoinesses du chapitre de Remiremont, l'un des plus prestigieux d'Europe.

A leur arrivée, on allumait seulement les cierges et candélabres dans la nef et le chœur, une femme fleurissait le maître-autel, des musiciens déballaient et accordaient leurs instruments ; le hautbois appelait le violon qui appelait le violoncelle qui appelait l'orgue qui appelait la voix d'un chanteur.

— Contre-ténor ! murmura Regina à l'oreille de Männlein. Comme toi !

De la sacristie, une autre voix, de femme celle-là...

— Soprano ! Comme moi !

Florent ne sut que répondre. Il l'aurait su qu'il ne l'aurait pu. Fasciné !

Par le portail ouvert sur la rue se glissaient de violents coups de vent qui agitaient les plumes des chapeaux et bousculaient les flammes des cierges. Le curé Chapiat remonta l'allée centrale ; un claquement sec retentit ; l'air devint immobile entre les fragrances de cire d'abeille, de restes d'encens et de mimosa. Des couples étaient arrivés, minaudaient dans l'allée en repérant une place, s'installaient sur les bancs à main gauche, des femmes seules, vieilles femmes couvertes d'un châle, l'œil inquisiteur sur les bouleversements du chœur et tous ces visages étrangers à leur univers quotidien, d'autres couples, à main droite, chuchoteurs, effrontés même, qui gloussaient comme des dindons.

L'abbé Chapiat réapparut, se présenta à l'assemblée contre la table de communion, ouvrit les mains, dit d'une voix forte, en quelques mots, son « bonheur d'accueillir Jean-Sébastien Bach, le beau serviteur de Dieu, l'admirable compositeur de messes, de motets, *O Jesu Christ, mein Lebens Licht*[1], des passions selon saint Jean et saint Matthieu... ». Il avait buté sur le « *Lebens Licht* », tourna court, lança, sur le ton familier du *Dominus vobiscum*, « Novum Organum ! », enveloppa d'un ample mouvement de bras les musiciens en place, s'effaça, releva sa soutane comme une femme sa jupe, s'assit au premier rang en soufflant.

Alors l'orgue plaqua quelques accords de velours. Alors le hautbois monta sous les voûtes son chant de chocolat acidulé. Alors, dans le nid rond du violon, naquit la voix de femme...

Liebster Jesu, mein Verlangen,
Sage mir, wo find ich dich ?[2]

Florent prit la main de Regina, la tint fort serrée jusqu'à la dernière note de la cantate.

Les musiciens saluèrent. Le curé Chapiat remercia l'assemblée d'être ainsi venue « partager la foi lumineuse de Bach, dans cette bonne église Saint-Rémy, cœur battant de la communauté catholique de Vittel et d'ailleurs, refuge des humbles et des exclus par ces temps troublés

1. « O Jésus-Christ, Lumière de ma vie ».
2. « Très cher Jésus, ma quête, / Dis-moi, où puis-je te trouver ? », Jean-Sébastien Bach (cantate BWV 32).

de mécréance élevée au rang de vertu citoyenne ». Il dégustait ses propres mots, conclut d'un vibrant « La paix du Seigneur et de Bach soit avec vous ! ».

— Eglise Saint-Rémy… Tu as entendu ?

Regina avait murmuré sur l'épaule de Florent. Elle remuait les doigts pour en chasser les fourmis qu'il y avait logées.

— Tu as entendu ?

Il était encore dans l'autre monde.

— Dis… mon Männlein… église Saint-Rémy… le même nom que les nôtres, à Deneuvre et à Baccarat ! Tu ne trouves pas que…

Il trouva.

— Dieu ou diable ? Mais pas hasard ! Impossible ! N'est-ce pas, mon Männlein ?

Les musiciens rangeaient leurs instruments. Les gens sortaient. La bourrasque s'engouffra dans la nef, souleva les nappes brodées des autels, éteignit les cierges. Le ciel avait crevé. Sous les parapluies des hommes, les femmes poussaient des jappements de chiots en sautillant entre les flaques.

— Impossible.

Elle lui prit le bras, le serra très fort, regarda Florent droit dans les yeux.

— Je suis sûre que c'est un signe !

Elle sembla réfléchir quelques secondes.

— Mon idée…

22

Novembre 1880

La révolution nouvelle était en marche !

Après l'adoption par la Chambre, en mars 1879, de la loi proposée par Jules Ferry, ministre vosgien de l'Instruction publique, retirant aux congrégations non autorisées le droit d'enseigner... après l'amnistie générale accordée à tous les Communards... après la renaissance remarquée du mouvement ouvrier... un monde nouveau semblait accessible.

Mais le Sénat venait de rejeter l'article 7 de la fameuse loi de laïcisation de l'enseignement, et le phylloxera débarquait des Etats-Unis ; il n'avait pas encore atteint la Lorraine mais menaçait de ruine totale le vignoble français. On avait beau se rassurer en se répétant « On se rabattra sur la bière ! », la catastrophe imminente du manque de vin commençait à perturber violemment les esprits. Des recettes commençaient à circuler, de vin fabriqué sans la vigne de chez nous, mais avec des raisins de caisse grecs.

Prendre 100 kg de raisins de Corinthe émiettés, les faire tremper dans 300 l d'eau chauffée à 30°, laisser agir la fermentation douze jours durant. Presser le tout, coller le liquide obtenu au blanc d'œuf, le soufrer, puis le colorer à la décoction de mauve noire, de rose trémière ou de baies de sureau, fixer la couleur à l'acide tartrique, bien remuer, puis... déguster !

Le vin nouveau était prêt. Curieux, certes ! Bon ? C'était à voir, à goûter surtout ! Mais la vérole états-unienne pouvait débarquer sur les côtes du Rhône, de la Saône, de Meuse et de Moselle, les vignerons avaient la parade ! Une telle parade qu'ils visaient à dix ans une production annuelle de ce breuvage de plus de quatre millions d'hectolitres ! On ne mourrait pas de soif dans les chaumières, de silicose peut-être dans les mines, des effets de la tempête sans doute entre deux bancs de morues au large de Terre-Neuve, de maladie de poitrine alliée au saturnisme dans les verreries de Lorraine et d'ailleurs, mais pas de soif !

Les discussions avec le médecin thermal de Vittel avaient alerté Florent. Et quelques coups de semonce de son corps, qu'il n'avait pas voulu reconnaître tout de suite. A Paris, déjà, durant le dernier séjour pour l'Exposition universelle, après de longues marches sur le site et dans les rues, au moment de fournir les efforts physiques pour le montage du kiosque de cristal, il avait dû s'écarter pour reprendre un souffle laborieux et sifflant. Puis, durant le voyage en Allemagne, la fatigue l'avait accablé beaucoup plus que lors de sa première expédition, le sommeil l'avait fui. Il avait mis cela sur le compte de l'impatience à rejoindre Regina, puis de l'émotion des retrouvailles. Il avait fait taire ses douleurs aux jointures en les attribuant à l'âge. Après quarante ans, l'usure est normale ! se répétait-il en forçant les mouvements pour dégripper les articulations paresseuses. Il avait vu tellement de verriers s'effondrer en quelques semaines, devenir transparents comme des squelettes, se coucher pour ne plus se relever ! Il en avait déjà tellement conduit au cimetière derrière la chapelle que, s'estimant décidément… miraculé, il avait fini par oublier les misères qui l'accablaient.

Pourtant, une nuit, il s'était mis à tousser, à cracher une mousse blanchâtre striée de sang, à se comprimer les côtes pour contenir la douleur qui lui vrillait les tripes.

Regina avait exigé qu'il allât consulter le médecin de la compagnie. Il l'avait fait à reculons. En fin d'auscultation, le verdict était tombé, sans appel : emphysème pulmonaire, doublé d'une suspicion d'intoxication au plomb. Florent s'était souvenu de la remarque du médecin de Vittel : « Dites-moi, pour fabriquer du cristal, vous utilisez bien du minium de plomb, n'est-ce pas ? », et de sa question : « Vous savez ce qu'entraîne la fréquentation quotidienne de ce produit ? »

Il était sorti du cabinet médical de la cristallerie avec un champ de vision rétréci, une sourde angoisse dans la poitrine, et l'obligation de se traiter, sa vie durant, au sulfate de strychnine et à l'hyoscyamine. « Je vais en parler au directeur. Vous ne pouvez pas continuer à travailler au four : la poussière de potasse, la chaleur, et les vapeurs de plomb auraient tôt fait de vous y achever. Je n'irai pas par quatre chemins : vous achever ! » Lâchée au moment où il allait lui serrer la main, la dernière phrase du médecin résonnait dans son crâne comme une cloche fêlée.

Pas étonnant que je n'aie plus envie de chanter ! se répétait-il à chaque pas. Plus envie… que je ne puisse plus chanter ! corrigeait-il aussitôt. Que je ne puisse plus prier ! Chanter, c'est prier deux fois ! Regina…

En passant le pont sur la Meurthe, il s'était subitement senti très vieux ; sous la tour des Voués, il avait lancé un regard furieux à la côte de Deneuvre, qui ne manquerait pas de lui arracher la poitrine ; dans l'église, au pied du Christ portant sa croix, à grands coups d'inspirations forcées, il avait eu raison d'un souffle devenu fou ; sur la troisième marche de la maison, il avait hésité à pousser la porte…

— Alors ?

Accoudée au piano blanc, pâle comme une morte, Regina n'avait pas attendu la réponse de son Männlein.

— J'ai décidé : tu restes maintenant avec moi ! Chaque heure du jour et de la nuit, avec moi… tu m'entends ? Fini, le travail au four et ailleurs ! Tu as fait ta part, largement !

— Mais je…

— Tu restes ici, maintenant ! Tu vis… nous vivons ! Je ne veux pas que tu…

Elle porta les mains à sa bouche, attrapa au vol un sanglot qui lui avait mangé la voix, tourna la tête vers la fenêtre, dans la lumière…

— Je ne veux pas que tu meures !

Elle lui fit face. Elle était décomposée. D'une beauté sublime. Elle hurla en tapant du pied :

— Je ne veux pas !

Un meuble ripa sur le plancher, à l'étage, longue plainte du bois sur le bois.

Ils restèrent un long moment face à face, immobiles, suspendus par le regard l'un à l'autre, parcourus par les mêmes vagues, douces et tragiques à la fois.

— Viens !

En fin d'après-midi, Florent monta voir sa mère. Il aimait les bonnes odeurs de son appartement : savon frais, tilleul, eucalyptus, et térébenthine qu'elle utilisait une fois par mois pour nettoyer l'armoire aux trésors familiaux, avant de la cirer de nouveau. Cette journée-là, après l'armoire, elle donnait un bon coup de graisse aux brodequins de Firmin, puis aux bottes de cavalerie de son Gus : son occupation favorite, son rituel de vie, sa manière simple de rendre hommage à ses fantômes. Jamais elle n'avait reparlé de ses hommes. Mais Florent sentait bien, à la position des bottes, plus avancées vers le centre de la pièce, que le palefrenier était plus présent que son père. Même s'il en éprouvait encore une once de culpabilité, il partageait avec elle, sans l'avoir jamais avoué, l'affection, davantage peut-être, pour le vieux soldat logé au plus chaud de sa mémoire.

Jeanne le regarda bizarrement, lui montra les lignes de broderie au point de plumetis tentées dans la journée, et réussies : des arabesques. Sur l'appui de fenêtre, à côté de son fauteuil, un dessin au crayon bleu, sur papier d'emballage de la compagnie, qu'elle avait reproduit. Florent prit sa mère dans ses bras, déposa un baiser dans ses cheveux. Elle soupira de bonheur :

— Merci, mon grand !

Il souffla :

— Maman...

Elle murmura :

— Je suis là !

Le souper de ce jour-là ne ressembla pas aux autres. Lisette, la femme du village qui aidait au ménage, avait préparé une bonne soupe de légumes. Ils la dégustèrent en silence, savourant le mariage heureux de la pomme de terre, du chou, de la carotte et du poireau. Sans lard ! Regina ne mangeait plus de viande. « Je ne suis pas une nécrophage ! » répétait-elle parfois quand son aide lui proposait un cuissot de chevreuil ou un lapin de son clapier. « Nécrophage… » Elle aimait ce mot qu'elle avait dû lui expliquer après l'avoir rencontré dans le *Dictionnaire national* de Bescherelle, qu'elle avait acheté pour enrichir son français. « Nécrophage… »

Après la soupe, ils avalèrent un bon triangle de fromage arrosé d'un vieux vin du Montfort acheté lors d'une balade aux confins de Vittel, puis une compote de pommes nouvelles, des templines qui laissaient de bons morceaux dans la bouche, doux et acides à la fois, comme elle les aimait.

— Demain, je vais prendre rendez-vous avec le directeur des Cristalleries.

Florent leva les yeux vers elle. Les flammes du candélabre y jouaient à le troubler.

— Tu… pourquoi ? Qu'as-tu à lui dire ? C'est plutôt à moi de…

Elle leva la main, paume en avant, comme pour bloquer la suite de ses arguments.

— C'est moi qui y vais ! Et… seule ! J'ai à lui parler, lui dire des choses que tu ne dois pas entendre. Bien sûr, je lui parlerai de toi, je lui dirai que tu ne peux plus travailler, que je te garde à la maison, qu'il est temps pour toi de prendre un repos mérité…

— Mais…

— Et puis je lui parlerai de… mon idée !

— Quelle idée ?

— Secret ! Secret, mon Männlein ! J'ai le droit d'entretenir des secrets avec qui je veux… non ?

Florent ne put réprimer une crispation de contrariété. Il lui proposa une nouvelle fois du vin, qu'elle refusa, remplit son verre, but une vigoureuse rasade. Elle le regardait faire, un bon sourire en coin.

— Arrête ! Pas besoin de te tourmenter, tu vas te faire mal !

Il finit son verre. L'esprit du vin lui donna de l'aplomb.

— Mais, si je ne travaille plus, comment allons-nous vivre, et de quoi ?

Elle éclata d'un bon rire qui résonna jusque dans les entrailles du piano blanc. Les cordes entrèrent en légère vibration.

— Et l'argent de mes biens vendus en Allemagne ! Que crois-tu que je vais en faire ? L'emporter avec moi dans la tombe ? En faire de la confiture ? Grand bêta !

— Bêta ?

— Bescherelle, page 391, bas de la deuxième colonne ! « Substantif masculin. De *bestia*, bête. Injurieux et familier. Personne très bête. *C'est un gros bêta !* »

Son rire redoubla. Heureuse de son effet, elle riait à perdre haleine. Le piano vibrait d'une douce rumeur, de toutes ses cordes.

— Bêta ! C'est vraiment le mot qui convient, mon Männlein. Réfléchis… rien qu'un peu !

Elle se moquait. Il aimait. Il n'empêche, son rire ne valait pas réponse à la question qui le taraudait. Elle se calma, lui tendit son verre.

— J'ai de quoi assurer nos jours et nos nuits…

Il empoigna la carafe. Elle lui fit un clin d'œil coquin qu'il découvrait et déclencha une bonne vague de chaleur par tout son corps.

— … nos jours et nos nuits, entretenir cette maison, et subvenir aux besoins de ta mère ! Que demander de plus ? Le bonheur ? Nous le vivons, à condition que tu le veuilles !

Elle avait insisté sur le « à condition que tu le veuilles ! ».

— Le veux-tu, au moins ?

Il versa du vin dans son verre qu'elle tendit vers lui pour trinquer. Ils burent, cul sec, les yeux dans les yeux. Il la trouva plus belle que jamais. Elle le trouva superbe, et bon.

— Je le veux, avec toi !

— A la bonne heure !

Nouvelle surprise. C'était la première fois qu'elle prononçait ces mots familiers de sa mère comme de tous les gens du pays quand ils étaient satisfaits et heureux !

— Mais...

Florent parut soudain très triste.

— Mais quoi ?

— Si j'arrête de travailler... et ma Rifle ?

Il baissa le ton, ajouta :

— Je ne le vois pas rester seul à l'atelier... non, vraiment pas !

Un silence gêné lui répondit. Seuls, de temps en temps, les pas de la mère, à l'étage, comme de la soie déchirée.

Regina se leva, caressa au passage l'épaule de son Männlein, marcha sans claudiquer vers le piano, l'ouvrit, posa ses doigts sur le clavier. Les notes s'envolèrent.

Florent s'abandonna à la douceur de l'instant.

Soupe de légumes, fromage, compote de pommes fraîches, vin vieux du Montfort, rires et clin d'œil coquin de Regina, musique sous ses doigts... il se souviendrait longtemps de ce soir-là !

L'Intransigeant l'annonçait : les temps à venir seraient troublés ! Le jour même de son arrêt de travail à la cristallerie, Florent s'était abonné au journal du bouillant Henri Rochefort, dont il affirmait que les souffrances qu'il avait subies au bagne de Nouvelle-Calédonie lui donnaient une vraie légitimité. Les convulsions politiques l'agaçaient, les provocations financières le révoltaient, les nouvelles guerres de religion le mettaient dans un état de colère que Regina avait souvent du mal à contenir.

Un jeune républicain, Claudius Crosset, venait d'être assassiné à Lyon par un fanatique catholique. Rochefort n'y allait pas par quatre chemins...

— Ecoute, écoute ça !

Regina s'installa dans un fauteuil, près de la fenêtre. Florent se mit à lire :

— « Nous apprenons, à notre retour en France, qu'on y assassine les républicains exactement comme avant notre départ. Un jeune homme qui criait : "Vivent les décrets !" a été tué à Lyon, à coups de canne à épée, par un autre jeune homme qu'on appelle euphoniquement un "fanatique". »

Et Rochefort de s'emporter !

Et Florent de s'échauffer !

— « Inutile d'ajouter que ce fanatique ne sera ni recherché, ni surtout retrouvé, un meurtrier aussi bien-pensant ayant droit à tous les égards... »

La révolte du journaliste ancien bagnard de la Commune le renvoyait à ses années d'enfance, quand le Déqueugnard s'agitait à propos de ces rois de pacotille qui avaient anéanti et son Empereur et ses rêves de Liberté, d'Egalité et de Fraternité. Devant ces pages de *L'Intransigeant*, il était dans les écuries du château, sous les vols de moineaux en chamailleries dans la charpente. D'autant plus qu'il s'était rendu compte, après coup, n'avoir choisi ce journal que pour sa prime d'abonnement, annoncée à la une, « le grand roman parisien » : *Le Palefrenier* !

Florent reprit sa lecture :

— « Nous annoncions l'autre jour que le gouvernement nous conduisait à une guerre de religion ; on voit que les hostilités ont déjà commencé. Le pouvoir exécutif n'avait pas le droit d'ignorer qu'à défaut de bûcher tout bon catholique utilise volontiers le poignard, puisque nous avons prédit depuis longtemps ce qui arrive en ce moment... Monsieur Ferry, qui n'a jamais hésité à se croire un aigle, pouvait bien le prévoir comme nous, dans cette affaire comme dans toutes les autres ; il n'a pas vu plus loin que le poivre long qui lui sert de nez : tant pis pour lui. Jusqu'à présent ce sont toujours les peuples qui ont soldé le compte des fautes de leurs gouvernements ; peut-être serait-il bon et surtout économique de les faire enfin payer non à ceux qui les subissent mais à ceux qui les commettent... »

— Calme-toi, mon Männlein, calme-toi !

— « Le jour où les ministres seront reconnus judiciairement responsables des accidents provoqués par leur imbécillité, on sera surpris du développement subit de leur intelligence[1]... » Voilà qui est dit, et bien dit !

Florent posa le journal sur la table. Il se leva, jeta trois bûches dans le poêle de faïence, longea le piano en le caressant du bout des doigts, alla se planter devant la fenêtre. Il promena un instant son regard sur le clocher à bulbe, les ruines de l'ancien château rasé sur ordre d'un roi de France qui se prenait pour le soleil, s'attarda sur les nuances de bleu pervenche et de Prusse prises par le ciel à l'approche de la nuit.

1. *L'Intransigeant* (n° 116, en date du 17 brumaire an 89 – dimanche 7 novembre 1880).

— Tout de même… tout pourrait être si simple ! Pourquoi faut-il donc…

Il n'eut pas le temps de finir. La cloche de la porte d'entrée venait de retentir. Il fit claquer un baiser sur le front de Regina, se précipita dans le vestibule.

Une seconde plus tard, il reparaissait au salon, poussant devant lui un Riflard exténué.

— Quelle côte ! Je me demande si je pourrai la grimper encore longtemps, celle-là ! Mais, je vous dérange pas plus… je monte !

Il tourna les talons, disparut en traînant derrière lui des remugles de fumée et de graisse à machine.

— Je te rejoins ! Vas-y… dis à ma mère que j'arrive !

Le rituel se renouvelait chaque soir désormais : le coup de cloche, le salut « Je vous dérange pas… », les pas dans l'escalier, le « J'y vais deux minutes ! » de Florent, le roulement assourdi de leurs voix sur le plancher. « Viens avec moi… » disait-il parfois à Regina. Elle se contentait de sourire en faisant « non » de la tête. Elle en avait envie, mais préférait les laisser parler entre eux de leur passé, dont elle n'était pas. Elle voyait Jeanne, seule, en tête à tête.

Quand Florent travaillait encore, elle montait, souvent sans prévenir, ne redescendait que tard, parfois juste avant le retour de Männlein et de son acolyte. Ou bien Jeanne descendait, plus rarement. La mère ne se sentait pas à l'aise dans ce décor d'un autre monde. La première fois qu'elle avait vu le piano, elle s'en était écartée comme d'un chien méchant. Regina l'avait alors guidée vers l'instrument, invitée à effleurer le clavier. Jeanne s'était laissé faire, sans plus. Le soir même, elle avait raconté ce moment à son fils d'un air éberlué.

Par la suite, elle ne lui avait pas fait d'autres confidences de femme. Que faisaient-elles ensemble ? Que se racontaient-elles ? L'une et l'autre en avaient toujours gardé le mystère. Aujourd'hui encore, maintenant qu'il était là tout le temps, ou presque, Regina montait seule, passait de longs moments là-haut, en revenait radieuse et enjouée, mais muette comme une carpe de la Meurthe.

L'inaction ne semblait pas peser à Florent. Il s'était remis au dessin, sur un beau papier des Vosges cette fois, de la voisine papeterie de Clairefontaine, fondée un quart de siècle plus tôt par le bien inspiré sieur Bichelberger. Il en aimait le grain fin et la douceur, qui laissait filer la mine du crayon bleu comme sur un velours de soie. Autre chose que le papier d'emballage de la compagnie ! Toujours des arabesques, bien sûr, qu'il déroulait en tirant la langue, et des fleurs, des fleurs, encore des fleurs, de la fougère aussi, dont il aimait reproduire les crosses enroulées comme le bâton pastoral du patron de la Lorraine, saint Nicolas, et les mille et une langues du feuillage dont il faisait de somptueux décors baroques.

Quand la fatigue endolorissait son dos, il s'étirait en miaulant, quittait sa table à dessin pour un fauteuil près de la fenêtre et le quotidien de Rochefort, dont il tirait une ardeur républicaine nouvelle, en même temps qu'une réelle aversion pour les imbéciles de tous bords acharnés à rallumer les guerres de religion. « Pourquoi l'Eglise est-elle si opposée à ce régime qui a fait sa devise et son objectif d'une trinité issue des enseignements du Christ : Liberté-Egalité-Fraternité ? Pourquoi ? Peux-tu me le dire ? » s'exclamait-il parfois en repliant le journal. Regina ne le pouvait pas. « Et pourquoi nos gouvernants répondent-ils à sa violence ? » Il lui arrivait de donner du poing sur la table. « La violence appelle la violence, nom d'un chien ! Il faudra bien briser cette chaîne infernale un jour ! Napoléon avait commencé à le faire, mais les obsédés de la couronne... »

Il se mettait à tousser ; sa voix se cassait ; il renversait la tête en arrière, fermait les yeux, partait dans un univers dont Regina se sentait exclue. Son souffle se calmait. Il lui revenait : « Regina ? » Elle répondait : « Oui... » Il murmurait : « Je t'aime ! »

Alors, elle se mettait au piano, jouait quelques mesures d'un air qu'elle fredonnait en fermant les yeux à son tour. Il l'accompagnait, d'un fond de gorge seulement, qui lui faisait mal à l'âme. Le cristal avait trop rongé sa poitrine pour le chant !

Peu de temps après leur retour de Vittel, Regina avait rencontré le curé de Baccarat, pour lui confier son idée : organiser, dans son église Saint-Rémy, un concert de l'ensemble musical Novum Organum.

L'homme en noir avait refusé tout net, au prétexte que « la maison de Dieu n'est pas une salle de spectacle ».

Elle l'avait revu, lui avait reparlé des messes de Jean-Sébastien Bach, de ses motets, de son inspiration sacrée, promis de lui confier les textes de quelques cantates, qu'elle lui traduirait. « Parce qu'ils sont en allemand, avait-il enfin lâché, en allemand ! Rendez-vous compte, madame, de ce que vous me proposez : chanter en allemand dans un pays ravagé voilà dix ans à peine par vos troupes de sauvages, un pays occupé, annexé, martyrisé par les vôtres ! Rendez-vous compte ! » Elle se rendait compte.

Le curé l'avait dévisagée, des mots imprononçables aux lèvres, pour finalement lui asséner : « En outre, madame, votre vie, avec cet homme... n'est pas un exemple ! Vous vivez à la colle, n'est-ce pas ? En état de péché mortel, madame ! Entendez-moi bien : en état de péché mortel ! » La cravate à feston blanc du curé frémissait dans le courant d'air. « Vivre ainsi... sans mariage ! Entendez-moi bien : péché mortel ! Si encore... » Il avait renoncé à en dire davantage, l'avait plantée là, sur le portail de sa cure dont les fenêtres regardaient la vallée, les veines de la ville entre les façades grises, son canal du moulin, la rivière, les toits et fumées de la compagnie, dont la rumeur et la cloche d'appel au travail glissaient jusqu'à lui par vent d'orient. Elle l'avait bien entendu !

Durant plusieurs semaines, ensuite, elle avait disparu, un mercredi, puis un autre, puis un autre encore. Mystérieux rendez-vous qui l'attiraient dehors, en tenue simple mais élégante, un peu fardée, le cheveu ravigoté au fer, couverte d'une capeline, d'un parapluie, ou ombrelle en main selon les humeurs du ciel, belle, trop belle pour une simple promenade ! Un cabriolet l'attendait, qui l'embarquait dans la descente, vers la ville, Dieu seul savait où, et encore !

Alors Florent chaussait ses brodequins, empoignait sa canne, montait à pas lent de montagnard en direction opposée, vers le carrefour des Trois-Croix. Il dépassait la Maix, entrait dans le bois des Grandes Hayes, s'asseyait sur une souche, au bord du ruisseau de la Moncelle, écoutait le chant des oiseaux en écho à la voix des doutes qui assaillaient sa conscience.

Il rentrait, sombre et las, essoufflé, se servait un verre de vin de noix de tante Mathilde dont il avait retrouvé plusieurs bouteilles à la cave, goûtait l'âpreté du breuvage avec l'amertume des vieilles angoisses que le comportement de Regina faisait remonter à la surface.

Les roues du cabriolet claquaient sur les pavés. Elle rentrait. Il était heureux de la voir revenir, la guettait par la fenêtre, la voyait descendre de la voiture, tendre l'argent au cocher qui la saluait d'un coup de chapeau, marcher vers l'escalier. Alors, rongé par une douleur qu'il n'osait pas baptiser « jalousie », il filait dans son fauteuil, ouvrait son *Intransigeant*, se plongeait dans des articles dont il ne voyait pas un mot, pas une ligne, pas un titre ! Elle le trouvait plongé dans les nouvelles du temps. Il faisait semblant.

Un jour, en haut, il avait failli demander à Jeanne si elle savait où allait Regina, qui elle rencontrait, ce qu'elle faisait dans cet ailleurs interdit. Mais, retenu par un curieux sentiment de fierté qu'il avait aussitôt déguisé en volonté d'épargner sa mère, par la crainte aussi de la tourmenter avec des affaires qui ne concernaient finalement que lui, il avait renoncé au dernier moment.

Le Riflard était monté depuis un moment déjà. Florent posa son journal. Par-dessus ses pages, il avait lorgné à plusieurs reprises le profil de Regina en pleine lecture de la correspondance de Goethe avec son ami le compositeur de lieder Carl Friedrich Zelter. De temps en temps, elle levait la tête, la tournait vers lui, murmurait : « Admirable ! Quelle amitié et quel talent, ces deux-là ! » Puis, dans la seconde suivante, toujours tournée vers lui, comme en attente de réponse avant même d'avoir posé la question, l'œil voilé de tristesse, elle ajoutait : « Mais pourquoi diable n'aimaient-ils pas Schubert ? Je ne comprends pas ! Vraiment, je ne comprends pas ! » Lui, le cœur pincé derrière son journal, se disait : Qu'elle est belle ! Mon Dieu, qu'elle est belle !, tout en se laissant ronger le crâne par la question qui l'obsédait maintenant : Combien de temps encore ? Combien… ?

Une lune blafarde avait barbouillé les vitres d'une lumière laiteuse. Les voix du haut ronronnaient en continu.

Soudain, Regina ferma son livre, se leva, marcha droit sur Florent, lui posa la main sur l'épaule.

— Monsieur, j'ai le devoir de vous informer de ma décision…

Elle avait pris un ton solennel, parlé d'une voix monocorde d'automate. Son accent le frappa. Il replia brutalement *L'Intransigeant*. Un acide brûlant coula dans ses veines. Il ferma les yeux.

— … ma décision de…

Le poêle ronronnait. La pendule hachait très fin le silence.

— … de vous épouser !

23

25 décembre 1881

La neige n'en finissait pas de tomber. Elle avait déjà enseveli rues, ruelles et chemins de campagne, alourdi les aulnes le long de la Meurthe, au point que certains s'étaient couchés dans les eaux rendues furieuses par le déluge de novembre.

Le mariage avait été célébré à Deneuvre, en l'église Saint-Rémy, le 21 mars, premier jour du printemps. Un lundi, jour de toutes les créations !

« Que la lumière soit ! avait clamé le curé de la paroisse perchée avant de bénir les anneaux. Dieu appela la lumière "jour" et la ténèbre il l'appela "nuit". Il y eut un soir, il y eut un matin : premier jour. »

Le servant avait rechargé l'encensoir. Des fumerolles bleues montaient le long des cierges. L'air embaumait la myrrhe, l'oliban, le santal et le mimosa.

Mariage discret retardé par d'interminables démarches. C'est que, si elle n'était pas prussienne, la future mariée venait de l'autre rive du Rhin ! Tout comme ! On ne connaissait pas la Saxe. Tout juste si on avait entendu une fois ce nom ! Mais c'était l'Allemagne de Bismarck ! Suffisant pour aiguiser méfiance, défiance, haine parfois. C'est que... les défilés en ville de uhlans, leurs vols en campagne, viols et assassinats, avaient infligé aux esprits des blessures qui ne se refermeraient jamais. On n'était pas près d'oublier leur passage, en Lorraine ! De plus, elle était veuve, d'un Français déjà ! Qu'avait-elle fait de ce premier mari ? Disparu, disait-on, en Bohême... Les anciens se souvenaient de lui à la cristallerie, ce monsieur Galtier, le chimiste sous-directeur pas facile de caractère mais efficace dans le travail, un homme un peu rigide qui ne tolérait pas la moindre erreur, mais pour quel résultat ! Les médailles aux expositions universelles, c'était bien sûr monsieur de Fontenay, mais lui aussi, qui avait su mettre au point les couleurs si difficiles à maîtriser ! Cette femme, c'est elle qui l'avait fait partir là-bas, dans ce pays de sauvages où il aurait « disparu ». Elle avait voulu rentrer chez elle parce que... « Allez savoir... »

Quand elle était réapparue avec Florent, les langues avaient tourné moins de sept fois dans les bouches avant de lâcher des mots inquiétants. Au point que, plusieurs mois durant, elle n'avait pas mis le nez dehors. Puis on l'avait oubliée. A la halle, à la gueule du four, certains avaient encore glissé quelque temps des regards curieux vers Florent, mi-envieux, mi-provocateurs, quelques vacheries qu'il voulait ne pas entendre, que le Riflard balayait d'un violent mouvement de canne. Puis ils s'étaient fatigués. Alors, elle avait tenté des sorties au village, sans autres incidents que des dos tournés. Elle avait descendu la côte, fait des emplettes dans les boutiques de la rue des Ponts, franchi la Meurthe, osé des promenades le long de la rue de Frouard jusqu'au tournant de Sainte-Catherine. Un jour, elle avait même grimpé l'escalier du château, traversé l'esplanade jusqu'à la chapelle, secoué la porte fermée, jeté un œil dans les écuries. La bonne odeur de cheval, de crottin et de paille l'avait chavirée. Lumière, stalles, moineaux dans la charpente... rien n'avait changé, sauf le nom des chevaux. Disparus, les Sibelle, Iris des Ténèbres, Ouragan ! Ouragan...

Seule Jeanne avait assisté au mariage dans une église sans fleurs ni lumières, avec les témoins : le Riflard pour Florent, Lisette, son aide au ménage, pour Regina. Marmonné les invites à « croître et multiplier », passé les références à la Genèse et la bénédiction, le curé avait expédié la cérémonie, enregistré les signatures, replié ses ornements dans les tiroirs de la sacristie, mis la petite troupe dehors sous une violente giboulée de mars. Ils n'avaient que la place à traverser pour gagner la maison. Ils y étaient arrivés dégoulinants. La minute d'après, le soleil était revenu leur faire la nique. Ils avaient alors gentiment dégusté un brochet en tourte à bon goût de cerfeuil, estragon et oseille préparé la veille par Lisette.

Le mois suivant, le curé de Baccarat entendait enfin la proposition de concert de l'ensemble Novum Organum. Ce concert serait donné en l'église Saint-Rémy de Baccarat, la Belle Mendiante, le dimanche 25 décembre, jour de Noël, à trois heures de l'après-midi. Il avait mis une ribambelle de conditions à son accord, comme de rencontrer le responsable de cet ensemble le plus tôt possible, de connaître le programme des œuvres – toutes sacrées ! – au moins un mois à l'avance, de ne pas applaudir ni manifester de quelque manière que ce soit (« Comprenez : c'est un lieu consacré ! » avait-il affirmé en pointant l'index vers le ciel), mais… il l'avait donné !

Regina était rentrée à la maison en état d'ébullition avancé. Jamais Florent ne l'avait vue ainsi. Elle allait d'une pièce à l'autre, virevoltait, parlait, parlait encore, s'asseyait au piano, balayait le clavier d'un revers de doigts, libérant de curieuses harmonies, gesticulait, parlait toujours. Puis elle était tombée en soufflant dans son fauteuil, devant la fenêtre ouverte sur des senteurs sucrées de lilas.

« Mon Männlein… »

Assis devant son *Intransigeant* étalé sur la table, Florent s'était laissé étourdir par le tourbillon. Heureux pour elle. Heureux qu'elle le fût ainsi.

« Oui…

— J'ai une chose à te demander, une seule… »

Il avait posé les mains à plat sur son journal, respiré profondément. Depuis plusieurs semaines, le sulfate de strychnine et l'hyoscyamine semblaient avoir gagné sur la maladie. Son souffle lui était revenu. Il dormait mieux. Il mangeait bien. Pour l'été suivant, le médecin avait déjà parlé d'une cure au Mont-Dore, souveraine contre ces affections. Ils verraient.

« Une seule !

— Oui, je t'écoute. »

Elle s'était mise à parler très lentement, d'une voix à peine audible qui contrastait avec l'emportement d'avant :

« Voilà… Tu te souviens, le coffret de cuir rouge que je t'ai remis à ton départ de Bad Schandau… »

S'il s'en souvenait ! Sa surprise quand il l'avait ouvert, la lettre : « je te confie tous ces bijoux… je te les donne pour notre installation dans ton pays ». Il en avait retenu par cœur chaque mot. « Vends-les au meilleur prix que tu pourras, et que l'argent ainsi gagné nous serve à nous établir ensemble. Si tu le permets, lieber Männlein... seulement si tu le permets ! » Puis la cachette dans le plancher de sa chambre, et sa crainte de le voir découvert pendant le déménagement, sa nouvelle cachette, dans l'autre plancher, dans leur chambre, sous leur lit...

« Tu... »

Elle avait hésité.

« Tu... l'as toujours ? T'en reste-t-il ? Te reste-t-il quelques-uns de ces bijoux ? »

La question l'avait surpris ; elle lui avait provoqué un pincement dans la poitrine proche de la douleur. Il y avait porté la main, avait vite transformé le mouvement en geste de réflexion, s'était caressé le menton.

« Tous !

— Tu veux dire que...

— Je les ai tous ! »

L'œil de Regina s'était arrondi.

« Mais, alors... comment as-tu fait pour... »

Il avait repris son journal.

Dernière heure – Russie – Saint-Pétersbourg, 8 mai, 11 h 30 du matin. La cour retournera de Gatchina à Saint-Pétersbourg sous peu de jours. La parade de la garde aura lieu le 11 courant. L'Union des ouvriers de la Russie du Sud continue à répandre par milliers des manifestes révolutionnaires autographiés...

Ses yeux couraient sur les lignes de *L'Intransigeant* sans en reconnaître un traître mot. Le coffret de cuir rouge...

Il s'était levé d'un bond. Dans la chambre, il avait poussé le lit, relevé le tapis, tiré la lame de parquet, saisi le coffret, était allé le lui remettre en deux enjambées.

« Voilà ! »

Sa pâleur l'avait inquiétée. Elle n'avait pas tendu la main. Il avait posé l'objet sur ses genoux.

« C'est à toi ! »

Il avait regagné sa place, repris son journal, tenté de calmer les battements sourds de son cœur.

Alors, elle s'était levée. Main posée sur son épaule...

« Ils sont toujours à nous, à nous deux... Tu verras ! »

Il n'avait pas demandé à voir, ne comprenait plus rien, ne voulait rien savoir de plus.

Le soir, il n'était pas monté avec le Riflard. Seul avec son journal, dans sa chambre, il avait tenté de chasser les nuages noirs qui assombrissaient sa tête, tandis qu'à la fenêtre du salon Regina goûtait le parfum sucré des lilas en fleur.

La neige tombait encore en épais rideaux quand ils mirent le nez dehors. Lourde, grasse, collante, neige de printemps plutôt que d'hiver, poussée par un vent jaunâtre, épais, des fumées crachées par toutes les cheminées du village. La descente vers Baccarat s'annonçait périlleuse. Ils se prirent le bras, se tenaient les uns, les autres, mère, fils, femme, Riflard et Lisette, seule grappe humaine dans la tourmente.

Regina tremblait. Florent crut que c'était de froid. A mi-pente, il lui fit face, remonta son col, retira de son manteau le lapin blanc de Bad Schandau, dont il lui fit un cache-nez chaud de sa chaleur. Elle le remercia d'un pauvre sourire.

— Et toi ?

— Moi... ça ira !

Elle tremblait d'angoisse.

Et s'il n'y avait personne dans cette église ! Et si les verriers ne se déplaçaient pas ! Et si...

— N'aie crainte, ça va aller ! souffla Florent. Tu vas voir...

Au bas de la tour des Voués, on pataugeait dans la gadoue. Puis une éclaircie dégagea la perspective de la rue des Ponts jusqu'aux toits de l'usine, posés au loin sur des moutonnements gris et blancs. Une étrange lumière laiteuse baignait la rue morte, les façades de porcelaine, le sol neigeux rayé de glace grise par les roues des voitures, semé çà et là de pyramides de crottin comme des boules de meringue empilées, le grand pont, la silhouette du château découpée sur les vagues décroissantes à l'horizon du bois des Bingottes confondues avec le ciel.

Personne ! Pas un chat !

Florent sentit Regina se raidir. Elle claudiquait.

— Patience ! Il n'est que deux heures. Ils vont venir.

A mesure qu'ils avançaient, le pas se faisait plus court, plus difficile, plus pesant. Encadré par ses deux femmes, Jeanne et Lisette, le Riflard marchait sans un mot. Depuis la fin du repas, il mâchonnait une chique dont il avait craché le jus noirâtre dans la neige avant de leur prendre le bras. Sa nouvelle habitude. D'autres fumaient, lui chiquait !

Ils franchirent le portail de la Belle Mendiante, traversèrent le narthex, remontèrent l'allée centrale. Le curé les aperçut, descendit du chœur, se précipita vers Regina, lui tendit les mains. Il rayonnait.

— Vous voilà ! Je me sentais bien seul avec les artistes. Heureux de vous savoir là plus tôt que prévu ! Pas l'habitude ! J'ai bourré le poêle. On ne devrait pas avoir froid, surtout que l'église chauffe depuis hier, avec la messe de minuit !

Soudain, son visage se ferma ; il fixa durement Regina, Florent et les autres.

— Je ne vous y ai pas vus, d'ailleurs ! Ni les uns, ni les autres !

Dans le chœur, les musiciens finissaient de placer leurs pupitres, d'en régler hauteur et orientation, orgue à main droite, en avant du violoncelle, violons et hautbois à main gauche. Au centre, les chanteurs. Tous en costume et robe de drap noir. Regina s'avança. Ils formèrent bientôt un groupe fermé, impénétrable.

Le curé tournait autour d'eux, s'éloigna, courut jeter une copieuse pitance de charmille au fourneau, revint vers les artistes, empoigna Regina par le bras, l'invita à regarder vers la nef vide encore, se mit à gesticuler en parlant fort. Un écho de cathédrale rongeait ses mots. Elle seule les comprenait. De l'index, il lui désignait une très longue table, devant l'autel latéral côté femmes, couverte de plusieurs draps blancs bout à bout. Jusque-là, Florent ne l'avait pas remarquée.

Regina rejoignit le groupe. Elle paraissait maintenant plus légère, marchait sans heurts, allait de l'un à l'autre avec la même aisance que si elle avait fait partie de l'ensemble musical, glissait sur les carreaux du chœur comme une poupée vénitienne.

Florent se sentit soudain vidé. Agacé et vidé ! Longtemps qu'ils n'avaient pas chanté, tous les deux ! Le pouvaient-ils encore ? Il eut chaud. N'était-elle pas en train de raviver sa passion avec ces autres, là, sans lui, dans ce chœur de Saint-Rémy ? Une furieuse envie de partir le prit. Il jeta encore un regard vers elle, tache blanche de lapin sur l'ensemble noir, onde dorée de ses cheveux, ses mains comme les ailes d'un oiseau de jour égaré dans ce monde de ténèbres. Il se mit à transpirer ; sa poitrine se serra ; une quinte le secoua, qu'il ne put contenir. Elle l'entendit, se tourna, lui fit un étrange sourire qui le poignarda.

La discussion du groupe se prolongeait. Des mots s'en échappaient, allemand, latin... Le curé fit de la main un geste d'assentiment, fila vers la sacristie. Aussitôt, deux instruments se donnèrent la note, vérifièrent leur accord. Les autres suivirent. Les chanteurs chauffaient leur voix.

Alors Regina les quitta. Elle gagna sa place, pâle comme un linge.

Florent avait engagé sa mère dans le banc derrière le « réservé », au deuxième rang, puis le Riflard, et Lisette. Col ouvert pour respirer, il s'était assis à côté d'elle.

— Maman...

Jeanne se tourna vers son fils.

— Je suis...

— Tu es bien ?

Il avait posé la question sans en attendre de réponse. En bord d'allée, contre lui, il avait gardé une place. Regina s'y assit, lui prit la main. Il eut l'impression que le ciel s'ouvrait.

Alors, les premiers groupes se présentèrent sous le porche. Ils tapaient des pieds sur les pavés pour décoller les épaisses semelles de gadoue, s'ébrouaient, secouaient les flocons semés sur leurs épaules, soufflaient dans leurs mains en coque pour les réchauffer. La neige s'était remise à tomber. Ils arrivaient par couples, poussant devant eux des enfants excités, traînant des ronchons à nez mouchu, en famille, grappes d'amis, quelques-uns seuls, la tête engoncée dans des lainages, les poings dans les poches, à la queue leu leu. Des dizaines, des ateliers de la cristallerie, à chaud, à froid, verriers, tailleurs, graveurs, gamins impressionnés par la foule et les colonnes de pierre lancées vers le ciel, vieux manutentionnaires cassés par les charges, employés des bureaux...

Florent se retournait à chaque nouvel éclat de voix, chaque raclement de brodequin sur les dalles, chaque mot plus haut qu'un autre, rire, appel à un petit espiègle en cavale vers la crèche dont l'ange bleu et or à tête mécanique attendait l'offrande d'une pièce de monnaie. Des pères portaient des enfants qui tendaient la main, glissaient un sou dans la fente, trépignaient à chaque mouvement de métronome de l'ange, s'attardaient devant le Jésus de plâtre couché sur un lit de paille entre une Marie transfigurée et un Joseph bonhomme qui, les mains jointes, sous le souffle chaud du bœuf épié par l'âne gris, semblait se demander quel phénomène l'avait jeté dans cette grotte éclairée par une drôle de comète en papier doré.

Florent se retourna une nouvelle fois. La foule débordait déjà dans les allées centrale et latérales, et, pourtant, des groupes, des familles arrivaient encore, des enfants...

On se poussa dans les bancs, on se tassa, épaule contre épaule, faisant place tant bien que mal aux derniers arrivés. Une grosse voix brama :

— Ainsi, on se tiendra plus chaud !

Une autre, grailleuse de tabac, alcool et poussière de minium, indifférente au sacré du lieu, répondit :

— Plus on est de fous, plus on rigole !

Une autre enfin, plus fraîche, voix de femme habituée sans doute à l'invitation au partage des Saintes Ecritures, conclut, sur un ton presque sacerdotal :

— Quand y a de la place pour deux, y en a pour trois !

Les uns faisaient des signes pour montrer des places encore libres ; d'autres arrondissaient un gros dos capable de tenir à distance de leur espace vital les plus hardis retardataires. Il semblait que toute la manufacture se fût rassemblée là, dans une Belle Mendiante joyeuse et bourdonnante.

Soudain, le silence se posa sur les toux d'hommes, les murmures de femmes, les plaintes d'enfants. Tous baissèrent la tête comme au coup de sonnaille de l'Elévation.

La famille patronale venait de faire son entrée, Paul Michaut en tête, accompagné par son fils et futur successeur, Adrien, au crâne rond déjà dégarni, au sourire doux, à la démarche décontractée ; derrière eux, les administrateurs de la compagnie, en manteau constellé de neige, chapeau sur le bras.

Le groupe remonta l'allée centrale. Adrien Michaut... On savait qu'il s'installerait bientôt dans le fauteuil directorial, un ou deux ans, trois au pire, et on s'en réjouissait. On aimait bien son regard de velours et sa franche bonhomie, en même temps que ses compétences héritées d'un père qui avait su faire preuve d'un si admirable courage en 1870, face aux Prussiens, d'une si ferme détermination durant la récession d'après guerre, et d'un efficace sens des responsabilités commerciales après l'annexion de l'Alsace-Moselle, quand la concurrente voisine, Saint-Louis, avait perdu le marché français à cause des droits de douane décrétés par la France.

— On regrettera Paul ! souffla l'un.

— Oui, mais on s'ra bien avec Adrien, c'est sûr ! répondit l'autre.

On avait connu une belle époque avec le père… on vivrait et travaillerait bien avec le fils. On le savait !

Un murmure feutré planait sur l'assistance. Le curé descendit les trois marches du chœur, s'avança, salua les Michaut, les invita à prendre place au premier rang. Avant de s'asseoir, les patrons se tournèrent vers la foule, saluèrent d'un mouvement de tête. Partout on s'inclina. Paul fit un pas vers Regina, prit sa main qu'il effleura lentement des lèvres, comme pour bien profiter de ce moment, et pour que chacun le remarque et s'en souvienne. Un pincement dans la poitrine fit grimacer Florent.

Puis le curé remonta dans le chœur, appela les musiciens, se tourna vers l'assemblée, ouvrit les mains. On redouta une oraison. Mais il ne fit qu'annoncer le nom de l'ensemble Novum Organum, avec une onction ecclésiastique qui collait mal au latin de musique. Il s'effaça.

Premières notes d'orgue. Les hautbois s'envolèrent. Puis la voix de femme…

Liebster Jesu, mein Verlangen,
Sage mir, wo find ich dich ?

Florent entendait Regina fredonner en même temps que la soprano, les mêmes mots, la même mélodie que quelques mois plus tôt, à Vittel. Un instant, il crut qu'elle allait les rejoindre dans le chœur, chanter avec eux. La musique… les voix ! Malgré lui, il en ressentait les mêmes frémissements, la même montée d'énergie dans la poitrine ; sa peau se hérissa de la même chair de poule.

Le froid, pensa-t-il, le froid ! J'ai pris le mal en venant dans cette église !

Il tenta de détourner son attention de cette musique, de ce chant qui, après lui avoir donné la femme, autrefois, la lui reprenait maintenant. Une étrange souffrance taraudait son corps. Il avait mal partout.

Le froid !

Il remonta son col. Regina se tourna, jeta un curieux regard vers lui, transparent et rayonnant. Il frissonna. A sa gauche, Jeanne semblait pétrifiée. Plus loin, le Riflard jouait les fascinés. Peut-être l'était-il vraiment. De furieux frissons le parcouraient maintenant.

Célébrée par un récitatif, la joie des retrouvailles Mère et Christ laissa Florent insensible à l'harmonie pourtant divine des violons, orgue, hautbois et violoncelle, avec les voix de la soprano et de la basse. La vague passa sans le toucher. Engoncé dans son manteau, les mains dans les poches, le regard fixé sur les flammes dorées des cierges qui dansaient dans le chœur autour des musiciens, il n'entendit ni ne vit rien de la suite. Même pas pressé d'en finir. Rien ! Indifférent à tout, sauf à la chaleur de Regina, contre son épaule droite, qu'il percevait davantage comme une brûlure que comme un réconfort. Un profond silence coulait dans la nef. Plus de toux, de raclements de gorge ou de brodequins, de plaintes d'enfants. Une vibrante paix enveloppait l'assemblée.

Florent ne sortit de sa froide léthargie que quand Paul Michaut se leva, monta rejoindre les artistes. En sa qualité de député-maire, d'abord, le notable remercia l'ensemble Novum Organum. La foule ne perçut de sa voix qu'un grondement d'écho. On tendait le cou et l'oreille pour essayer de saisir ce qu'il disait. On crut reconnaître des « enchantement… talent lumineux… joie… ». Puis il se tourna vers la nef. C'est en sa qualité de patron de la cristallerie que, cette fois, il prit la parole :

— Mes chers amis, ce que je ressens est au-delà du pauvre pouvoir des mots ! Que puis-je vous dire après un concert d'une telle qualité ? La musique et le chant m'ont bouleversé. Mais votre présence ajoute encore à l'émotion provoquée par la beauté de ce que nous venons d'entendre. Nous voir toutes et tous réunis ici, en cet après-midi de Noël, toutes et tous de nos ateliers et de nos bureaux, voir tous les membres de notre grande famille, assis côte à côte sur les bancs de notre église pour, après le travail d'hier, avant celui de demain, partager quelques heures de bonheur est un moment inoubliable !

Visiblement très ému, il répéta :

— Inoubliable !

Son regard courut sur la foule, s'attarda sur quelques visages, rencontra les regards d'ouvriers, crut y déceler des signes de bonheur.

— Notre grande famille des Baccarat, vous, nous, tous ensemble, qui avons toujours su faire preuve de courage, de goût du travail bien fait, d'un bel esprit citoyen vainqueur de toutes les adversités, cette belle grande famille réunie ici, aujourd'hui… oui, vraiment, je suis très heureux, et j'espère que vous l'êtes aussi !

Permettez-moi une pensée pour Eugène de Fontenay, qui a tant fait pour notre manufacture ! Il m'a écrit, voilà quelques jours. Il me disait être heureux de nous savoir réunis aujourd'hui, qu'il aurait aimé être parmi nous, mais que son grand âge lui interdisait le voyage de sa ville d'Autun à Baccarat. Il nous assure qu'il garde de nous un souvenir ému, et me charge de vous dire qu'il a passé en notre compagnie la période la plus heureuse de sa vie ! Il pense à nous, en ce moment. Nous ne sommes pas séparés. Merci, Eugène, pour ce que vous avez fait. Et merci à vous toutes et vous tous, pour ce que vous faites !

Paul Michaut fit signe à son fils de le rejoindre. Ils seraient deux, maintenant, face à l'assistance. Derrière eux, les musiciens et chanteurs, immobiles, assis à côté de leurs instruments. Dans une stalle, le curé, pour une fois spectateur dans son sacré théâtre. C'est Adrien qui reprit la parole. A les voir ainsi, tous dans les travées eurent l'impression d'une succession imminente à la tête de l'entreprise. Chacun en fut rassuré. Quelques-uns laissèrent échapper : « A la bonne heure ! »

Florent commençait à trouver bien long le temps des discours. Il lui tardait de regagner la maison, d'y boire un ou deux verres de vin de noix de tante Mathilde avec la Rifle. Oublier tout ça !

— Mon père me laisse le soin de vous dire le plus agréable.

Forte et douce, la voix d'Adrien, ronde comme l'homme lui-même, couronné de rares cheveux d'argent. Sous d'épais sourcils roulait un regard d'une rare bonté. L'orateur prit une grande inspiration.

— Je m'en acquitte donc avec un réel plaisir. Voilà... Nous devons cet heureux moment à une personne qui a voulu garder l'anonymat. Certes, notre compagnie a contribué, mais cette personne a fait l'essentiel, de l'idée à sa réalisation. Il lui a fallu bien du courage, et une belle énergie pour convaincre les hommes que nous sommes, peu ouverts naturellement à ce genre d'aventure. Pourtant, Dieu sait si elle en valait la peine !

Dans sa stalle, le curé regardait le sol au pied du maître-autel, comme s'il voulait en compter tous les carreaux du damier noir et blanc.

— Au-delà du plaisir déjà intense de la musique de qualité que nous venons d'entendre, au-delà encore de ce qui va suivre, c'est à une véritable et généreuse invitation à la réconciliation que nous invite cette personne, au partage de l'esprit de fraternité auquel nous tenons comme à la prunelle de nos yeux, dans et hors de notre compagnie, dans notre ville, dans notre pays. Guerre… Allemagne… France… Laissons passer le temps sur le pire ! Tournons-nous vers le meilleur ! Aujourd'hui, grâce à cette personne, nous vivons un moment exceptionnel !

Après la surprise de la prise de parole d'Adrien Michaut à la suite de son père, on commençait à se dire qu'on n'était pas venus là pour un sermon « Fraternité… réconciliation… », que « les homélies c'est bon pour la messe », à passer d'une fesse sur l'autre, rabrouer un enfant, tripoter dans sa poche la blague à tabac. Adrien Michaut le sentit. Il courut à la conclusion :

— Je suis donc heureux de…

Il chercha du regard un visage dans l'assemblée, le trouva, parut hésiter un instant, prit une grande inspiration.

— … heureux d'inviter notre ancien verrier Florent Rousselet à me rejoindre.

Regardant Florent avec insistance, il confirma :

— Si vous voulez bien venir ici, Florent, à côté de moi...

Un mouvement de houle remua l'assemblée. Florent crut s'être assoupi, rêver, entendre vaguement un appel, son prénom. Il se sentait moite, fébrile, se dit qu'il aurait mieux fait de rester à la maison, de... Regina lui donna un léger coup de coude, se pencha vers lui.

— Alors, tu entends ? Vas-y !

Il se redressa, regarda autour de lui, vit tous les visages tournés dans sa direction, eut soudain l'impression qu'un gouffre s'ouvrait sous ses pieds. Qu'avait-il à voir dans cette affaire ? Pourquoi monsieur Michaut l'appelait-il ? Qu'allait-il faire là-bas, au côté de cet homme, en compagnie de ces musiciens qu'il n'avait pas envie de voir de plus près ?

Regina s'était levée pour le laisser passer. Debout dans l'allée, elle se pencha de nouveau.

— Allons, tout le monde t'attend !

Adrien Michaut tendit la main vers Florent.

— Monsieur Florent Rousselet, notre « Rouillot »... s'il vous plaît !

— Alors, t'y vas ! souffla le Riflard, coupé en deux vers lui devant une Jeanne impassible. Vas-y, nom de D...

Florent se leva, marcha vers le chœur. Regina reprit sa place sur le banc. Une douce pénombre baignait maintenant la nef seulement éclairée par des cierges répartis de colonne en colonne, dans les chapelles latérales, autour de la crèche. Allumés discrètement au boutefeu par le bedeau, les candélabres du chœur étiraient de longues flammes vers la voûte. Les vitraux étaient de grands trous noirs de nuit dans la muraille.

— La personne qui a organisé cette fête de Noël a mis deux conditions à sa générosité : rester dans l'ombre... et que vous soyez le premier à recevoir de mes mains ce...

Il se tourna, saisit sur l'autel, dissimulé par l'antiphonaire ouvert sur son lutrin, un petit paquet ficelé dans du papier d'emballage de la compagnie, le tendit à Florent.

— Le premier à recevoir ce cadeau ! Prenez... prenez !

Le papier d'emballage, le papier aux arabesques ! Florent lança un coup d'œil vers sa mère. Maman... Tête droite, très pâle, Jeanne avait fermé les yeux. Florent ne comprenait plus rien à rien, tournait, retournait le paquet dans ses mains, allait remercier...

— Ouvrez-le, ouvrez ! dit Adrien Michaut.

— Ouvre ! murmura Regina, qui s'était mise à trembler.

Alors Florent dénoua le cordonnet doré, déplia le papier aux arabesques, découvrit un coffret de cuir rouge grand comme la main. Le coffret, celui de... Il lança un regard vers Regina. Elle aussi avait fermé les yeux. Il se sentit soudain très seul. Une boule d'étoupe avait pris sa poitrine. Seul, là, dans cette église pleine à craquer, avec son coffret de cuir rouge...

— Ouvrez ! dit Adrien de sa voix ronde et douce, ouvrez !

Florent fit sauter le fermoir, ouvrit. Il étouffait... Il allait se noyer... Alors, dans le capitonnage de satin blanc, sous un pli de papier ivoire marqué *Je t'aime, mon Männlein*, il découvrit... une orange de cristal, éclatante, boule de lumière sous ses deux feuilles d'oranger en opaline émeraude... l'orange de Noël !

Il éclata en sanglots.

Paul Michaut avait rejoint son fils. Il prit Florent dans ses bras, le maintint longtemps pressé contre sa poitrine.

Puis, se tournant vers les personnels de la cristallerie, des chantiers et des bureaux, verriers, tailleurs, graveurs, choisisseuses, gamins impressionnés par la foule et les colonnes de pierre lancées vers le ciel, vieux manutentionnaires cassés par les charges, employés aux écritures :

— De la part de cette personne et de la compagnie, vous allez toutes et tous recevoir ce présent. Honneur à votre travail, à votre fidélité, à votre talent, hommage...

L'émotion lui cassait la voix. Un pas derrière lui, Adrien se mordillait les lèvres.

— Hommage, à travers vous, mes amis, à tous les ouvriers de la terre ! Recevez ce présent. Oublions les haines des Etats, fermons les blessures, vivons et travaillons ensemble, tous ensemble, dans l'amour du Beau ! C'est vous toutes et vous tous que j'embrasse ! Bel et bon Noël !

Un profond silence s'était posé sur l'assistance, déchiré çà et là par une toux sèche, une question d'enfant : « C'est quoi, maman ? », des femmes qui reniflaient, des hommes qui se raclaient la gorge pour se donner une contenance de mâle.

Le curé n'avait pas bougé. De sa stalle, les yeux sautant du carrelage aux instruments de musique, du violoncelle aux Michaut, il se disait que ceux-là, et cette femme-là, venaient de faire en quelques minutes beaucoup plus que lui en plusieurs années pour le respect de tous et de chacun sur cette terre. Il se marmonna en douce qu'il était « tout de même un peu pour quelque chose dans cette fête ».

Trois jeunes filles retiraient et pliaient les draps blancs des grandes tables. Alors, les premiers rangs virent les coffrets rouges alignés, empilés sur trois niveaux, des dizaines de mêmes coffrets, des centaines, « Un par famille ! » avait précisé Adrien en les invitant du geste à s'approcher.

Derrière, plus loin dans la nef, on se levait pour tenter de voir, par vagues, on tordait le cou, on grimpait sur l'agenouilloir, tandis que les premiers, en procession, commençaient à défiler en tendant la main.

Florent avait regagné sa place.

Regina lui baisa la joue.

— Tes bijoux ?

Elle était d'une pâleur de porcelaine. Lui fit « oui » d'un mouvement de tête, respira un grand coup, murmura à son oreille :

— Mon or et mon cristal devaient redevenir le cristal de tous… pour toi… pour eux !

Il eut envie de l'embrasser, de la serrer très fort, comme les premières fois, dans la maison du 23 Lichtenhainerstraße, là-bas, à Bad Schandau, à l'étouffer de bonheur. Il lui donna la main.

— Comment sais-tu… qui t'a dit… l'orange de Noël ?

Elle posa un doigt sur ses lèvres.

— Chut !

Alors, Florent vit le visage de sa mère inondé de larmes, et les doigts crispés du Riflard sur son bras.

L'ensemble Novum Organum avait rangé ses instruments, s'était replié dans la sacristie.

Le curé n'avait pas osé quitter sa stalle. La tête dans les mains en coupe, il semblait méditer, ou prier.

Les derniers verriers et leurs familles recevaient leur orange de cristal, éclatante, boule de lumière sous ses deux feuilles d'oranger en opaline émeraude, l'orange de Noël… quand les Michaut vinrent saluer les Rousselet.

Sans un mot ! Seuls les regards parlèrent.

Devant la crèche, un enfant venait de glisser une pièce dans le panier de plâtre. L'ange bleu et or hocha la tête. Le père semblait heureux. L'enfant riait de bon cœur.

Regina se leva, prit la main de Florent.

— Viens, mon Männlein, maintenant allons chanter ensemble, pour nous deux, et...

Elle serra très fort la main de son homme.

— Nous aimer... toujours !

Il la flaira dans le lapin blanc du cou, reconnut le mimosa.

Elle se mit à chantonner.

Il l'accompagna, d'une même vibration de l'âme. Sa gorge s'éveilla...

— Aimer, c'est chanter ensemble...

Alors Florent posa ses lèvres sur l'orange de cristal, la tendit à Regina...

— Pour toi, ma Fräulein... je t'aime.

En Lorraine,
21 juin 2011, jour de l'été

REMERCIEMENTS

A...

Valeria Berestneva, artiste lyrique soprano, Conservatoire de Nancy.

Catherine Chaufard, pianiste et professeur de piano, Conservatoire de Nancy.

Florence Dupont, chargée de promotion à l'Office du tourisme de Baccarat.

Josette Renaut, maire de Baccarat.

Marie-Claire Wollmershaüser, Französichlehrer Fachhochschule Würth.

Sébastien Bonhomme, responsable de l'Office du tourisme de Baccarat.

Patrick Richard, joaillier à Bruyères.

François Roth, docteur ès lettres et professeur d'histoire à l'université Nancy II.

Compagnie des Cristalleries de Baccarat :

Christine Henissart, directrice du musée de la Cristallerie.

Eric Brient, Industrial Director.

Christophe Couqueberg, verrier (Meilleur Ouvrier de France).

Jean-Claude Couqueberg, verrier (Meilleur Ouvrier de France).

Bernard Held, tailleur sur cristal.

Michel Herter, verrier (Meilleur Ouvrier de France).

Tous les personnels de la cristallerie qui m'ont accueilli à leur poste de travail, présenté leurs outils, expliqué leur métier, invité à partager leur passion.

Vous m'avez accompagné dans ce voyage de découverte du cristal et d'exploration de l'âme humaine. Je vous dois ce que je crois savoir maintenant de cette merveilleuse alchimie, et les horizons nouveaux qui viennent de s'ouvrir devant moi.

Une pensée particulière pour vous, regretté monsieur René de Chambrun, ancien président de la Compagnie des Cristalleries de Baccarat, et pour vous, cher monsieur Michel Bacus, son directeur des relations extérieures. Vous m'avez fait confiance, voilà une trentaine d'années, pour le tournage de mon film *Les Verres du tsar*, réalisé par le cinéaste Henri Calef, m'avez ouvert les portes d'un univers fascinant, invité à partager votre passion.

Je vous remercie toutes et tous, du fond du cœur.

ANNEXE

La Compagnie des Cristalleries de Baccarat est l'entreprise française qui compte dans ses effectifs le plus grand nombre de Meilleurs Ouvriers de France. Dans ses ateliers, ils sont, en 2011, vingt-deux :

BARBIER Eric (tailleur – 2000)
BARGE Michel (verrier – 2000)
BEYLSTEIN Gérard (tailleur – 1979, graveur – 1997)
BLANCHOT Michel (tailleur – 1985)
BOURGOUGNON Jean-Luc (tailleur – 2004)
CLEMENT Nicolas (verrier – 2007)
COUQUEBERG Christophe (verrier – 2007)
DENAIN Alain (verrier – 2000)
FURST Frédéric (verrier – 2004)
HERTER Michel (verrier – 2004)
JACQUEL Fabien (verrier – 2004)
MALHERBE Dominique (tailleur – 1982)
MATHIOT Jean-Claude (verrier – 2011)
NOWACZYK Gérard (bronzier – 2000)
PARISSE Yves (tailleur – 1982, graveur – 2000)
PILLE Christian (verrier – 2004)
REGNAULT Raymond (tailleur – 1993)
SERRIERE Denis (verrier – 2004)
VERNIER Philippe (tailleur – 1997)
VINTER René (verrier – 2004)
WEISS Philippe (verrier – 2007)
WILLIG Daniel (verrier – 2000)

Créé en 1924, reconnu par le ministère de l'Education nationale comme un diplôme de niveau III, décerné par catégorie de métier au terme d'un concours national organisé tous les trois ans, ce titre prestigieux de Meilleur Ouvrier de France (MOF) est unique au monde. Il sanctionne une formation longue et sévère, inspirée des valeurs du compagnonnage, et consacre la quasi-perfection de qualité professionnelle atteinte par un candidat.

Diplôme et médaille sont remis solennellement à Paris, en Sorbonne, au cours d'une cérémonie officielle suivie d'une réception au palais de l'Elysée, en présence du président de la République.

BIBLIOGRAPHIE

ACHEREINER Jean, *Eugène de Fontenay (1810-1884), vie et œuvre d'un verrier novateur doublé d'un homme de cœur* (chez l'auteur)

BONTEMPS Georges, *Guide du verrier*, Librairie des Arts et Manufactures, 1868

DIDRON Edouard et CLEMANDOT Louis, *Exposition internationale de 1878 à Paris*, Imprimerie nationale, 1880

DUCUING François, *L'Exposition universelle de 1867 illustrée*, Imprimerie Lahure, 1867

PELIGOT Eugène, *Le Verre, son histoire, sa fabrication*, Masson, 1877

ROTH François, *Lorraine, France, Allemagne : un parcours d'historien*, Serpenoise, 2002

SAUTOT Dany, *Baccarat, une manufacture française*, Massin, 2003

SAUZAY Alexandre, *La Verrerie depuis les temps les plus reculés jusqu'à nos jours*, « Bibliothèque des merveilles », Hachette, 1869

Discographie :

— *Die schöne Müllerin*, musique de Franz Schubert (1797-1828) sur des poèmes de Wilhelm Müller (1794-1827), Mark Padmore ténor, Paul Lewis au piano, Harmonia Mundi, 2010

— « Une jeune fillette », anonyme (France, XVIe siècle), *Meslanges*, Sophie Landy soprano, André Isoir à l'orgue, Calliope, CAL 9944

Composé par Nord Compo Multimédia
7, rue de Fives, 59650 Villeneuve-d'Ascq

Achevé d'imprimer par
Dupli-Print à Domont (95)
en janvier 2015

Dépôt légal : janvier 2012
N° d'impression : 2014122056

Imprimé en France

